宁波文化研究工程·专门史研究

中国本土商业银行的截面： 宁波钱庄

IONG GUO BEN TU SHANG YE YIN HANG DE JIE MIAN
NING BO QIAN ZHUANG

陈铨亚　著

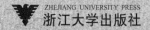

ZHEJIANG UNIVERSITY PRESS
浙江大学出版社

前　言

　　除非是鲁宾逊和星期五，现代人在生活中能够离开金融一天的基本不太可能。那么在现代金融之前的中国本土金融是一番怎样的图景呢？宁波钱庄与山西票号一起，虽然分据南北，各成体系，但是社会经济结构与生活形态通过这两大体系得以连接在一起。山西票号是一个纵向的立体布局，宁波钱庄是一个横向的网络结构。各有侧重，互抱优势。所以在中国近代金融史中，山西票号与宁波钱庄属于代表性的金融符号。票号是以山西人为主，但不一定全部都是山西人。钱庄以宁波人为代表，也不包括钱庄全部。不过二者的影响最大而已。

　　没有人怀疑，中国历史上有最著名的十大商帮，如果加上当代的应该有十一大地域性商人集团。这里面我只提出最成功的四大商帮——徽帮、晋商、宁波帮、温州帮。它们成功的背后有一个共同的特点，就是金融支持：山西票号、宁波钱庄、徽州典当、温州的民间金融。也就是说，一个商业集团要成功，资本要素是必须具备的。但是也并不是说别的商帮没有金融支持，事实上他们都有金融支持，否则也不会成功。

　　对于近代金融的研究，应该说是比较薄弱的。尤其对宁波钱庄，到现在为止尚没有一部专门性的著作。为数不多的中国金融史的著作里涉及宁波钱庄的，只是比较粗线条的一般性论述，主要是论述重点有偏重。专论方面的，有美国学者季素曼 Jones Susan Mann，她写过两篇有影响的关于宁波钱庄的论文——《宁波钱庄：1750—1880》和《宁波帮在上海的金融势力》，从西方人的视角进行研究，提出一些值得思考的观点。比如她提出宁波钱庄的过账制度可能与日本的"大福账"有关，虽然不能确立，至少提供了一个线索。但总体上来说，是有些粗糙的，主要可能是因为她的论文比较早，引用的文献不多，尤其是地方文献。尽管如此，她比国内的部分研究者已经有很大的进步了。值得一提的是《宁波金融志》，里面专立一章钱庄，对我多所帮助，其中提供了很多的史料线索，也有较多的史料被我所引用。

　　西方人来到宁波的时候，知道钱庄是经营货币的机构，但是没有把它与

1

他们本土的银行等同。1893 年马嘎尔尼到宁波,那时候宁波钱庄已经有一定规模了,但他和他的同事没有提及,可能与他没有被允许进城有关。鸦片战争的时候,英国人就很清楚地提出,由钱庄与典当垫付 25 万元做英军的军事开支。钱庄被他们视作最大的金主,或者说是提款机,正因为有了钱典业的财经支持,才使得英军的暴行比较克制,没有像在其他地方一样抢掠。到了宁波通商开埠的时候,英国人就像他们在印度一样,把钱庄视为 Shroff-shop,意思是有钱币鉴定职能的货币兑换商,因为英国人对中国的金融服务的需求仅此而已。随着彼此接触、了解,他们也提升了对钱庄的认识,主流的看法认为钱庄与票号一样都属于 Old Style Bank,上升到银行的高度。倒是我们国内的学者,不肯承认钱庄的银行属性。20 世纪 30 年代国民政府的《银行法》,把钱庄视为商业银行的一种,这一点大家没有疑问。那么是在什么时候钱庄完成转身的呢,就产生分歧了。他们提出一个观点,即只有钱庄为近代企业提供了金融服务之后,才具备商业银行性质。在他们所使用的话语系统中,可以看到明显的所谓辩证法的拐杖。钱庄产生于封建社会,所以是属于封建金融,商业银行是为适应资本主义发展需要而为之服务的,因此为资本主义工商业服务才可以算银行。尽管钱庄也为传统工商业服务,那仍然是封建性质的工商业。但一方面又承认传统工商业是封建社会里的资本主义因素。显然没有逻辑上的足够的说服力。

其实谈论这些话题,得出这些结论的,都因为脱离了金融专业本体。银行能够成为社会经济总枢纽,不是因为它提供的信贷,而是它的结算功能。典当也是信贷机构,没有人会把它往银行上联想,因为它没有结算功能。过账制度正是以开户结算而不是以信贷为最大特点的。银行的最初功能也是今天的基本功能,便是存款、贷款、汇款、结算。只有存款、贷款、汇款,还不能称是银行。有了结算功能就是完整的典型的银行。它是有别于外商银行的另一种类型的商业银行,旧式银行的标签是恰当的,不过我称之为本土商业银行,以区别于现代西方模式组建的商业银行。

不是所有的宁波钱庄都属于商业银行,也不能说宁波以外的钱庄都不是商业银行。只有在 19 世纪较早时间实行了过账制度的宁波钱庄,以及采用宁波钱庄模式的各地钱庄才是商业银行。我们先不去说 19 世纪 40 年代以来的那些以从事对外贸易为主的商号、买办是不是资本主义性质的企业,或者说在多大程度上代表了当时社会的先进生产力,我们只就金融先行理论也足够解释在对外开放以前已经完成了本土金融的原生性的制度变革。对外开放只是外因,加速了它的发育和进步。也就是说中国经济本身的发展也对金融制度提出了新要求。

与山西帮不同,有一种说法是,他们的原始资本来自于一个偶然的机遇。李自成的财宝正好埋藏在那里,而被人发掘。宁波帮的资本原始积累来自于制度创新。过账制度能够创造出信用货币,突破了中央政府对货币供给的垄断。信用货币被钱庄创造后,社会上的货币流通量大增,增加部分的货币被宁波帮商人带到上海,成为开展新型的对外贸易的资本。所以宁波一直是多单码头,就是资本输出地的意思。这部分资本不是通过正常的资本积累渠道获得,而是通过减少本埠流通的现金货币来完成。一个社会的经济总量,与流通中的货币供应量之间存在一个对应关系,货币流通量减少,就会引起通货紧缩,反之就是通货膨胀。过账制度的实施,使宁波城市的货币供应量大增,除一部分弥补原来货币供应量短缺外,仍超出实际市场的经常需求很多。多余的部分必须要寻找出路,而上海市场的资本需求正好容纳了它。

宁波在开埠以前,商业就已经是相当繁荣的了,这主要依靠了它在港口贸易方面的区位优势。懂得中国航运史的人知道,古代中国的海岸区分为南北洋,其中心界点就在宁波。被称为南北号的远洋船舶在宁波聚集、交汇,贸易商品在这里转口换装。因为海洋和地理的原因,往来南北洋需要使用不同的船型。例如沙船可以去天津,也可以过长江,却不能航闽广,去闽广的是尖底南洋船。段光清记载,在1854年的时候,宁波光北号海船就有三百余号,大的商人拥有十多艘,中的一家七八艘,小的两三艘,不包括外泊的北洋船,以此为生的码头运输工人就有三千之多。光绪《鄞县志》说:"滨江庙外,今称大道头,凡番舶商舟停靠俱在来远亭至三江口一带。帆樯耸立樯端各立凤鸟,青红相间……每遇闽广船初到或初开,命船各鸣钲相送。番货海错,俱聚于此。""糖船皆自闽省来,四时不断,两浙所行转,自此发开。"为了保护贸易航道的安全与顺畅,宁波人开始的时候南北号各集资三万串,以每天一百元的饷银大胆地雇用英国士兵充当护卫,后来又自购蒸汽轮宝顺号巡航北洋。江厦街一带既是航运中心,又是商业中心,"滨江列屋皆廛肆矣",更是金融中心。宁波的主要钱庄大都开设于江厦街,民间也就俗称其"钱行街"。有民间谚语说:"走遍天下,不及宁波江厦。"又有民谣:"江厦街,钱庄多,放账放到上海港。"

可以说,宁波帮、商业贸易、以钱庄为代表的金融业三者是三位一体、不可分割的。随着近代社会的转型,产业结构的变化,贸易方式的改变和经济重心的位移,使得上海以其无与伦比的优势崛起于 19 世纪下半叶的中国经济舞台。宁波帮在开发和促进上海繁荣的过程里厥功至伟,作为一个群体受到国人的注意、重视和称颂端赖于他们在上海的事业的成功。有一种理论叫"金融先行论",认为金融不是简单、被动地适应经济的增长而发展,相反,它的先发优势能极大地推进其他产业的繁荣和进步。宁波钱庄在 19 世纪以来的辉煌成就与亮丽业绩应该说是对金融先行理论的一个有力的注脚。很明显,宁波帮事业的壮大没有遵从传统理论中简单再生产——扩大再生产模型的思路,而是选择了高起点的以对外贸易为主干、大规模交易为特点的新商业模式。确保这一模式得以实现的基础便是宁波钱庄业的进化和发育所提供的源源不断的金融营养。与商业重心的转移同时,宁波钱庄在上海开辟了它的新的前进基地,而且其所发挥的作用和影响力反超宁波本埠钱庄的活动。考察历届主持上海钱业市场活动的领袖人物大都系宁波帮中人这一事实,足以说明问题。这也是我将宁波钱庄的范畴延伸到在上海的宁波帮钱庄的理由。

通过对宁波钱庄的历史考察,我发现至少在以下几方面是值得我们总结和探讨的。

第一,过账制度对近代中国金融的进步作用是划时代的。它极大地深化了金融实践和理论,使得近代金融的一些基本元素开始注入传统本土金融中,使钱庄业获得了传统基础上的重生机会。其核心标志就是使货币流通量的概念从实物现金的 M_0 延伸到信用货币阶段的 M_2。现有对过账制度的研究和评价与它的历史作用不对称。

第二,无可辩驳的事实是,19 世纪中叶,中国的传统金融已经进化到本土商业银行阶段。发生这一革命性转折的原因和标志性事件也正是过账制度的实施。一个同城票据交换系统的建立,使得宁波市内的任何企业的转账支付得以实现。开户结算使宁波钱庄具备伦巴第银行的性质和功能。宁波钱庄是最早完成转型的本土钱庄。说过账制度以后的宁波钱庄就是商业银行似乎也不为过。那些以宁波钱庄模式建立起来的近代钱庄也就属于本土商业银行范畴。

　　第三,在宁波钱庄那里衍生出了中国最早的专业金融投资市场。这一点是以前国内外研究者所没有注意到的。19世纪70年代的上海已经有以股票交易为主的金融市场存在,但是宁波钱庄的以现金升水为交易对象的空盘交易更早更具专业性。

　　第四,关于宁波钱庄与宁波帮的关系,我力图证明,构成宁波帮事业的核心和营养就是宁波钱庄,尽可能地在以钱庄为代表的金融平台上来架构宁波帮的历史图景。

　　第五,虽然资料上有很大的限制和局限性,我尽力在宏观上构筑一个宁波钱庄的粗糙的立体图案,把宁波钱庄在上海、汉口等地的活动进行部分的浅显的描述。试图突破对宁波钱庄设限于本土论述的不足,提出宁波钱庄、宁波帮钱庄、宁波模式钱庄三者的关联。

　　本书在写作过程中,由于受到历史和档案资料缺乏的客观限制,尽管尽了最大努力去搜寻尽可能多的线索,还是有部分时段的空缺与模糊及单薄,不能不影响到它的完整性。望读者谅解,并对瑕疵部分多所批评。

作　者
2010 年 9 月 5 日

目　录

第一章　宁波的历史、商业和社会 ……………………… 1

　第一节　宁波的历史文化 …………………………… 1
　第二节　宁波的商业和社会 ………………………… 6
　第三节　宁波主要地名来历 ………………………… 15

第二章　清代的宁波钱庄 ………………………………… 22

　第一节　货币制度与钱庄的产生 …………………… 22
　第二节　1861 年前的宁波钱庄 …………………… 30
　第三节　清末的宁波钱庄 …………………………… 35

第三章　钱庄的组织架构 ………………………………… 40

　第一节　钱庄内部组织结构 ………………………… 40
　第二节　同行制度 …………………………………… 54
　第三节　钱业同业公会 ……………………………… 57
　第四节　账　簿 ……………………………………… 62

第四章　过账制度与本土商业银行的产生 ……………… 65

　第一节　过账制度的产生 …………………………… 65
　第二节　过账制度的业务流程与特点 ……………… 73
　第三节　本土商业银行的产生 ……………………… 78

第五章　钱庄业务 ………………………………………… 86

　第一节　存　款 ……………………………………… 86
　第二节　贷　款 ……………………………………… 91
　第三节　庄　票 ……………………………………… 98
　第四节　汇　款 ……………………………………… 102

第六章　金融市场 ……………………………………………… 105

　第一节　货币兑换与货币兑换市场 …………………………… 105

　第二节　现　水 ………………………………………………… 108

　第三节　规元市场 ……………………………………………… 115

　第四节　同业拆借市场 ………………………………………… 119

　第五节　空盘市场 ……………………………………………… 121

第七章　民国时期的钱业 ………………………………………… 127

　第一节　战前的钱庄业 ………………………………………… 127

　第二节　钱业集团的形成 ……………………………………… 140

　第三节　1935 年的钱业风潮 ………………………………… 145

　第四节　属县钱业概况 ………………………………………… 151

第八章　战时与战后的钱庄业 …………………………………… 156

　第一节　沦陷前的宁波钱庄 …………………………………… 156

　第二节　沦陷时期的宁波钱庄 ………………………………… 159

　第三节　战后宁波钱庄 ………………………………………… 163

第九章　宁波钱庄在各地的活动 ………………………………… 172

　第一节　上海的宁波帮钱庄 …………………………………… 172

　第二节　金融转型 ……………………………………………… 177

　第三节　汉口的宁波帮钱庄 …………………………………… 181

　第四节　他处宁波帮钱庄活动 ………………………………… 185

第十章　宁波钱庄的终结 ………………………………………… 187

参考文献 …………………………………………………………… 192

后　记 ……………………………………………………………… 195

第一章　宁波的历史、商业和社会

寸地尺天皆入贡，奇祥异瑞争来送。

不知何国致白环，复道诸山得银瓮。

清·徐兆昺《四明谈助》

　　无论中国人或者外国人，宁波在他们的认知系统里的第一个反应就是贸易与港口。虽然没有像上海一样有一条连接中国内陆省份的黄金水道，也不如广州一样有居于西洋来华第一门户的便利，但它在中国贸易史上的地位是毋庸置疑的。这是一座基于贸易和港口的城市，它的另一个历史名称鄮，就是因为与海上的贸易关系，"会稽海外有东鳀人，分为二十余国，以岁时来献见云"①，可见宁波之有海外贸易早在汉代即已存在。今天，北仑港已然成为中国最主要海港之一，每天都有上千艘各国各型船只来往于沿江沿海及世界各地，成千上万的大小工厂轮番生产出供全球使用的各种货品，依赖进出口贸易维生的各型商社、公司遍布街巷。贸易已经成为五百三十万人民生活的基本元素，渗透在它的全部历史、社会、意识、文化、价值取向、经济与生活中。尤其是近代以来以钱庄为代表的金融文化与它更有割舍不断的联结。

第一节　宁波的历史文化

　　宁波在历史上留下印记最早是在吴越争霸的春秋末期勾践之世。根据《国语·越语》，"勾践之地，南至于句无，北至于御儿，东至于鄞，西至于姑蔑，广运百里"②。鄞是地理专用名词，毫无疑问其中心地域是今之鄞州区。除此以外，在现今宁波市范围内，还有句章、余姚也在战国时期已然建立。考古工作者曾在史传的句章古城遗址进行了发掘，基本证实历史记录的可信性。后越亡于楚，楚又并给了秦，秦被汉代，这些行政区划仍一直保留，并增设鄮。应该说这几个县所涵盖的范围，除了舟山以外与今天宁波市的地理区域基本重合，遂成为中原王朝版图的一部分，直到今天而没有发生根本

---

① 班固：《汉书》，地理志，第八下。

② 《国语》，卷20，越语上。

性的变化。

　　史书记载，勾践是禹后，这是大可怀疑的，也没有足够的证据，是不合逻辑的。可能勾践在与中国华夏诸国发生联系后，学习了中原先进的华夏文化，为消除自卑感，去蛮夷化，有意识地自称禹后，希望因此能跻身于华夏诸国之林，不至于被矮化。于越是百越的一部分，当时是与中原华夏人有许多不同的民族，习俗上被称为断发文身，折齿黥面，语言上是南蛮鸹舌，宗教上"粤人俗鬼"，生活上跣足不履，以舟船作为主要交通工具。越人自称百越，百即越语人，散布中国东南沿海，直达闽广及今越南北部、老挝、泰国、缅甸北部，都是同一族属。只是由于越国更靠近中原华夏族，与吴国一样较多地接受了华夏文化，得以发展强盛起来，过渡到了国家形态层级。越人与河姆渡人有直接的继承关系。所以，即使秦始皇统一六国，这里的主体民族仍是越人，只有可数的几个官吏及戍守的军事长官和士兵为来自中原的华夏人士。

　　从汉代开始，经南北朝，大量中原移民才开始进入宁波，其汉化的完成，应该在东晋晚期。考古发掘发现晋时很多的丧葬型制已经非常接近汉族，也就是说两者在文化上的距离已经接近了。越人的大部分已然开始融入华夏族之中，成为后来中国主体民族汉族的一部分。从另一个角度来讲，越人也是现代汉族的一个直接源头。

　　从河姆渡人在种植、养殖、陶制、建筑、雕琢诸方面的残存的遗迹来观察，河姆渡文化已不仅仅是文明的曙光。文明是一条流动的河，河姆渡只是这条流动的河上一个比较显眼的、比较大的激灵。它已然不是文明与野蛮时代的界点，而且离这个界点很远，某些方面已有超越或压倒中原华夏文明的地方。它已有完整完善的农耕生态和一定意义上的精神文明，它的文明源头还得向上延伸。可能是交通的困难使得文明的交流受到阻碍，中华文明的主流是在与它非常遥远的黄河流域产生的。

　　至少在三国的时代，汉人并不在此占压倒性优势，土著越人的势力仍然是强大的。汉人只占据城市，及附近比较丰腴的平原地区，山区基本上是越族人的势力范围，史称山越，即没有汉化的越人。四明山一带是他们的聚居区。"贺斋字公苗，会稽山阴人也。少为郡吏守剡长，县吏斯从轻侠为奸，斋欲治之。主簿谏曰：从，县大族，山越所附，今日治之，明日寇至。斋闻大怒，便立斩从，从族党遂相纠合，众千余人，举兵攻县。斋率吏兵开城门突击，大破之，威震山越。"[①]

---

① 陈寿：《三国志》，贺斋传。

"会稽东治五县贼吕合、秦狼等为乱,权以岱为督军校尉,与将军蒋钦等将兵讨之。遂禽合、狼,五县平定"①,"(吾粲)与吕岱讨平山越,入为屯骑校尉"②。可见,宁波在汉化过程中经历了激烈的民族反抗与冲突。这是一个很多研究宁波历史的学者所不注意的历史真实画面。

东晋名士陆士龙有一个朋友车茂安,他的外甥石季甫被朝廷任命为鄞令,此人估计生长在洛阳附近。在他们眼里,鄞地似乎是有短狐之疾、沙虫专害、瘴疠遍地、蛮人连结、山越叫嚣的化外之区,来宁波上任颇有生死离别的味道。因此写信给陆士龙打探有关宁波情况。陆士龙是华亭人,华亭在杭州湾北岸,与宁波仅隔一海湾。他对会稽、鄞县情况的认知相对丰富一点,在回信中为鄞地唱了一些赞歌,客观地介绍了一些风物流俗,安慰一番,结果如何,不得而知。由是观之,西晋的时候,宁波仍未充分开发,开化程度有限,汉越杂处,蛮风犹存,给外界的印象还是粗粝的,经济文化均远远落后于中原地区。

东晋衣冠南渡,汉人开始大规模移居宁波,汉化不断加快。汉人不仅在文化上占压倒性优劣,在人口结构上也大幅度增加,许多土著家族完成了汉化,像余姚的虞氏家族在东汉末就完成汉化。更有一些有名人物游历宁波,寻山问道。如葛洪,身负仙道,自杭州一路东行,甚至山隅海陬的象山、宁海都留有他的传说与踪迹。会稽,已然是东南的政治文化中心,王羲之能够"少长咸集,群贤毕至",把全国有声望的名人聚集在一起,曲水流觞,悠然自得,那么会稽在很多方面已经与建康相接近了。流风所及,宁波西去会稽八十公里,交通尚称便利,汉化程度当稍逊于会稽,但不至相去太远。

同样是县令,梁山伯却被历史所铭记,并被后人附加了许多美丽的传奇。梁山伯鞠躬尽瘁,因公殉职,殁于任所,其凄美的故事延续千年,给中国文学史增添了各色素材。其墓尚在西乡高桥,为宁波一大胜景。近年来国内有多地以传说为拐杖,争抢梁祝故事发源地,这种机会主义的做派,在历史学家眼里显得相当荒唐和可笑。当时两浙的政治经济中心是在会稽,如果梁祝就学应去会稽才合乎逻辑,怎可能远赴杭州呢?何况,杭州是在隋平陈后所设。单凭这一点,就显示是后来艺人所为。既然是为艺人创作,则有此有彼,各地均可延伸、附会、添加,甚至加入本土元素使之本土化。从这个故事里面,史学家可以解读出的历史信息便是,在那时候汉人的文化与思维已经全面彻底地笼罩浙东地区。

---

① 陈寿:《三国志》,吕岱传。
② 陈寿:《三国志》,吾粲传。

3

　　宁波从县级行政层级,提升到州府级机构,再到今天副省级城市,完全得益于它经济的发展与人口的增加,尤其是港口的开发。明州从越州分设是在唐朝。此前,设治于今鄞江,当时的三江口一带还是汐泚之地,芦苇丛生,鸥鹭出没,潮涨潮落,蟹出蛤张,人烟稀疏,偶有竹篱茅舍,星散零落,为三两渔民暂栖避风。传说,东晋著名文学家,也是历史上的堪舆大师郭璞,应永嘉太守谢灵运之邀南下相地度宅时,就是路经鄞江。他曾泛舟三江口,仔细踏勘后预言,五百年后,此地当成繁华都会,后来果然应验。

　　开元二十六年(738 年)置明州,后来就把州治从鄞江移往三江口,始奠定今天宁波城市格局。宁波抬升它的行政层级,除了人口增加、经济发展外,最主要的因素应该是港口的开发和利用。初唐的时候,宁波的港口地位还没有被充分地体认和开发,中日、中朝的航线和基地是在北方。而到唐中后期,中日航路改以宁波口岸为主。这可以相对印证宁波行政层级的提升与海上交通有较大的关联度。现在有部分学者在研究宁波作为"海上丝绸之路"的起始港之一,在我看来完全是机会主义的。宁波是东洋航线的基地,海上丝绸之路指中西航线,间或有一两条番舶到宁波是有可能的,历史上也没有记录大规模的番舶云集的史料。有些货品从宁波口岸出洋输入西方去是肯定的,但我们必须忠实于历史,这些货品一定是在泉州、广州转输的,对西方航线来讲,宁波只是一个支线码头。

　　在唐代,全国有二百多个州。州本来是二级行政机构,直接面向中央政府中书省,但是朝廷因为在地方监察事务上过于纷繁,就设立派出机构道。道不是行政机构,是监察机构。州政府在行政上隶属于中书省,监察权属于道,而监察又决定官员的升迁考核。州政府它自然地就要面对两个上级:中书省和道。后来的行省就是以道为基础而设置的。明州府在江南东道辖下。宋又称两浙路,包括浙东、浙西。所以,唐代是宁波起飞的阶段。在隋唐之际,"天下财赋,强半出乎东南",经济中心已经从中原转移到江南,但政治中心仍滞留在中原。这种失衡的解决办法就是隋炀帝采用沟通运河的办法,强行输送江南经济资源到中原,但投入的经济成本过高。从唐开始,漕运问题就一直困扰着中央政府,直到京浦铁路通车。

　　唐代的文献中,很少有明州的记载,因为它离中央政府过于遥远,它也只有贡献它应上缴的赋税。它那个特产鲑酱可能过于腥味,京中大臣难于接受,就停贡了,而港口的价值和贸易对生活在长安的奉重农抑末为圭臬的官僚阶级来说也没有直观的感知。按理说,新设州府,应有它一定的价值和意义,相应的在史料上有所体现。我翻遍新旧《唐书》,唐代从宁波走出去的人物几稀,倒是有一个"少小离家老大回"的贺知章,他去时越州人,回时明州人,时空变换,故发此感叹。宁波城内还有贺丞路、贺秘监祠两处遗迹在孤独地支撑着唐代宁波的文运。

宋代是宁波登上中国舞台的历史契机,尤其是南宋朝廷的行在陪都设置在杭州后,宁波作为港口在对外贸易联系上的地位凸显。日本、高丽、吕宋,都以宁波为通商口岸。宋朝为了与辽对抗,又是很重视进出口关税在财政上的地位的。咸平二年(999 年)就在明州置市舶司,相当于今天的海关,地方在镇海。宋代维持庞大的对付契丹和西夏、金、蒙古的军费开支,仅依靠有定额的田赋农业税是远远不够的,关税与外贸利益在很大程度上弥补了财政开支的不足。有学者提出,宋是历朝中最重视商业贸易的朝代,原因就是财政问题。

宁波的文运昌盛可以说是以宋为标志,此后代有人才。楼异是宁波出生的本土人士,衣锦还乡,为官明州知府。上任的第一件事便是把鄞西广德湖废湖为田,从此西乡不能有水利。与此相反,鄞东东钱湖自唐天宝年间"相度地势开而广之"开始形成,到王安石"起堤堰、决陂塘为水陆之利"定型。① 两相比较,鄞县的经济重心竟移向东境,甚至到今天为止,东乡仍然优于西乡,无论农工商各业。所以改变自然,也要遵循一定规律,否则是会受惩罚的。而楼异则世为邑人唾弃。

1195 年,庆元元年,时在蒙古铁木真成吉思汗登基前,南宋朝廷为图吉利或其他原因,因年号把明州改为庆元府。也许是宿命,元帝国在蒙古人的庆贺声中终于灭了南宋。它当然乐意接受庆元的说法了,元就因设为庆元路。元帝国对日本的失败的军事进攻,就是从宁波出发进行远距离攻击的。被称为"神风"的神秘气象拯救了日本,使其免于蒙古人殖民。

明初又恢复明州旧称。后来觉得明应该成为皇家专享,于洪武十四年(1381 年)明太祖朱元璋因明州府有定海县(今镇海),以"海定则波宁"为理由,把明州府改名为宁波府。有明一代,宁波被列为对日本贸易的母港,朝廷以勘合(特许)贸易方式允许日本商人十年一期在朝贡形式下承仰天朝的恩典。

到了 19 世纪 40 年代,英国人通过战争占领了宁波,并把宁波列入对外(西方)开放的五个港口之一。宁波开始发生巨大的变化,走上漫长的近代化道路,并取得一定的成就,但在百年后被人为地中断了。20 世纪 70 年代末的改革开放,使宁波重新开始了它在一百多年前已经经历过的社会转型和经济发展。

---

① 《宝庆四明志》,水利。

在我的印象里,历史上宁波城很少有战争发生,即使发生战争,也都是主动放弃或献城,所以战火的蹂躏很少。明朝也是海防建设最重视和完整的时代,在宁波沿海一带构筑了严密的海防体系。宁波设立了至少三个卫级的军事基地,外加一支庞大的水军。清军席卷浙东时,鲁王的主力也是以宁波人为主的,也没有发生激烈的攻防战。历史上唯一的一仗好像是鸦片战争中以来自西域的喇嘛为主体的收复宁波城而与英国人的短暂却必然失败的战斗。所以它没有像中国其他城市可以动辄以兵家必争之地自况的那种荣誉感。非常颠覆我们一般常识与逻辑的事,也会发生在战争阴霾下的宁波。当定海被英国人占领的时候,中英双方处于战争状态,宁波的清方最高司令官钦差大臣伊里布居然会邀请英方这次战争的主要代表人物义律来设在镇海的衙门喝茶。宁波的第一任占领军司令官、普鲁士人郭士律,以前在新加坡传播福音的时候,雇用梁发作为他的助手,落第秀才洪秀全正是因为夜读了梁发编写的宣传基督福音的小册子顿悟而创立"拜上帝教"的。郭以严密的纪律约束英军的行为,维持着宁波的秩序,被宁波人呼为"郭青天",并写入地方文献中。①

宁波府属有鄞、慈溪、奉化、镇海、定海、象山、南田七县。南田原从象山划出,复归象山,终为一县。1954年,定海单独分设成为舟山地区。1949年,余姚从绍兴划归宁波。宁海原属台州,20世纪50年代初与象山合并成象山县,后又分设,也归宁波地区。1927年以鄞县县城为基础设立过宁波市,1986年宁波地区改设为宁波市,原宁波市取消。以后其中有一些县改换为市、区,没有大的影响原有的行政格局。

宁波处于北纬30度附近,在同纬线上集中着中国最多、最有名、最发达的城市。它的西面是杭州,北方越海就是上海。

第二节　宁波的商业和社会

宁波帮名扬中国是近代以来的事。其实在唐宋以来,宁波的商业已经兴盛一时,这是由它的地理特点构造的。舟山群岛是中国最主要的渔业生产基地。宁绍平原土地肥沃,人烟稠密,农业的经济价值高。又地居南北洋中心,上至天津、烟台,下接闽、广、交趾,东通日本、高丽、琉球,无论内外贸易皆已有一定规模。所以,商业贸易是这座城市的基本元素。吊诡的是,喊出"工商皆本"这种颠覆性口号的黄宗羲,他最主要的人生经历和思想形成

---

① 光绪《新修鄞县志》,卷71,外国,英吉利。

就是在宁波。宁波的社会风尚、经济结构和商业模式一定给了他实践上的支持与思想上的启发。要知道，重农抑末的农本主义思潮作为主流意识形态弥漫中国精英社会已经两千多年了。

越人是一个善操舟的族群，利用海洋资源开展贸易是它的最优选择。远在汉代就已经开始与东鳀国等二十余国有贸易往来。鄞，被王莽改名为海治，从文字上联想，也应该是与海上贸易有关。汉代就存在"中国往（南越）商贾者多取富焉"①的情景，这些来到广东经商的人一定是从宁波出发经海路而往。

从事海上贸易，运输条件是必不可少的。需要建造远距离航海的能经抗风险波涛的大型船舶。宁波市区滨江处有一条以战船街命名的道路，曾是中国最重要的船舶制造中心。"战舰江边岁岁修，千家冢木几家留。近来樟树随山尽，出海编筑估客舟"②，见证了宁波匠船业的兴旺。在中国造船史上，曾出现过以宁波命名的"宁波船"，影响很大。日本的《唐船兰舟图卷》中，"宁波船"样式清晰可见。③

匠船又需耗大量木材，四明山提供了木材资源的长期供给。沙船又是另一种海上运输工具，在近代以上海为基地的沙船业主也是以宁波人为主。近代以来，宁波人从事航运业的更是层见迭出。"宝顺轮"是国人拥有的第一艘近代蒸汽动力的轮船，由宁波人从英国购置，用于民间海上护航。后来又开设民族航运企业宁绍轮船公司、三北轮船公司、鸿安商轮公司等多家航运企业。当代更有包玉刚、董浩云、顾国华这些有全球影响力的航运巨子。在航海人才方面宁波人更独占鳌头，引领全国。"惟甬人具有冒险性，且习海善航，以是与西人接触较早，轮舶驾驶工手，十八九为甬籍。"④也有记载说，"最奇者所谓操航海业之海员，与夫机器业中之机匠，则无一不是宁波人"⑤。

对宁波古代商业研究比较深入的，倒是日本人斯波义信，国内学者至今都没有达到他的高度。他在《宁波及其腹地》一文中对宁波提道：

> 来自中国东南的远洋帆船，不得不在宁波停泊，把货物转运到小船，以便通过这些水路，或者转运到小帆船，依次运行杭州、长江沿岸及中国北部沿海地区。反之长江地区的产品，先运到宁波，然后再运到外

---

① 班固：《汉书》，地理志，第八下。
② 袁钧：《鄞北杂诗》，民国《鄞县通志》，文献志，第 2549 页。
③ 章欧元：《上海沙船》，上海书店出版社 2002 年版，第 67 页。
④ 民国《鄞县通志》，食货志，第 52 页。
⑤ 《宁波旅京同乡会会刊》，第 46 页，1929 年。

地。而浙江其他两个港口城市温州和台州都分享不到宁波的这一优势。

1259 年,该地沿海地区有中国平底帆船达 8,000 艘,其中鄞县 624 艘,镇海 1,191 艘,象山 776 艘,奉化 1,699 艘,慈溪 282 艘,舟山 3,324 艘。

从宋以后形成了宁波经济圈,扩展到绍兴的余姚、上虞、新昌、嵊县,及台州的宁海,经济辐射力突破了行政区域的限制,与宁波接壤的这些县在经济上对宁波的依赖与联系要远远大于它所属的上级城市。

城市规模与经济规模也是正相关的。在宋代,宁波城内已有资格向政府缴税的户数 5,321 户,约占鄞县全县的 41,617 户的八分之一。我们知道,农村是以农业生产为依赖的,大多数的家庭拥有一定的土地,纳税人的比例应该高于城市,因为城市中有一部分人以被雇佣为生存手段,不必纳税,估计城市人口在 5 万人以上,说明城市化已经开始。城内已建立了四个交易市场,西、南各一,东门两个。在城市周边还设有许多市场,像江东的东津市场,规模超过城中市场。

商品化的农业很早就在宁波存在,像黄古林的蔺草业,樟村四明山区的贝母药材业。三北及滨海地区的棉花种植,从元朝时已经引进,尤其是余姚和镇海,余姚的棉农约占 70%,镇海约 17%,这些棉花被贩运到棉纺业中心松江。渔业生产更是传统产业,在 19 世纪估计有五分之一的劳动人口从事渔业及水上运输业。

行会,这种纯民间的行业性自助自治的组织至少在 1191 年就已经建立。来自福建的运输商人建立了以妈祖信仰为纽带的同乡同业行会——天后宫。以后,各省的商人纷纷建立同乡会馆,有福建、广东、山东、安徽会馆。像福建会馆所联系的福建商人在 1854 年有几千人生活在宁波,福建会馆由于人数众多,又以地域分为九个分帮。

商业聚集区的形成使商业规模效应得到扩张,形成了米行街、木行街、药行街、糖行街、卖席桥、羊行街、江厦街等专业商业贸易街市,及铸坊巷、打铁巷、镀厂巷、铁锚巷、船厂巷等手工业街区,有的街市甚至长达一公里,如药行街,是东南药材中心。①

1843 年,宁波辟为通商口岸后,加快了宁波近代化步伐。对外贸易从传统的对日贸易转向对西方的贸易。其实宁波很早就有与西方人贸易的历

---

① 以上引文与叙述均见 Shiba Yoshi. Nongpo and its interland. In: G. William Skinner(施坚雅). (ed.)*The city in late imperial China*. Stanford University Press,1977:391—440.

史。15世纪的时候,刚开始东西交通,葡萄牙人就在双屿港(今舟山六横)建立了贸易基地。由于明朝政府奉行海禁政策,沿海许多商人及一般民众以走私作为谋生手段,一时间影响广大,为明朝地方政府剿灭。那些侥幸逃生的商人及走私人员就走上了武装对抗的道路,烽烟海疆几十年,史称倭寇之乱。

我研读了许多有关此事件的史料,发现里面几乎都是来自明官方或与其有关的单方面的记录和说法,来自作为事件另一方倭寇集团的声音几乎没有。不过我还是从其中读出了两个问题:第一,作为一个横行海上几十年,参与者几十万,波及闽浙广沿海几千里,并与日本有牵连的大事件,叛乱者没有任何的政治诉求,只有要求通商的经济诉求,说明在当时社会里普遍存在着要求开展对外贸易的期望和向往。第二,宁波普通人民的态度。可以说在早期基本上是反对至少是不支持动用武力政策的。事实上他们中大多数人(尤其是大商人)或多或少从事、参与过走私活动,并从中获取既得利益。闽浙总督朱纨曾私下派人调查,结果使他大吃一惊,"访知舶主(走私船)皆贵官大姓"[①]。他说,他掌握了一个支持走私活动的宁波城内商人名单,名单上很多人都是有名的大商人,但他不打算将它公开。最后朱纨就是因为得罪福建和宁波商人集团而被后者通过各种关系被附加罪名下狱自杀的。

西方的银元从明末开始在宁波市场流通,这是国际贸易的明证,这种国际贸易规模有多大很难估计。不过西方人希望在宁波建立贸易基地的目标一直没有放弃过。宁波比广州的优越性在于它更接近中国最富庶的长江三角洲地区,可以使交易成本大大下降,也有利于拓展在内地的市场。所以当清政府攻打盘踞台湾的郑氏政权时,荷兰人以在宁波设立商馆作为出兵助战的条件之一。1698年,清政府践约在定海设立红毛馆(红毛即荷兰),在宁波民间留下了红毛瓶、红毛人、红毛芋艿、红毛糖等西洋风物。

1759年,东印度公司大班洪仁辉率两船来到宁波,不仅宁波人民,地方当局也认为是一个发财机遇,表现出了少见的积极性。浙江巡抚没有执行既定的闭关自守国策,反而奏道:"红毛国商船久不到浙贸易,今慕化远来,自应加意体恤,以副我皇上柔远之意。除饬令该道派拨员役小心防护,并严谕商铺人等公平交易。其应征税课,照行征收。"[②]结果被乾隆皇上训斥一番,反而在第二年把红毛馆也给废除了。但是洪仁辉这次宁波之行,还是留

---

① 李洵:《明史食货志校注》,中华书局1982年版,第253页。
② 转引自傅筑夫:《中国古代经济史概论》,中国社会科学出版社1981年版,第264页。

下了一些东西,并找了一个姓郭的宁波人作为他的代理人在宁波销售他带来的商品,结果造成了 1.5 万两的亏损。郭是有记载的第一个会说英语的宁波买办。1793 年,英女王派遣马嘎尔尼为特使前去庆贺乾隆皇帝八十大寿时特地到宁波停靠,其目的之一就是要寻找郭姓买办,不过此时郭买办已经去世,只有他的儿子郭极观尚在,"亦能略司夷语"①。

1843 年元旦,宁波正式对外开放。宁波人对与西方通商抱着很大的期待,过去朝廷的想法并不代表他们的想法。听到通商消息后,"各处商民纷纷运货宁波,候期交易"②。宁波商人终于等到机会开始另外一种完全不同的贸易时代。

在蒸汽时代,船舶的速度、运载量都今非昔比。宁波虽然成为通商口岸,但上海的崛起,使宁波的优势在很大程度上丧失了。上海无论它的腹地、港口条件、辐射的人口都远远胜过宁波。宁波虽然也一度设有租界,却是唯一一个洋人自动放弃的租界。因为要维持一个租界的运转,必须要有一个足够多人口的西方人社区的存在。而上海是那么的接近,市场是那么的广大,西方人必然选择上海,宁波成了上海的分销基地,变得无足轻重了。1849 年,宁波的外贸从开放第一年的 50 万元直线下降到 5 万元。③ 第二年,"查道光三十年夷货税册,(宁波)仅收税银一百一十余两"④。上海此后如日中天,快速繁荣,成为中国经济的龙头。

宁波与上海角色的变换完全出于贸易条件的改变。一条几百吨上千吨的商轮,其货物的价值在几万几十万元,它需要广阔的市场立即分散批发到各地,宁波没有这个条件。而上海有长江黄金水道,能把市场拓展到像四川这样遥远的省份。西方商人回程时也要采购足够的土产,也要求有丰富的生产资源基地。但是宁波人是最早意识到自身的局限性,并克服这一局限性的群体。从 19 世纪 60 年代以来,宁波商人贸易活动的舞台基本上转移到了以上海为主。宁波帮成功的故事也大多在上海演绎。后来再以上海为跳板,转移到新开发的商业中心天津、青岛、营口、烟台、厦门、广州、香港及内地的汉口、九江、沙市、宜昌、芜湖、南京等地,甚至拓展到了海外。"夫吾宁非以商战著称于全国乎!世界各国都会,南洋诸岛之炎地,且有宁人之足迹。而本国之都、镇、市场,凡足以经营商业者,莫不由宁人占其优势,可毋

---

① 佩雷菲特:《停滞的帝国:两个世界的撞击》,王国卿等译,三联书店 1993 年版,第 61、323、354 页。

② 《筹办夷务始末》,道光朝,卷 70。

③ 《宁波市对外经济贸易志》,浙江科技出版社 1994 年版,第 7 页。

④ 《筹办夷务始末》,咸丰朝,卷 4,第 155 页。

论也。"①

上海几乎是宁波本土以外的一块飞地。宁波人出外营生,"尤以上海为最盛,经商于此者,奚啻二三万人! 故有第二故乡之谚"②。二三万人是一个极缩小了的数字。如果仅指有一定自我产业经营的人,勉强可以说得过去。一般估计,在清末已经有宁波人四十万人左右。以今天上海市区人口的籍贯构成分类,宁波人是最大族群,大致以 30% 为宜。1898 年,"宁郡人民在沪者不下数十万"③。1918 年,"想吾同乡在沪者总数四十万人"④。1917 年在上海去世的宁波人就有 2,855 人,以至四明公所不敷停柩之用,宁波同乡会发起捐助,添造新厂。像浦东这样比较偏僻的地方,1920 年也已经有同乡数万人。⑤ 宁波同乡会成为过去中国最成功、最有影响力的同乡互助自治团体,它的成功就是基于拥有一个完整的移民社区资源。

宁波人进入上海大致可分三个阶段:第一阶段是在开埠前,有许多人前往上海从事商业活动,像方家、李家,均大获成功。这时候去上海的宁波人均是商人,属于候鸟式,性质是旅寓、客居,价值观里完全认同宁波本土。第二阶段是开埠后,尤其是太平天国时期到 20 世纪前,这一时期进入上海的都与对外贸易有关,像上海的买办,宁波人迅速超越广东人。钱业,宁波人始终执牛耳。红帮裁缝更是有独占性。沙船运输业大半操于宁波人之手。但也有许多下层人民离开本土来上海谋生,成分发生变化。比如 1874 年第一次四明公所事件中,很多宁波人在洋人家庭帮佣,一些手工业者也到上海发展。由于宁波人众多,这时便有些人已开始习惯于以上海为家了,因为在上海的宁波人社区里没有陌生感。一部分成功人士开始置产置业。尤其是太平天国时期,租界成了江南最安全的地方,对他们的触动很大。安全性是一个必须考虑的项目,加上上海的繁荣与增长所提供的商业机会,有人选择定居,愿意融入这个既熟悉又全新的社会里。第三阶段是在新式近代企业兴起后,对劳动力的需求大增,许多宁波农村民工开始出现在移民队伍中,这些人占了绝大多数。这时候,很多商业服务业也相率繁荣,宁波人光靠烟纸业买卖小铺营生的,全上海就有五千余家之多。⑥ 此时,"上海全市人民共百

---

① 宁波《四明日报》社论:《论甬商之团结力》,转引自《宁波金融志》,中华书局 1995 年版,第 81 页。

② 民国《鄞县通志》,文献志,第 2631 页。

③ 《四明公所绅董禀上海道书并道宪回报照录》,《申报》1898 年 7 月 11 日。

④ 《宁波同乡之慈善事业》,《申报》1918 年 3 月 15 日。

⑤ 《浙东甬人募建新厂》,《申报》1920 年 10 月 30 日。

⑥ 《宁波同乡会关于烟酒借款电》,《申报》1921 年 1 月 14 日。

余万,而我甬人则居五十余万"①。一些人基本上已习惯了上海文明的都市生活,已不想回到原有落后传统的生活环境中,完全上海化了。

太平天国时,宁波曾被占领,城市受到很大破坏,很多有钱人迁往上海租界,到上海去发展,中等以上人家也托庇于江北岸外国租界。从此以后宁波的商业难以恢复,宁波已变为鸦片贸易基地之一,最高年份,鸦片输入总值已占进口价值一半以上,最低年份也占38%。② 当然在宁波通商后,总的经济贸易仍是在发展,只是与上海相比大大落后了。信贷总量是一个有效的客观的指标,它反映一地的经济活动总体情况。1918年宁波全市信贷规模二千数百万元③,而到了1934年,贷款规模也只有二千七百万元④,16年间几无明显增长,说明宁波本土商业发展是相当缓慢的,完全依靠外地市场来弥补。所以说,宁波是资金、人才的输出地。从金融角度,宁波被称为多单码头,即资金净输出地,固然说明宁波之富有,但一方面,这些资金没有被本土经济充分利用,说明:一是本土经济资源有限,吸纳不了这部分资金。资本要增值,工商业没有发展,市场不需要这么多资金,那么就自然流向外地,成为上海经济发展的助力。其二,宁波的资本并不稀缺,而是市场饱和,商业规模难以扩大,其中的一个原因是大量人口移民上海,这些移民既是创造财富的主力,同时又是消费的主力,消费不能提振,对经济发展影响很大。另一方面,宁波在解放后人民银行收兑的银元有五百多万元,这五百万是基础货币,如果存入银行钱庄,又能增加扩大好几倍的存款量。⑤ 在战前,上海基本完成了工业化,宁波只有有数的几个近代企业,是一种很尴尬的不争的历史事实。

在1886年的时候,江北湾头地面已经有一家叫通久源的机器轧花厂。宁波的工业化进程并不算晚,但是直到解放前,能算得上规模的只有三支半烟囱。民国《鄞县通志》中比较完整详细地保留和记录了20世纪30年代的经济资料(其他县份有一些规模较小的工厂企业,也不多),"迄今大小厂家亦仅百许,而略具规模之工厂更属寥寥"⑥,工业资本总额2,752,500元,年产值1,098万元,工人1,371人。主要有针纺织、面粉、电力、火柴、榨油业、罐头、机械碾米等行业。即使按宁波城区35万人计算,人均工业产值仅30

① 《宁波同乡会征求会晏会纪》,《申报》1920年4月17日。
② 《宁波市对外经济贸易志》,浙江科技出版社1994年版,第9—12页。
③ 《甬江钱业对于革除现水之意见》,《申报》1918年9月24日。
④ 徐世治:《宁波钱业风潮报告》,《浙江商务》第1卷,第1期,1936年。
⑤ 《宁波金融志》,第1卷,中华书局1995年版,第15页。
⑥ 民国《鄞县通志》,食货志,第53页。

多元。日常耗用工业品基本由上海输入或分销。手工业产值约 800 万元。商业 5,599 家,资本 1,425 万元。①

抗战胜利后,1945 年 12 月,宁波商会对所属各县的商会会员进行过统计,共计会员人数 30,394 人,宁波城区 22,253 人,分别有九十余行业。②

宁波的对外贸易一直处于逆差地位。但是宁波也是托那些在上海从事外贸业务的同乡之福,19 世纪 80 年代开始,开发出一种完全是为满足对外贸易的并不复杂的手工农副产业——金丝草帽编织业。它主要集中在鄞县、慈溪和余姚的农村地区。20 世纪 30 年代,鄞县一地的编帽就业人口(业余)就有 4 万户,产值 200 万元,平均 50 元。从附加值来分析,当时 200 万领席子(内销)的价值是 150 万元,120 万顶草帽的价值却是 200 万元。与今天情形正好相反,当时外贸的附加值要远大于内销。③

对于宁波的商业,在此也有必要一提的是,钱庄业在其中占有相当的地位,本书的以后诸章会展开论述。

在近代东西文化交流中,宁波社会也发生深刻的变化,不仅西方的商品进入寻常百姓家,成为必需品,新式学校教育、医院等纷纷开办。人民的生活方式与价值观也发生了明显的变化。"五十年前敦尚质朴,虽殷富之家皆衣布素,非作客喜事罕被文绣者。海通以还,商于沪上者日多,奢靡之习由轮船运输而来,乡风为之丕变。"④

还有宗教也渗透进来,宁波远在嘉庆年间就有天主教堂,洋教已有一定基础,开埠后更是迅速传播。说到宗教,宁波占主导地位的宗教到现在为止仍然是佛教,它的宗教密度可能超越国内任何地区。它的境内密布着许多中国最古老和最有名的法苑丛林。

宁波的社会是以商业为主的形态,人们有从事商业贸易的传统,同时商人力量一直以来很强大,甚至影响到政治。由于它远离政治中心,中央朝廷只能委任自己信任的官员对它进行治理,相关的信息也完全靠地方官员提供,地方官员的个人价值取向和忠诚度影响着朝廷的判断。所以当段光清来到宁波任职时,就发现"嘉庆道光初年,地方官更艳商人之利,惟商人之命是听"⑤。在宁波,商人的力量是相当大的,也被民众所尊敬,他们是维系这个城市稳定和经常运转的中坚,即使面对海盗的武装劫掠,还是太平天国的

①　民国《鄞县通志》,食货志,第 70 页。
②　《宁属各县商会会员统计》,宁波档案馆档案旧 14—1—168。
③　民国《鄞县通志》,食货志,第 55 页。
④　民国《鄞县通志》,文献志,第 2610 页。
⑤　段光清:《镜湖自撰年谱》,中华书局 1960 年版,第 34 页。

威胁。19 世纪 50 年代初,南洋闽广航线海面不靖,海盗蜂起,政府却袖手不动,是宁波商人们集合南北洋商号共出资 6 万串,以每天 100 元的代价雇用英国士兵巡洋,1854 年干脆自购蒸汽轮船开展民间护航。① 经商是一种有荣誉感的价值取向,而不像内地其他城市那样把读书取科当做唯一的最高的境界。方志上记载,"商业为邑人所擅长",科举不再吸引人,科举人数逐年递减,诚非虚言。② 甚至远在日本,早期的戏剧中也有反映宁波商人的活动。③ 宁波商人的富裕程度也曾一度引起深居紫禁城的咸丰皇帝的极大兴趣,后者正在为扑杀太平军筹措军饷而绞尽脑汁,一个极度夸张的数字被上报咸丰,宁波(慈溪)的冯氏家族所拥有的财富数达 2,000 万两。咸丰要求他为国效力,捐助 100 万两。地方官员亦提醒他至少要捐 30 万~50 万两才能过关,最后经多轮博弈,讨价还价,以捐 12 万两了结。④ 要知道当时清政府一年的财政收入也只是 3,000 万两,即使一次捐输 12 万两亦为天文大数。被有些人称为 19 世纪全球首富的广东商人伍浩官的财富折合有 2,500 万两。他们已经可以相互颉颃了。其实双方都有点虚张声势。

大约在明末以后,宁波商人向各地发展的线索陆续展现。钱业会馆碑记中说,富豪之家气力达于诸路,就是说宁波商人的全国性网络已初步布局。有确切记录的慈溪药材商人在明末就在北京经商,其后人开设享有盛名的同仁堂药店。同是慈溪人,也在乾隆年间开设了名重京师的"四大恒"。这些商人的外埠活动可以从中国传统的同乡会组织中得到证实。1928 年的时候,宁波旅外同乡团体有大连、北京、天津、沈阳、烟台、青岛、郑州、汉口、襄樊、宜昌、沙市、长沙、重庆、芜湖、南京、徐州、扬州、镇江、无锡、苏州、常熟、上海、吴江、盛泽、汕头、厦门、香港,省内有杭州、建德、兰溪、温州、湖州同乡会。另有些地方,宁波同乡会附着在浙江同乡会之中,没有单独组建。⑤ 甚至在日本,也已有宁波人在主持着横滨的中华会馆。有一种传说是"无宁不成市"。

值得一提的是,在美国的华盛顿纪念碑上,镶有一块刻有 1853 年来自宁

① 段光清:《镜湖自撰年谱》,中华书局 1960 年版,第 101 页;《筹办夷务始末》,咸丰朝,卷 11,第 409 页。

② 民国《鄞县通志》,文献志·职业·商业,第 2631 页。

③ 日本的能剧《唐船》讲的是明朝一个因两国商人冲突而被日本人据为人质的宁波商人阿庆官人,在日本几十年,娶妻生子,后被其在宁波的两个商人儿子携带巨资赎回,父子团聚的故事,故事发生在明中叶前期。

④ 段光清:《镜湖自撰年谱》,中华书局 1960 年版,第 82 页。

⑤ 《宁波旅京同乡会成立纪念刊》,第 78—81 页,1929 年。

波府人民的对美国英雄华盛顿的颂词,上面辑录着原福建巡抚徐继畬《环瀛志略》中的一段话:"华盛顿,异人也。起事勇于胜广,割据雄于曹刘,既已提三尺剑,开疆万里,乃不僭位号,不传子孙,而创为推举之法,几于天下为公,铩铩乎三代之遗意。其治国崇让善俗,不尚武功,亦迥与诸国异。余尝见其画像,气貌雄毅绝伦,呜呼,可不谓人杰矣哉!米利坚,合众国以为国,幅员万里,不设王侯之号,不循世及之规,公器付之公论,创古今未有之局,一何奇也!泰西古今人物,能不以华盛顿为称首哉!"[①]当主要的士大夫精英阶级还停留在痛骂西方列强的情绪性宣泄阶段的时候,宁波社会的开放基础和学习先进风气已经相当的浓厚了,这与日后他们在商业和社会上的成功不能不说有很大的关联。

第三节　宁波主要地名来历

　　一般书籍上都会讲到,宁波简称甬。在我看来这是缺乏逻辑严密性与一贯性的。1927 年,析鄞县城厢设宁波市,此宁波市简称甬是正确的。1986年,宁波地区与宁波市合并,原宁波市分为海曙、江东、江北三区。新设立的宁波市与旧有宁波市有很大区别。现在的宁波市已不能称甬,应该称宁才是正确的。甬是宁波府城所在地,即鄞县城厢所在三江口附近地域的简称,其来源于甬江。今宁波市是继承旧宁波府,解放后宁波地区的地理和行政区域。即使鄞县西乡东乡,在古人心目中也是不能称甬的,所以清代李邺嗣把他写的诵讴东乡的诗词名之为《鄮东竹枝词》,同样万斯同的诗曰《鄮西竹枝词》。后来更有倪韭山作《鄮南杂诗》,袁钧做《鄮北杂诗》,都是清楚表达城厢以外地区非甬而是鄮地。萧甬铁路是指萧山到宁波城区,甬台温高速指宁波城区到台州、温州的公路,申甬杭线就是宁波到上海的海运航线。甬是特指,宁是广义。宁绍平原、宁绍台道、浙宁会馆、宁绍会馆、宁式家具等,凡以宁称的,指称宁波府。当然近来也有人把甬概念扩大化的,称甬商,相当于宁波帮,涵盖了宁波府属各地人士,这主要是这些群体中以宁波城厢中人居多,不加分别,误为一体。史料中的甬上、甬人、甬江大抵皆是狭义。宁波有时候称宁郡、四明,是统称,包含六邑。史料上有鄞邑的说法,没有甬邑的说法,说明甬尚未达到邑的层级。如宁海城关简称缑,象山丹城称蚶,余姚城关简称舜。如镇,即镇海全县,镇关就特指镇海关或者镇海城关。古人对于地名之称呼是有一定标准的,所以正确的表述方法应该是,宁波市人民

---

① 　徐继畬:《环瀛志略》,卷 7。

政府所在地简称甬。

甬 对于它的地名来历,最主流的一种说法是,在今鄞奉两县交界处,有一座山名甬山,此山形像钟,甬在汉字里与钟同义,所以以形名山,以山名江,以江称城。甬之源于甬山是正确的,但以甬与钟之关系来推演,实在有点穿凿附会、贻笑大方。越族人会按照汉人设定的思维模式去行事吗?宁波人汉化已经有一千六百年了,绝大多数人身上已看不出越人的血统,他们惯于以汉人方式思考问题,也是可以理解的。

公元前500年左右,此地已经有句甬的地名存在,句甬就是本土土著民族越族给它的名称,它也只能体现越人的风格而不可能是汉人的思维。作为一个民族消失了,甬就是越国这个曾经北上中原,称霸一时的古国文化符号的少得可怜的一点孑遗之一。

句甬,又叫甬句,史书上同时并存,应该是同一事物。吴王夫差失败投降后,勾践安置他,"寡人其达王甬句东"①。就是准备把夫差流放到今天的舟山群岛,夫差羞而自杀。《左传》鲁哀公二十二年说"请使吴王居甬东"②,司马迁在《史记》里也记作甬东③。《越绝书》也说:"(吴王)因而赐之以书,增之以封,东至于句甬,西至于槜李,南至于姑末,北至于平原,纵横八百余里。"④甬句与句甬是同一事物。历代史家在注《国语》的时候,均把甬句,误作句章、甬江,分为二地,⑤这是很值得商榷的。在我看来甬句应该是指一个地名。

首先,甬江、句章,一个是自然地理,一个是行政区域,两者并用不合汉文的表达习惯。古人有说江淮之间、齐鲁之间,都是同一事物并列。即使今天,也没有说浙甬的,只有杭甬;有宁象,是指宁海、象山,不是指宁波、象山。如果要表达,也应该说"句之甬东",从属关系明确。

其次,若两者系各自的简称也不合古人规范。江淮齐鲁是全称,不是简称,《国语》里对地名没有出现简称的惯例,其他文献亦然。如果甬是甬江,在那个时代,甬就是全称,像江、淮一样。那么这里就出现一个简称、一个全称并立的奇怪现象。

其三,句章,按《汉书·地理志》的说法,其所在位置面临的姚江称为渠水。甬江属于鄞县,两者也不存在从属关系。

----

① 《国语》,吴语,卷19。

② 《左传》,鲁哀公22年。

③ 司马迁:《史记》,越王勾践世家第十一。

④ 《越绝书》,卷7,勾践外传。

⑤ 马伯煌等点校:《国语》,上海古籍出版社1981年版,第639页。

其四,舟山群岛,从地理上讲,更在鄞东。当然也可以说舟山群岛所处的位置也是在句章县海中东北方。但是从鄮县设置是因为海上贸易的情形来分析,舟山群岛的联系对象是鄞地而不是句章,舟山群岛在行政区域上应划入鄞县(鄮县)才合乎逻辑,那么应该说鄞东才比较恰当。

"太伯初奔荆蛮,荆蛮归之,号曰句吴",颜师古注曰:"句音钩,夷语之发声也,亦犹越为于越也。"①句是越语无疑。我们再把视野扩大一些,在吴越的历史空间中寻找相同的地名人名,这些名词比较多地保留有二千五百多年间吴越先人的语言环境与风格。

吴越是一个同源民族,这已为史学界广泛认同,不再展开。姑蔑、姑苏、姑熊夷、姑胥、姑孰,此在《国语》中出现的姑的含义应该相同。这些地名都是在环太湖地区,故可能与湖有关系。勾吴、勾践、句无、句甬、句余、句章,句一定是在吴越语中代表某种有普遍广泛意义的事物。按从吴越语系残余来讲,句是出现频率较高的一个名词。越人的语言与华夏人在语法上有所不同,他们表达事物一般是通用名词在前,专有名词在后,与华夏人正相反。如泰山,在越语里就表述为山泰。②句甬,按汉人的表达方式就是甬句,所以会出现甬句、句甬的不同表达,与作者的本位文化有关。

在越语里,我们只有很少的线索能够解读它的意思。《越绝书》中有一点点古越语残留。勾践《维甲令》是一篇越语文献,"维甲者,治甲系断。内矛赤鸡稽由者,越人谓人锻也。方舟航买仪尘者,越人谓往如江也。治须虑者,越人谓船为须虑也。亟怒纷纷者,怒貌也,怒至。士击高文者,跃踊也。习至于夷,夷海也。宿之于莱,莱野也。致至于单,单者堵"③。句不是海、江、河、船只的意思。句其实在越语里是山的意思。为什么这样说呢?要从句甬一词去解读。句甬其实是指现在的四明山,而四明山在越国时代被越人称为天门山。甬是天、通天的意思。其最有力的证据在于《汉书·地理志》。班固在其中的鄞县项下叙述说,"有镇亭,有鲒埼亭。在南有天门水入海,有越天门山"④。这个天门水显然是指甬江。其境内它如大嵩江、小浃江皆不足以代表鄞的地理风貌。《舆地广记》说象山县东门山即越天门山,这一定是讹传,象山没有较大的河流,也没有标志性的山脉。⑤天门水因天门山而得名,甬江发源于四明山。此天门山一定是指四明山,逻辑上没有问

---

① 班固著,颜师古注:《汉书》,地理志,第八下。
② 参考王宇:《〈吴越春秋〉与吴越民歌》,《东南文化》2007 年第 3 期。
③ 《越绝书》,卷 7。
④ 班固撰,颜师古注:《汉书》,地理志,第八上。
⑤ 转引自民国《鄞县通志》,文献志,第 2495 页。

题。天门山在越地鄞境且与某条大河相关,所以只能是四明山。可见四明山以前叫天门山,由天门山而得名天门水。句甬,也即天门山。甬也是越语发声,绝不是汉语钟的意思。句甬与天门山是越汉语对译。

有一条材料能证明天门山与四明山之关系。民国《鄞县通志》在叙述四明山时,有一条释句,显然是引用历代史志记载材料,"四明山二百八十峰,周围一百八十里,有四门通日月星辰","四明方石,四面自然开窗"。① 可知,四明山与天门山其名称来源是同一事物,即今天四明山顶的四眼窗。在越人的价值观里,山顶四门是通向日月星辰之门径。而在汉人眼中,四面自然开窗,都能见光,称为四明山。考虑到当时的社会环境与时空背景,应当存在两套话语系统。一套是汉语系统,他们拥有话语权,属于上层精英,包括汉族官吏、军人、移民,及汉化的越族上层人物,这部分人使用汉语话语系统,把句甬以汉族习惯方式表达为天门山;另一种话语就是占大多数的越族平民,他们保留着本民族的话语系统,称为句甬,这条河就是甬江。大致在晋后,汉化接近完成,汉人就改变对天门山的称呼,称四明山,而河的名称却没有相应变更,仍保留了甬的越语语音,形成这一分离,导致后人无法追溯与连结二者的逻辑联系,只能归结于故老相传,隐约记得甬江与某山有关,甚至变造出另外一山为甬山来自圆其说。

鄞 鄞县是最早出现在史乘上的宁波行政区域,也在春秋时期,"勾践之地……东至于鄞"②。勾践要统治浙东、浙北地区古越国,即使实行部落自治,也应该建立相对应的区域名称。鄞从那时候出现,一直到今天均基本无变化,说明其有相当的生命力。有关鄞的来历意涵,也有很多种说法。有说因地有赤堇山,因以名之的;有说此地出产木槿花,因以名之的;有说堇是本地盛产的一种苦菜,即《诗经·大雅·绵》里"堇荼如饴"的堇的;有说此地古有堇子国,因此命名的。上述说法有些是站在汉人的立场,以汉人之是非为是非,以汉族的思维来纲领事物,是想当然的。

要知道,勾践时代,生活在这片土地上的人都是操持越语的古代越族人,最初地名的命名一定是土著人首先为之。当华夏人还远在北方千里之外的时候,我们的古代人先祖怎么可能预先按汉人的逻辑与思维去命名他们自己的土地呢?比如鄞县下有鲒埼亭,班固说鲒是寄居蟹,很明显当地人称寄居蟹为鲒,汉人叫寄居蟹。《南越志》说:"琐鲒,腹中有蟹,子如榆荚,合

---

① 民国《鄞县通志》,文献志,2493 页。
② 《国语》,卷 20,越语上。

体共生。"①南越即广东,可见越粤两地,相距千里,虽关山重阻,语言是一致的。比如呑,是山海间平地的意思,广泛使用于浙东、闽、广沿海地名中,也有写作澳、濠的。再比如北方称牡蛎的,广东人叫蚝,宁波人叫蛎蛎,这些都是越语的保留。勾践时代越国的一些地名被保留下来,我们能够发现,越地的地名与中原地区的华夏族地名是完全不同的。越国的那些地名都是以土著语言为基础借用汉字来表达的,在这里汉字只是一个译音,就像日本地名的汉字音读,不是训读。姑蔑又写成姑末,就好像把莫桑比克写作莫三鼻给一样。望文生义必然出现印第安式的笑话,释甬为钟也是训读主义这种笑话的另一个版本。

董与鄞有语言学上的渊源关系是肯定的。当华夏人把一种苦菜叫董的时候,越族人也把这种植物叫董吗?答案是否定的。那么从"董荼如饴"去延伸出鄞之来历是没有意义的。同理从木槿花来推演鄞也很可笑,华夏人称为木槿花的植物,越人也不可能称木槿花或槿花。我们以杜鹃花为例,高丽人称金达莱,宁波人称"柴白金花",南方一般称映山红,这个"柴白金花"倒可能更接近于古越语的命名,也许"柴白金花"在越语里就是映山红的意思。赤董山一说,很符合典型的汉人命名规则,也是穿凿附会。按《越绝书》的说法,"薛烛对曰:赤董之山已合,无云若耶之溪深而合"②。《战国策》也有"涸若耶而取烟,破董山而取锡"③,赤董山在会稽若耶溪附近,而且出产金属。那么这种说法与历史记载冲突,也应当排除在外。

最大的可能性是源于董这个部落,后来归顺勾践,就以其部落名命之。董显然也是越语的一部分,但是其所代表的意义已经无从知晓了。如果一定要做推测的话,我想最有可能是与渔业有关,即以捕鱼为生的部落。古鄞地正是环象山港。

句章 句章也是勾践时代的产物。《汉书·地理志》很清楚地指明,句章面临渠水,即姚江。历代宁波地方史志也证实这一点,尤其是 2009 年宁波之物考古研究所的考古成果证实历史记录的句章古城的所在位置。句章,曾是东部都尉治所,"会稽东五县贼",指句章所辖地。按现代说法,应属于地区层级。句章又曾移治鄞江小溪,所以,从一定意义上讲,句章、鄞、鄮,与后来的宁波也有很深的渊源关系,地理上互有重合。

如果我们承认前面表述的句甬就是天门山的话,就可得出句章之句,也

---

① 转引自民国《鄞县通志》,文献志,第 2497 页。
② 《越绝书》,卷 7。
③ 转引自《越绝书》,卷 7。

应该是山的意义。有幸的是我们今天证实历代史志所记述的句章古城是基本准确无误。经考古发掘，句章古城就在今之城山附近。句章，就是城山的意思，句是山，章即城。在越语系统里所表达的城山就是句章，在汉语话语系统里句章的意思就是城山，所以句章就存在另一个名词叫城山。据《宝庆四明志》载，古句章县在今慈溪县南十五里，面江为邑，城基尚存。故老相传曰城山，旁有城山渡。此足以证明句章就是城山。句章与城山，犹如句甬之于天门山。因为汉人聚集以后对相关地名总喜欢从汉人思维出发，重新予以命名。句章为越国历史遗留，城山是以后汉人称谓。城山与句章也是汉越对译。

余姚 余姚也是一个古老的地名，其地名来历主要有二。一是来自《山海经》系统，大致在余姚、句章之间有名句余山的，因而命名，分别取一字为句章、余姚。二是与舜的传说有关。仔细思考一下，二者都是基于神话传说，其可信度也是有疑问的，只不过《山海经》的传说更接近一点。郦道元在《水经注》里也说，"县西去会稽百四十里，因句余山以名。句余山在余姚之南、句章之北也"①。这里郦道元指出句余山与余姚有关，但并没说句章、余姚二县各取其一字命名，此说也是后人望文生义的产物。句余自有出处，姚、章是何来历？显然无法清楚说明。也有人说，句余山就是四明山，但郦道元说在余姚鸟道山北，若说四明山也应该是鸟道山更接近。四明山是一个山系，各地对自己所处部分有自己的名称，是合乎逻辑的。

至于余姚是舜地传说，更见历史逻辑的错乱和荒唐。舜系华夏文化圈人，即使退一步讲，生于九嶷，也是楚地苗蛮，不是于越族裔。一个语言、思维、宗教完全不同的人，远距离的被华夏族人指定为接班人，可能性几乎没有。即或有，他也应该是接受并熟悉了一定华夏文化的人士。即使通过联姻方式，娶了尧之二女，获得为华夏族人认同的某种合法性基础，我们仍然要问，于越族群的舜，好端端地在历山捕渔晒网，在传媒、通讯相当不发达的时代，尧是通过何种渠道穿越江淮沼泽获得足够的信息，并予以确认而决定委以大任呢？我们研究历史，必须有基本的历史判断，不可以神话传说作为信史与材料，尤其是这样明显存在逻辑错误的材料，更应该自行排除。

司马迁《史记》对越国的历史叙述有二十余世的断层，直到勾践父亲允常才与历史对接上。显然越国的历史此前只有口头的而没有文字的记录，其文明程度与中国华夏族相去千里。相比之下，司马迁对吴国的历史却不吝笔墨，世系清楚。

---

① 郦道元:《水经注》,时代文艺出版社 2001 年版,第 227 页。

余在少得可怜的仅有的越语文字系统里也是多次被提及,说明它在越语系统里也是代表一定的语义符号。句余、余姚、余杭、余暨,还有今江西的余淦,也有用作人名的闽越王余善、越大夫畴无余。其实早在清代,就有学者李慈铭在《越缦堂日记》中,通过对《越绝书》"朱余者,越盐官也,越人谓盐曰余,去县三十五里"①一句的研究和释读,指出余姚地名的来历与盐有关,余就是盐,它也是越语发声。"老挝……其酋长有三等:长曰招木弄,次曰招木中,又次曰招花。"②招、朱一声之转,可证越人的朱就是官的意思,《越绝书》的记载是正确的。

考诸余姚的历史风物,它一直是浙江的最重要产盐区。余姚与盐有关是存在极大的逻辑可能性的。"计然之策,越用其五而得意"③,其中应该有一策"煮山海",这是管仲时期齐国已经实践过的。古代盐产与今天的场晒不同,属于灶盐,就是用柴火烧煮。姚南四明山区为之提供了足够的燃料。余姚一词在越语里与该地盐业生产有关。如前所述,句在越语里其义为山,可以顺理成章地解读出句余即盐山的意思。句余山在今三北,大抵这山附近遍布盐灶。这样说余姚与句余有关系也是成立的。句余已包括有山的意思,句余山一词,一定是汉人根据自己的思维习惯后缀上去的。汉人一直有这个习惯和爱好,比如西藏的纳木湖,非要叫纳木错湖;内蒙古的锡林浩特,浩特已经是城市的意思,非也要称锡林浩特市;更有甚者,他们还喜欢把自己的地名再后缀,架床叠屋,如杭州市、景德镇市等不一而足。

上虞是临近余姚的县份,其立县应该晚出于余姚。两地原为一地,后来分治的。虞余同音,其地名来历中也与余姚一样附会有舜的神话传说成分,可以说是有同源性的。《水经注》说,上虞"本司盐都尉治,地名虞宾"④。此处虞与盐之关系也可得而联系。无独有偶,《汉书·地理志·南海郡》下,班固记录有"番禺,尉佗都,有盐官"⑤。余、虞、禺,三字同音,且皆系越人地区,又都设盐官,余为越语盐,又得一旁证。

① 《越绝书》,卷7。
② (明)罗曰褧:《咸宾录》,中华书局1983年版,第190页。
③ 《史记》,货殖列传第六十九。
④ 郦道元:《水经注》,时代文艺出版社2001年版,第304页。
⑤ 《汉书》,地理志,第八下。

第二章　清代的宁波钱庄

钱庄是金融机构的一种。中国历史上的金融机构、金融形态、金融活动可以追溯到西周。相对来说，钱庄是一种比较高级和有较多专业元素的金融机构，对社会经济的影响力大，且与近代社会相结合，相当程度上促进了近代中国经济的发展。钱庄不必然产生于宁波，但毫无疑问，是在宁波，以过账制度为核心的制度变革的因素，对传统钱庄进行了革命性的改造，使得活力倍生，而宁波也一度成为最重要的金融中心之一。

第一节　货币制度与钱庄的产生

学术界达成共识，钱庄的产生大致在明中叶以后。那时出现了许多钱铺、钱店等早期钱业的原始形态。从专业的角度来分析，钱庄从货币兑换商角色，到信贷提供者，再到商业结算中心，这个阶段的实践经历了几百年的时间。今天我们研究钱庄是站在哪一个角度来探究？若从历史源流上讲，那么作为货币兑换商的钱铺、钱摊，就是早期钱庄的发矢，即使延至现代，这一金融服务功能依然存在。若从它对社会经济的影响、联系和贡献角度，我们自然会把重点放在它的后二种功能上。因此，我们在探讨钱庄活动的时候，在很大程度上是把叙述重心放在对后面二者的分析和整理上。

钱庄业的产生肯定与中国复杂的货币制度有关。简单地了解中国的货币制度确实有助于我们理清钱业源头的一些问题。为什么会发生在明中叶以后？为什么原有的金融机构，如典当、放贷机构没有承担这一任务，而单独发展出一个新的独立的起主导作用的金融形式？

学术界一般认为，中国存在着一个以贝作为货币的时代，而我的研究是对此事抱怀疑态度的，因为货币理论是不支持这一观点的。历史学家与经济学家的视角不同。根据贝币说，那些贝币不出产于中原华夏地区，而是在南方沿海，甚至远在昆明附近。古人不会有今人"铸币税"的理论和认识，但实践中他们一定会发现，货币作为一般等价物的财富功能。那些边远的与华夏族接壤的部族一定会把寻找、运送贝币作为他们工作的一部分。因为这些天然的贝类可以用来交换自己所需的物质产品。那么，首先从华夏族来讲，就存在一个财富外流的问题。他们慢慢地发现，这种行为对华夏民族是不利的,就会考虑放弃使用贝币的问题,而代之以其他材质。何况按现有史书所述,贝币产生的时代已经有成熟的国家形态。按现代制度经济学的国家形成理论,国家的产生就是基于使财富的生产更有效率。

其次,我们从货币供应量角度来思考。华夏族和蛮族作为两个组织彼此博弈是完全不对称的。蛮族拥有绝对的优势,他们会尽可能地投放朋贝在市场上,华夏族要么接受,要么拒绝。接受的结果是货币流通量大大增加,有通货膨胀的风险。如果选择拒绝,只有取消朋贝的货币特权,或者建立严密的海关保障,后者在当时的条件下是不成立的。一国的货币供应量必须是主动可控的、可调节的,货币制度才能稳定顺利地实施。那么它就应该掌握货币投放权,货币不能被伪造,也不能被任意增加。

第三,经济学上有"格雷欣定律",也就是劣币驱逐良币定理,一定也会普遍性地发生在那个时代。天然朋贝不可能是同质的,而是有差异的,而其购买力相等,优质的朋贝就会被人收藏,市场上充斥的会是相对劣质的朋贝,货币供应量就会不足,需要不断地投放,向蛮族开放,朋贝就源源不断地输入到华夏地区。

第四,某种事物要成为货币,必须是均质的,相对稀缺的,有相应的价值与使用价值。贝不具备这些条件。

我们也不能排除古人在一定阶级尝试过用贝作为货币的可能性。但是出现一个贝币时代在理论上是不成立的。但文献上也有一些迹象表明似乎贝与财富有联系,这也是贝币论的基本证据。在我们古老的文字系统里很多与财富有关的文字都以贝为偏旁。考古证明,贝被古代人作为有相当精神价值的装饰品,具备一定的市场价值,犹如今之钻、玉。有一个流动性较大的市场存在,贝很容易出手,换取其他物品。这样在华夏人的观念里慢慢地养成了一个拥有贝就等于拥有财富的观念。贝作为具有审美功能和精神价值的物质载体远在货币产生之前就已经存在。

也有一种观点,货币是在贸易交换中自发形成的。我也同样持怀疑态度。货币一定是与公信力联系在一起的,公信力是由公权力支持的。在没有公信力,仅凭习惯和个人信誉的情况下,不可能有普遍性共同接受的一般等价物。设想一下,要让一个人接受一块对他没有或很少使用价值的东西,而代价是一头猪或一斗小麦是不可能的。除非在熟人社会,彼此有个人之间的信任关系,他相信对方在约定时期会赎回去。但是把它放大到较大范围的陌生人之间的交易,就很难成立。这时候部落首领或行政长官的介入是必不可少的。他用世俗权力和政治权力宣布某事物在他所辖的范围内具有某种价值,任何人持有它都不会使它的价值减少或被拒绝接受。当然,货币产生的前提是贸易交换发展到一定时期的实际要求的说法是正确的。

中国古代货币的主体是以金属铜为材质的。金银货币作为流通手段的现象非常少,在大宗交易中会使用到,一般用作储藏手段和支付手段。它们是一种平行复本位制。

到了春秋时期,货币已经很成熟了,各国均发行它自己的货币。现在出土的实物丰富多样,名称各异,形状复杂,有刀、布、铲等。同时也产生了轻重概念,即面值不同的系列货币,以适应不同类型的交易需求和社会支付。日本学者加藤繁认为春秋时单旗的关于轻重货币的子母相权论过于成熟了,所以不可能产生于春秋,应该在战国才能产生,是后代人伪造的。[①] 单旗说:"民患轻,则为作重币以行之,于是乎有母权子而行,民皆得焉。若不堪重,则多作轻而行之,有子权母而行,小大利之。"[②]这段话是对货币实践的总结,提出货币币值与交易需求相适应的问题。加藤繁的疑问只是作为历史学家的设疑,而不是货币学家的追问。

秦统一币制后的两千年里,中国的币制基本是统一的,但繁复程度有异。汉的五铢钱是历代中最优秀的规范货币,也为后代所遵循作为基本标准模式。其后历代虽发行年号钱,都是参考五铢钱的,因为作为主体货币日常流通,在其本身的价值之外,还要考虑使用者的质感。四铢钱也曾使用过,但没有被市场接受。

汉武帝时为了征集战争经费,在桑弘羊主持下也发行过一种面向贵族的"白鹿皮币",价值高昂,应该列入纪念币性质。它不能在市场上流通,是国家对贵族捐款的凭证;也不属于国债性质,国债是债权凭证,而它不能要求赎回。

汉代以来,还有一种民间用于避邪的厌胜钱,不属于货币范畴,相当于宗教用品。

中国人对钱所表现出的崇拜可以阅读南北朝鲁褒的《钱神论》,淋漓尽致。中国历史上对货币表述也极为丰富、多样、复杂,有钱、泉、刀、布、贝货,有孔方、阿堵、榆荚、蜻蚨、蚁鼻、鹅眼、扑满,纸币类的有钞、券、票、楮币,金银类的有锱、锾、洋、洋蚨、锞、黄白之货,等等。

说到货币史,不得不提到王莽。此人是一个很奇怪的人,因为货币改制过于频繁而著称于世。在他执政的二十多年里,进行了不下于五次的货币改制。有人称他为货币改革家,我是不太赞同的。王莽的货币改制与货币

---

① 加藤繁:《中国经济史考证》,第1卷,吴杰译,商务印书馆1959年版。
② 《左传》,昭公二十年。

理论相违背,所以也不会成功。根据我的研究,王莽改革币制的目的是把货币政策当做财政工具,来为弥补他的国家财政缺口服务。这种频繁性的、大规模的、肆无忌惮的掠夺,也导致他政权的灭亡。蔡伦是在他之后的东汉人物,若是出生在王莽时代,中国人的纸币产生的时间一定会上推一千年。总括起来,王莽币制改革是两条路径:一是通货贬值,铸造当十当百当千大钱,增加货币流通量,扩充国库,增加铸币税收入;二是增加货币种类,把龟、贝等也列入货币范围,来弥补铜原料的不足问题。全社会的货币流通量泛滥杂乱,交易秩序不复存在,社会陷入动乱。历史上因货币制度导致国家崩溃的不乏先例,王莽是第一个践行的人。

北宋的时候产生了纸币。原因是四川流通铁钱,太重又容易锈蚀,于是有十六家富商联合起来组成一个集团,发行一种称为交子的商业本票。凭此本票可向十六家中的任一家及其分号,甚至联营的或代理的商铺兑换现金。于是交子起到了货币的作用,替代铁钱流通。宋是崇佛的朝代,很多铜被用于铸造佛像,因此铜短缺,只能用铁来弥补,并非政府故意发行铁钱。严格意义上交子不是货币,只是商业本票。直到 1024 年,政府发现发行纸币是一个有利可图的事业,就借故商办交子,"不能偿所负,争讼数起"①,由政府垄断发行交子,这才是其真正意义上的纸币。

那时交子与铸钱是同时流通的。最初交子发行额定为 1,256,340 贯,主体货币仍是铸币。这种纸币是依靠了国家权力和信用流通的,是不兑换的,但可以用于缴税,可以掉换。政府一旦在享受到铸币税的好处后是不可能放弃的。开始还能遵循规则,控制流通量。徽宗崇宁年间(1102—1107 年),对西夏用兵,以发钞作为筹措军费的财政手段,开始滥发纸币。新旧钞兑换时四贯换一贯,贬值四分之三。有了纸币后,我国的货币制度发生了新的变化。

元朝在货币制度上是比较坚持的朝代,纸币已经变成法币。金属货币极少铸造发行。最高年份在皇庆元年(1312 年),纸币发行量达 222 万锭,合 11,000 万两。元朝也就成为通货膨胀最严重的朝代,"京师料钞十锭,易斗粟不可得"②,到后期更是每年到旧钞换新钞时候,以五、十比例兑换实施贬值。现代学者对元朝的全面实施纸币制度的原因还是搞不清楚。有一种说法也许有一点道理,在他们的观念里,蒙古草原才是他们真正的家园,因此把金银财宝马驮车载运往戈壁深埋起来。

---

① 毕沅:《续资治通鉴》第 1 卷,团结出版社 1995 年版,第 462 页。

② 《元史》卷 77,食货志。

　　明代的货币制度更为复杂,钱、钞、银并用。后期西方银元进入,又有称量银两与标准银元两类。从明开始,许多史籍上用银的记录极大丰富起来。因为国家统一,经济发展,全国性市场形成,大规模的交易使用铸钱非常不方便,而钞的名义价值与实际价值变动太大,"至宪宗初,米一石用钞五十贯","是(宪宗)时钞一贯不能值钱一文",[①]银两就做了商人间大宗交易的主体货币。银能用作主体货币,需要保持供给来源,明代恰恰是矿冶发达的时代,政府派遣宦官到全国各地开矿冶炼,收取资源税,增加财政收入。天顺四年,全国一年的采银资源税就达 183,000 两。[②] 几十年积累下来,加上历代存银,市场上银的流通量就很多。明中叶后,中西交通,大量西方银元流入中国,有人估计有明一代流入的银元有 3.5 亿西班牙银元(佛洋)。[③] 这可能只计算外贸交易量,且假定都以现金成交,而没有考虑进口支付部分。

　　清代的货币制度大致沿袭明代,纸币间有发行,只占一小部分。主体货币是以制钱与银为主。光绪年间增加了铜元的流通,也铸造国产银元龙洋。二者也主要分别用于零售市场与批发市场。银行兴起后,发行了银行券,即钞票,是一种可兑换货币。

　　清代的货币制度里,有一件事情是有里程碑意义的,是从宁波开始的,就是银从称量货币发展到标准货币。"当内地与沪上通用银量之际,而甬已于百年前(嘉庆年间)流行银圆。"[④]银元在宁波已经是本位货币了,这是货币制度的一大进步。明末流入的佛洋也是标准货币,但不是本位货币,民间有把它熔化的,或者折算成银两使用的。

　　1933 年,国民政府实施废两改元政策,统一全国货币标准。从称量货币转入标准货币,是符合社会经济发展的实际要求的。1935 年,又实行法币政策,由政府特许银行中中交农四家银行垄断货币发行权,结束了清末以来各银行自主发钞的混乱局面,至此货币统一才告竣。

　　货币兑换主要发生在银、洋与制钱之间,银、洋之间,银元的主辅币之间也存在兑换。银与制钱两者的长期均衡价值应在每两银两兑换一千文制钱,按市场宽松紧缺,其兑换率略有不同,总在上下浮动。银与制钱的价值相差太大。当以银作为支付手段在零星交易中使用,卖方有时无法给付余值。那些零售门店,收取的货款大多是制钱。他要向批发商进货,批发商喜

---

①　《明史》卷 81,食货志,第五十七,钱钞。

②　《明史》卷 81,食货志,第五十七,坑冶。

③　庄国土:《16—18 世纪白银流入中国估算》,《中国钱币》1995 年第 3 期。

④　民国《鄞县通志》,食货志,第 256 页。

欢使用银两,也要发生兑换。于是有人发现了这一客观的市场需求,就专营兑换。开始的时候某一商号在买卖的同时开辟专柜服务,后来独立出来专营兑换,就成为了钱铺,或钱店了。还有一种钱摊、钱桌,是指无固定营业场所或者只在特定日期营业的人员。前者对机构而言,后者对人而言。有些人把钱桌、钱摊列入作为钱庄业研究对象,是没有仔细分别所致。① 钱桌、钱摊,可以说是货币兑换业,但不是钱庄,就像农村专业高利贷者不能称为钱庄业者一样。能称为钱庄的必须是以机构作为标准的。钱铺可以算作钱庄的一种。

叶世昌先生认为"钱庄可称为钱铺,钱铺却不一定是钱庄",理由是钱庄是特指,钱铺是泛指,两者的关系不可逆。"钱铺是钱庄的前身。因此绝不能说钱铺的产生就是钱庄的产生"②,这是值得商榷的。钱庄经过几百年的发展,经历了不同的发展阶段。钱铺就是钱庄发展过程的一个阶段。早期的钱铺业务完全为后来钱庄所吸收。钱庄业从中分化发展产生出借贷、清算等功能。有清算功能的钱庄固然是钱庄,没有清算功能而有借贷功能的钱庄也是钱庄,以货币兑换为基本业务的钱铺也是钱庄。只是它处于钱庄发展的原始阶段。所以钱铺(钱肆)的名称一直沿用下来,直到近代有人还用钱铺来指称钱庄,两者性质没有发生变化,只是业务内容、业务重点有很大的不同。即使早期的钱铺,在积累了一定财富后,小额的贷款业务必定会有,但没有清算功能是肯定的。近代的钱庄也只有宁波钱庄(包括宁波模式钱庄)才有清算功能,像欧洲的金融史上也有这种情况。"但像 1789 年成立于汉堡的 M. M. 瓦尔堡这样的公司,直到 1863 年才将名字从货币兑换行改为银行。"③就像欧洲的银行起源于意大利的货币兑换商一样,中国的钱庄也缘起于钱铺。至于后来改称钱庄,应该是经营范围扩大,营业规模增加的产物,钱铺已不足以说明和代表它的实际情况,改称钱庄觉得实力、信誉、形象更好一点,有人便以钱庄做牌照,相率而沿袭,遂成风气。但在社会认知里,钱铺、钱庄显然是同一种东西。这就像酒家变名为饭店,再更名为美食城的道理一样,在人民心目中自然是同质的。即使在钱庄业发达的宁波,还是存在为数众多的专营货币兑换的现兑庄,也被叫做钱铺。

作为金融制度的一种,根据新制度经济学,制度供给产生于制度需求。钱庄的产生就是因为存在两组平行本位货币。明代产生钱庄业是确定的,

---

① 刘志祥:《近代农村地区钱庄业的起源和兴衰》,《经济史研究》2008 年第 1 期。
② 叶世昌:《中国经济史学论集》,商务印书馆 2008 年版,第 475 页。
③ [美]金德尔伯格:《西欧金融史》,徐子健等译,中国金融出版社 2007 年版,第 50 页。

探讨其最初出现的确切年代是不可能也不必要的。从逻辑上我们可以推演,当用银较普遍,且有一定规模,市场就会产生一种对新的金融制度的需求,只是时间有先后,差不多很快在全国各地就会扩散开来。从宁波在明代的商业社会情况来看,钱业的出现不会比他处晚很多,有一种说法是开始于十六七世纪。①

叶世昌先生提出陆粲写于 1510—1519 年的《庚已篇》,其中有一篇《洞箫记》,其中提到了钱肆。② 实际上,钱铺产生应早于此。

彭信威说:"到了(明朝)末年,钱庄已成为一种近代金融机关,不但可以兑换铜钱和金银,而是积极地揽作放款,对顾客供给签发帖子取款的便利。"③明末钱铺已从单纯的货币兑换商向吸收存款、发放贷款的信贷机构转移,这无疑是钱业的一大进步,金融功能深化了。在此前信贷的主要提供者是典业。典业与钱业同为金融信贷机构,但许多研究者不能很好地区分两者的差别。典当是以相应价值的财产质押,赋予典押者一个赎回的权利,对典业业主的利益有较好的保护,所以它决定了典当业必然是以生活信贷和临时性短期紧急周转为主,且质押物价值一般不会太高,对要从事生产经营性的商人、产业主帮助不大。而钱庄是主要满足生产、经营所需的资金不足。从经济学上讲,消费只会使财富减少,因此,借款人的还贷风险就大,那么对第二还款来源(质押物)的要求就高。相比之下,钱庄是以信用贷款为主,它的放贷对象是以生产经营为主的工商业主,生产经营的结果能使借款人的财富增加,于是还贷能力也相应增加,对抵押、质押物的担保要求可以放低。这是两个金融形式的本质性差异。典业,面向所有人群开放,不选择借款人,而只凭质押物,业界有"三(棺材、关防、花轿)不当"之说。钱庄,只看借款人,以借款人信用、资力为准,无须质押、抵押物。前者重第二还款来源,后者重第一还款来源。故此,典当虽有千余年历史,不见有明显的进步,钱业仅两百年时间,就进化到商业银行阶段,成为社会经济中心。所以说钱庄也是适应近代商品经济发展需要而产生的金融形式。

明代的钱业,从形态上提到的较多,而经营活动方面资料比较少。在明末阶段钱业已经有信贷功能在其中。根据《中国货币金融史略》一书所载,《南都繁会图卷》,一幅类似于《清明上河图》一样描绘明末南京街市盛况的画卷,画中有两处出现钱庄招牌,此确证钱庄之名称已然存在。按我的理

---

① 《申报》1918 年 9 月 30 日。其中提到宁波钱庄已经有数百年历史。
② 叶世昌:《中国经济史学论集》,商务印书馆 2008 年版,第 478 页。
③ 转引自石毓符:《中国货币金融史略》,天津人民出版社 1984 年版,第 73 页。

解,标明钱庄是指有一定规模的突出信贷功能的钱铺。

清代是钱庄业真正起步飞升的时代。典当无关于商品经济,但钱庄一定与商品经济相联系。虽然清代仍实行海禁政策,但是内需仍然旺盛。清代的经济发展得益于人口的大量增加,使城市聚居人口大规模增加,商业规模扩大。人口增加也不完全是土地的开垦,或农业科技的进步,而是得益于新的食物品种的引进,使得原有的荒地也可以生产粮食,提供更多人食物,区域内的土地承载力提高。农村能提供更多的充裕粮食供应城市人口,商业更加发达。宁波就是在有清一代获得商业繁荣的典型。商业活动,尤其是长距离跨乡土的货物转移,所需的资金量就超过个人及亲友范围的集资,而典当借贷又提供不了相应的典物,那么要满足新兴商业的金融需求,就要有相对应的金融服务。所以在清代的钱庄史料里有一个与明代显著的差异。明代谈到的钱铺,是把货币兑换作为主业,而清代却已转移到信贷了。《醒世姻缘传》,现在倾向于是蒲松龄的作品,虽然是小说,也反映了时代风貌。"那城中开钱桌的,放债的,备了大礼,上门馈送。开钱桌的说道:'如宅上用钱时,不拘多少,发贴来小桌处取'","日费万钱,俱是发贴向钱桌支取"。[1] 从中我们可以读出相关的金融信息:一是,钱庄业原始的信用工具(帖子)已经开始使用了,客户需用钱时,书写一个双方约定的、钱庄认可的支款凭条就可支付。其二是,信贷方式上具备现代信用的某些特点,以借款人本身作为放贷的条件,对好的客户"备了大礼,上门馈送",好像今天银行对优质客户的态度一样,类似于客户维护。其三,说明已经存在同业竞争了。

除了在信贷上拓展业务,清代钱业还有一个发展就是钱票的使用。钱票又称庄票,是一种银行本票,持票人可向出票钱庄无因索偿。钱庄签发庄票可授信给他人,运用钱庄信用进行交易。钱票与钱帖不同,钱帖只用于客户与钱庄之间,钱票是可以转让流通的票据。庄票在乾隆年间就已在北京流通。江苏常熟在乾隆年间便已广用钱票。在山西,嘉庆八九年间钱票就已流行已久。[2] 1841年上海县专门就庄票遗失处理发布告示。[3] 浙江巡抚乌尔恭额在1938年的奏折中也讲到宁波钱庄"俱以本铺之票向本铺取钱,从无注写外兑字样"[4]。另据上海1859年钱业重整旧规,"上海各业银钱出入

① 转引自叶世昌:《中国经济史学论集》,商务印书馆2008年版,第476页。
② 引自张国辉:《晚清钱庄和票号研究》,中华书局1989年版,第4—5页。
③ 《上海钱庄史料》,上海人民出版社1960年版,第12页。
④ 乌尔恭额:《浙省钱票情况折》,引自张国辉:《晚清钱庄和票号研究》,中华书局1989年版,第12页。

行用庄票,百余年矣"①。

以上说明,庄票作为一个信用工具,在鸦片战争前,已然在全国大范围地广泛使用,进一步拓宽了钱业的业务领域,向创造货币的方向迈进了一小步。

如果说明代的金融版图是典当的天下,清代时这个情形发生反转,钱业超过典当业稳居金融主导地位。

第二节　1861 年前的宁波钱庄

虽然钱庄业可以确认早在明末宁波就已经存在了,但有关钱业在清中叶之前的活动的资料和记录是片断的、不完整的,无法拼接出钱业活动的基本架构。据说,抗战之际,地方当局以为是妥善地处理了历史档案,完整地撤往四明山区,但是由于日军进山扫荡而遭丢弃,处于无人看管状态,胜利后才发现已全部腐蚀,无一件可用。事实上在宁波要找一件早于 1945 年的档案都很难,何况钱业这样有几百年历史的专门化的经济活动。有关宁波钱业的前期活动的研究尚是估计、推测多于对事实的还原。有趣的是这种研究还主要是由于外国人的兴趣。斯波义信讨论过古代宁波的商业活动,其中必然会涉及一些钱业的活动。另外一个美国学者季素曼在她的博士学位论文《宁波钱庄 1750—1880 年》里对宁波钱庄的叙述也是粗线条的,有些地方的描述尚不够精准。不过我们对于钱庄的早期材料也不一定比她多多少。

罗马不是一天造就的,在 19 世纪 50 年代能产生过账制度这样先进复杂的同城结算的系统,是宁波钱业在几百年经营实践基础上建立起来的。经过不断的试错,不断的完善,不断的推广,不断的组合,不断的修正,最后将全城的商业系统也纳入这一组织体系之中,奠定钱业在社会经济中的中枢地位。1918 年,上海宁波同乡会给财政部的呈文中讲到"伏查吾甬商埠数百年来习惯相沿,全恃过账为信用,故称之曰过账码头,而现洋之流通无几,商业则极繁盛"②,这话有些夸张。钱业有数百年的历史是可信的,若说过账制度也有数百年的历史是不合逻辑的。不过有一点是肯定的,宁波钱业长期以来相当的繁荣和发达。

有一种传说把方七老板方性斋称为宁波钱业的鼻祖。方七老板是镇海

---

① 《上海钱庄史料》,上海人民出版社 1960 年版,第 20 页。
② 《宁波同乡会呈财政部文——为甬江钱业事》,《申报》1918 年 9 月 30 日。

乡下的鞋匠,同时也从事铜钱与银元的兑换,慢慢地积累了本钱,后来就到宁波发展,开设钱庄,最后把钱庄业拓展到上海,为方氏家族在上海钱业的地位奠定了基础。这仅仅是一个传说。因为方七老板生活在洪杨时代,历史已翻开了近代化的第一页。他的生活史与钱业发展情况对接不上。[1] 有一点可以相信,他在宁波的钱业投资是较早就有的。方家后来将大本营转移到上海后,在宁波也一直投资有多家钱庄,如著名的"六和二元"。

镇海澥浦十七房郑家,从明末以来在学商二界多有建树,名重京师的"四大恒"都有投资其中。郑德标在 1817 年 21 岁时来宁波经商,生意兼顾多个行业,其中包括钱庄,后来把钱庄业务交由儿子郑勋打理。其弟郑熙去绍兴,后来也于 1844 年赴沪开设钱庄。[2]

说到早期钱业活动不得不提到四大恒。《梦蕉亭杂记》载:"四恒者,恒利、恒兴、恒和、恒源,均甬商经纪,开设京师已有二百年,信用最著,流通亦广。"[3]乾隆时期,清廷征讨大小金川,京兵家眷薪俸由其经营,"恒垫资逾百万,自是见重户部及内务府,贸易日盛"[4]。银号在性质上与钱庄一样,大致中国北方与华南称为银号,江南称为钱庄。《道咸以来朝野杂记》也说:"当年京都钱庄,首推四恒,始于乾嘉之际,皆浙东商人,宁波人居多,集股开设者。"[5]"今日闻内城钱铺曰四大恒者,京师货殖之总会也。"[6]也就是说,宁波人之开设钱庄已不仅仅局限于本土,而是向外发展,并且在京城也有重大的影响力。

对于四大恒的投资者,据民国《镇海县志》,说是郑氏十七房郑世昌,在康熙中"承父命,外出经商",父子俩在京城东四牌楼开设四恒银号。尚缓珊的《北京炉房、钱铺及银号琐谈》里说,四大恒是汉人董姓人家等集资所开,而其员工,全是通州人。其实这二者不矛盾。四大恒是集股所开设,或者最早时由郑氏开办,而后转让给慈溪董姓,或者郑、董皆为合伙人而董姓是大股东兼主持人。另外,四大恒不仅仅是指钱业,它是冠名为恒的系列产业,包括银号、银楼、绸庄、典当。每一恒就有四家,四四一十六家,相互之间因同乡关系构成紧密性商业集团。其中恒利为慈溪罗江人所开,恒利银号由罗江惟善堂所投资,恒利银楼由罗江世彩堂投资,罗江浪墅钱氏崇桂堂设恒

① 《宁波钱业概略》,《钱业月报》,民国 10 年 2 月号。
② 《宁波市工商业联合会(总商会)志》,浙江人民出版社 1995 年版,第 112 页。
③ 陈夔龙:《梦蕉亭杂记》,卷 1。
④ 沃丘仲子:《近代名人小传·京师四恒》,引自叶世昌《中国金融通史》,第 1 卷,第 590 页。
⑤ 崇彝:《道咸以来朝野杂记》,卷 7,上海人民出版社 1960 年版。
⑥ 《光绪实录》第 174 卷,第 16 页,转引自《上海钱庄史料》,第 48 页。

利典当,汪家树德堂开设恒利绸缎庄。① 其余三恒情况也差不多,投资人均为慈溪人为主,而澥浦在有清一代也一度曾属慈溪,也可归入慈溪集团。这样谈到宁波帮作为地域性商业集团应从四大恒开始。

四大恒是以钱业为核心的商业集团,其必定经历过较长发展阶段,才在清末达到这样的规模。银号是从银铺发展而来。银子可区分为货币的银两与工业用白银,银楼业与钱业关系密切,但不可列入金融行业,它以金银饰品加工为主,向市场收兑银锭。还有一个业务就是银两的鉴别。所以银楼业也是很专业的。而宁波的银楼业是全国最为著名的,主要商业都市的银楼业大多由甬人经营,不独上海、杭州的银楼。汉口在1919年的时候,"浙商所经营的绸缎、银楼、五金、颜料等业皆占汉埠第一位"②。在天津,开设最早的银楼就是恒利金店,即北京四大恒的分店。南京银楼业大多以奉化人为主。1928年成立宁波旅京同乡会时,就是由8家奉化银楼发起。远至重庆,1924年就有宁波人所开的天宝银楼开业。"单以近代而论,到了晚清,全国的通都大邑,莫不遍设规模不等的银楼。其中,除了华南的广州等处(后来也包括香港)之外,其他各地的银楼则几乎全为浙江人特别是'宁波帮'的天下。"③所以说四大恒是从银楼业起步是合乎逻辑的。清之后,四大恒也随之坍塌。但四大恒也不是同进退的,恒和银号早在同治末年就歇业了。但为了清理债务,静候债权人索偿,在东四牌楼租了一间房屋,不事营业,专等债权人来清账,一直等了二十多年,到庚子年才关门。④ 可见宁波人对信用的重视。金融本质上是一种信用。信用是它存在的根基。由此可见,怪不得宁波钱庄能名重一时。

1838年,钱庄业所签发钱票已是全国性普遍现象。它代替货币流通,同时也带来一定的社会问题,有的信誉欠佳的钱庄,签发钱票额度过大,不能兑现,引起纠纷。道光帝认为有责任维持社会经济和金融秩序,饬令各省将钱票发行流通情况上报。浙江巡抚乌尔恭额在奏折中说,杭州"居民稠密,钱铺较多",宁波"逼近海关,商贾辐辏,钱铺稍大","俱以本铺之票向本铺取钱,从无注写外兑字样"⑤。从中分析,一是杭州钱庄数量多于宁波,可能是杭州城市规模大、人口多,兑换业务多,需较多钱庄服务,但是宁波钱业规

---

① 叶龙虎:《甲第世家浪墅钱》,《宁波晚报》2009年5月18日。

② 中国人民银行总行金融研究所金融历史研究室编:《近代中国金融业管理》,人民出版社1990年版,第36页。

③ 桂心仪:《方采元银楼店》,《宁波政协文史资料》第6辑,1994年,第55页。

④ 齐如山:《北平怀旧》,转自雷颐:《关于信用》,《经济观察报》2008年3月24日。

⑤ 乌尔恭额:《浙省钱票情形折》,道光十八年十月二十三日,《军机处录副折》。

模、质量要高于杭州。而且宁波钱业的主体服务对象是工商业。其二,宁波钱业经营是比较规范的,没有像其他省份一样,用钱票代替货币流通,只是作为纯粹的信用工具,功能与范围只局限于票据。浙江巡抚乌尔恭额自己对金融不甚明了,也就事实上蒙骗了道光。钱票作为票据是认票不认人的,持有人之间支付对价,事实上存在转让流通的问题。收到钱票的人,他可以用钱票支付给他人,同样起到流通中货币的作用,只是付款人为出票人钱庄,没有委托支付情形,局限于本票范畴。如果一家钱庄所签发的钱票金额平均每天一万元,就等于市场中的货币流通量增加了一万元。

鸦片战争中,宁波被占领,宁波钱庄、典当二业受影响最重。钱庄业 17 万元、典当业 8 万元共 25 万元被英人索取作军费。宁波钱业实力显见是相当雄厚的。后来在《江宁条约》签订后,中国赔款英国损失及军费 2,100 万两。《江宁条约》签订时清方大员不知道也不可能议及此事。后经舒恭受在与英人朴查鼎谈判具体支付事项时,向英方提出此事,遂于议定的 1843 年应付英方的赔款中扣除。① 不过其后清政府也没有归还钱、典业主,"乃议浙库除银二十五万两以偿宁波前取之款,诸家亦未尝领归,并输海疆善后局"②。

1844 年西历元旦,宁波正式对外开放。为了使中英贸易顺利开展,同时也为保证关税收入的及时、可靠与安全,宁波地方政府指定宁波城内的久安(Kew-an)、源和(yuen-he)、久和(kew-ho)三家钱庄,负责收取英商的税款。叶金铉负责久安,源和为钟光世,久和为郑瑞檀。这三个人不是钱业中人,是政府雇员,是由政府指派负责收税并与钱业联络的接洽人(Government employ)。③ 这三家钱庄是历史上最早出现的有记载的宁波钱庄名称。其中久和的牌子一直延续到 20 世纪 50 年代,算起来有一百多年。钱庄与外商还谈不上发生直接的业务上的往来,它只是代理收付。按贸易规则,货物到达港口,就要报关。而报关时,不论货物有无出售,货款是否收到,均要以"值百抽五"缴付关税。也有可能先不报关,委托买办寻找买家,议妥价格再行报关。否则海关估价没有标准,可能高估或低估。从这一事件中看出,钱业已具备为政府服务经理地方国库的功能。也就是说,它透露了地方政府已经在钱庄里开设账户的信息。

段光清任职过鄞县令,他在晚年的回忆录《镜湖自撰年谱》里对在宁波的经历多所记录,使得我们对早期宁波钱业状况多了一个可以了解的渠道。

---

① 《筹办夷务始末》,道光二十三年十月,第 70 卷。
② 光绪新修《鄞县志》,卷 70,外国,英吉利,第 31 页。
③ 王尔敏:《五口通商变局》,广西师大出版社 2006 年版,第 265 页。

1858 年,他写道:"宁波码头向有钱贴之名。钱贴者,因当年宁波殷实富室所开钱庄,凡有钱者皆愿存钱于庄上,随庄主略偿息钱,各业商贾向庄上借钱,亦略纳息钱。进出只登账簿,不必银钱过手也。""故宁波商贾,只能有口信,不必实有本钱,向客买卖,只到钱庄过账,无论银洋自一万,以至数万、十余万,钱庄只将银洋登记在客人名下,不必银洋过手。"[1]钱帖,则是前述的庄票,各地皆有,过账则为金融结算制度,为宁波钱业的创造,详见后文。

段在宁波活动时期正是太平天国席卷东南之际,清政府把宁波作为军饷重要来源地,从咸丰三年(1853 年)开始,正税以外的捐输连年不绝,当年就捐款 50 万两。其后定浙江一省每年捐 72 万两,浙江巡抚与江苏前线司令官相约,以保证太平天国攻浙时分兵来救。此项捐输大部分又落在宁波头上。[2] 咸丰十年(1860 年)又临时加派宁波捐款 70 万两。

"宁波生意钱业最多,亦惟钱业生意最大。钱业一行书捐已不下十万串矣。"[3]这种连续不断的捐输必然导致市场上现金的缺乏,现金问题又浮现出来,甚至一度发生民众骚乱。针对此,段光清曾倡议"竖庄",提高存款利率来吸收民间窖藏现金,解决现金短缺问题,遭商家普遍反对而不行。

冯望卿是一位慈溪实业家,为宁波商业领袖,也是钱业投资人。"宁波马头大小客户,多行冯姓本钱。"[4]他的钱庄业务客户涵盖面要占宁波的一半,说明他拥有不止一家钱庄,而是在很多钱庄上都有投资。其中一家豫昌钱庄,段在那里有 4 万两的存款,那么我们简单地推算一下,豫昌钱庄营业规模当有 40 万元左右。[5]

另外,我们还能找到一份很有价值的反映宁波钱业兑换业务状况的历史资料。宁波的钱庄世家董开纶保存有先人从嘉庆二十四年(1819 年)至 1926 年的宁波钱业市场银钱兑换价目表,非常详细,有助于我们研究银钱价格变化与社会经济之间的关系,从钱贵银贱到银贵钱贱,也体现当时宁波已经存在两个层次的货币兑换市场:零售市场与钱业间市场。他的数据是指宁波钱业市场的价格。

1861 年前后,宁波发生了几件重大事件。一是宁波被太平军占领。二是宁波钱业完成了同城交换结算系统,过账制度最终完成。三是宁波人发现了上海租界的安全性与商业规则的进步性远远超越传统社会,而对外贸

---

① 段光清:《镜湖自撰年谱》,人民出版社 1960 年版,第 122 页。
② 段光清:《镜湖自撰年谱》,人民出版社 1960 年版,第 190 页。
③ 段光清:《镜湖自撰年谱》,人民出版社 1960 年版,第 82 页。
④ 段光清:《镜湖自撰年谱》,人民出版社 1960 年版,第 123 页。
⑤ 段光清:《镜湖自撰年谱》,人民出版社 1960 年版,第 178 页。

易的大规模发展又提供了前所未有的贸易机会。因此,宁波商人的商业重心渐渐移往上海,钱业也开始去上海大展身手。四是太平天国给宁波带来了极大的灾难,捐钱派饷,人民离难,商业残破,经济凋敝,百业荡然。幸亏它只盘踞了宁波一年,且江北岸租界又有法国人助守。我分析《镜湖自撰年谱》出版于 1960 年,基于当时认知与时代背景,此书一定有部分涉及太平天国在宁波的蛮横、勒索、残忍的内容被删节屏蔽。作为敌对阵营一员,应该不会放过这个攻击机会,而且应是夸大其词,有意污名化才是。

从钱业角度,太平天国所造成的后果是灾难性的。占领者烧毁了滨江庙钱业市场。大抵在太平军攻占前,宁波钱庄开始有组织地撤退到江北岸或上海。占领者本以为宁波是财富源泉,想不到中人以上者皆避居夷场,于是发泄多于理性,报复意识上头,就把钱业市场焚烧以泄气愤。1862 年,太平军退出宁波后,是一幅凄凉的场景。运输、贸易、商业、钱庄皆不复存在。钱庄主把记录债权的账本带着逃走又回来了,债务人的财富又被战争洗劫了,钱庄收不回欠款,当然也难以支付存款人,这样形成了一个全市性的三角债。如果三方彼此坚持,则商业很难恢复,大家都不能得益。此时由陈禹门出面主持,经过多方多轮协商探讨,达成共识,全市所有人欠欠人款项,一律以三三折支付,重整旗鼓,重新出发。[①] 从后来宁波经济的恢复发展来看,这不失为一个最优的选项,也算是中国最早的清理三角债的成功例子。陈禹门曾任宁波团防局总董,其在历史上留下的名声反而是因为麻将博戏。现代竞技麻将的发明多归于他。他本来也是一个好赌的人,对传统马吊博戏进行研究改进创新也合乎逻辑。[②]

第三节　清末的宁波钱庄

经过一番整顿,钱业从战争中恢复过来。在 1864 年在钱业同业公会的努力下,滨江庙恢复了钱业市场,并重新修订了钱业规则。所以宁波有记载的系统的钱业活动均是从此开始。当时有钱庄和源、恒丰、养和等 36 家,其余 33 家未留下名称。这 36 家钱庄是指参加钱业同业公会的大同行钱庄,不包括小同行钱庄与现兑钱庄。1866 年新开设祥源、义生等 3 家。1867 年又设谦尊、永康等 4 家,其他历年有添设闭歇。到宣统末年,有大小同行六七十

---

① 茅普亭:《宁波钱业史》,《宁波工商史话》第 1 辑,第 17 页,1987 年。
② 段光清:《镜湖自撰年谱》,中华书局 1960 年版,第 188 页。

家。[1] 36 家大同行大部分均集中在江厦街,因此江厦街又被称为钱行街。我们以平均每家大同行资产规模 30 万元来估算,则江厦一地,在 19 世纪六七十年代所拥有的财富总量在 1,000 万元,那么在当时的中国是不存在一条短促的街道集中有如此多的财富的。宁波谚语"走遍天下,不及宁波江厦",其意义就是指此。它透出一股宁波人的自豪气,这是历史事实,也不容任何人否认。在近代前,中国没有金融中心,因为不存在连接全国的金融网络与金融体系。但从一个城市的金融规模与金融资源来说,在彼时经济背景下也可以勉力为之。在票号的大本营天津,也不存在密集的票号活动现象。江厦街其实在当时是由三条街延伸而来。先是糖行街,中间是钱行街(双街),再后是半边(鱼行)街。相当于今新江桥堍到灵桥,五百米左右。

很多人认为,过账制度是为了节省货币流通量。从传统观念来解读,确实是有节省之效果,而从现代货币银行学角度看,它的意义在于创造了信用货币。这些现金通过钱业,从宁波市场贷放给以上海为主的新兴市场,从事新式产业活动,既促进了宁波商人在贸易上的进步,同时也使钱业获得较高的收益,形成双边良性互动和双赢格局。一般来讲,宁波钱庄的发力也是在用传统的武器去追随近代化的潮流的过程中,进行了技术革新。此后,宁波一直被称为多单码头,就是资金充裕,拆放外埠的意思。宁波民谣"江厦街,钱庄多,放账放到上海港",就是生动写照。我们今天工业化的过程里,资金不足本是常态。而宁波的资金过剩却发生在 19 世纪六七十年代。我们只能理解为宁波人的产业空间已超越地理空间的限制。虽然这些富余的资本没有在本土发挥效用,却也被宁波商人所运用,资本运营所带来的收益得以在一定程度上有所分享。

在此期间,宁波钱业又产生了中国最早的金融投资交易市场,称为空盘,即卖空交易,或者说,不是以实际需求为基础的交易活动,纯粹地以赚取市场差价为盈利目的的,用今天的专业话语就是出现了虚拟经济,详见后文。19 世纪的金融发展,在宁波的钱业市场已经有超越基础金融交易向衍生金融交易过渡的趋向与事实。这是 19 世纪的中国本土金融业中确实出现过的,也是宁波钱业对中国近代金融史的又一大贡献。

1876 年,宁波钱庄开大洋折,就是前面段光清所说的竖庄,大幅度提高存款利息,以吸引更多的资金存入钱庄,解决现金不足问题,利率高达一分以上。按宁波钱业惯例,贷款利率是在存款利率基础上加上息差确定的,一般为 3% 左右,如此,贷款息在 13% 以上。贷款人要能接受这么高的贷款成

---

① 浙中行:《调查(二):宁绍钱业之今昔观》,《中行月刊》,第 7 卷,第 2 期,1932 年。

本,一定要有足够的利润空间。如果不是出现对资金有大量需求的新兴产业,是无法解释的。

经过十几年的太平天国战乱后,到了19世纪70年代,人民休养生息,经济逐渐恢复,表现在进口商品的大幅度增加上,外贸进出口总值从1864年的9,480万海关两,上升到1876年的15,100万两,十二年间增加了60%。① 另外一个原因是天津、汉口、九江等地次第对外开放,一些宁波商人转向新兴市场发展,也需要携带一定数量的资金前往。再有就是鸦片贸易获迅速增加,宁波成为鸦片贸易基地之一。1875年宁波鸦片输入量达342万海关两。② 鸦片贸易有利可图,能够承担高额利息,虽然是不光彩的历史一页,我们还是应该正视历史事实。由于贸易对资金需求量大增,在宁波本埠尚可通过过账汇划实行支付,而外埠往来,只能以现金清算。如此,大量的现金从宁波流向他处,现金短缺更形严重。这在当时的报道中也有反映,“近日甬江缺少洋,拆息外更有贴现之名,洋数每年千贴至七八十元。往时甬江同行以洋数不上十元者概不过账,今二三元之数亦可汇划,市面如此缺洋,亦数十年来所未有者”③。现金短缺的结果,也必然令有人私铸图利,先是西门外范某雇用台州工匠铸造不足值的银元,④第二年又有人私铸更不足值银元行用市面,只值标准银元的七成五⑤。

有一则材料可以部分地佐证钱业在当时的营业规模。依照钱业习惯,存款息差是在同业拆借利率基础上,“每洋千元每日总减一角”,即存款利息与同业拆息的利差为年率3.6%。1874年3月,有三家钱庄为招揽存款,违反庄规,偷偷抬高存款利息,使息差减至七分,造成其他存款人以此为借口联名到存款钱庄要求提息。于是钱业同业重新协商,新定存款息至减五分,这样一来,“通计宁波之钱庄,每年约短利银五六万元矣”⑥,以此推算,当时的宁波钱庄存款额在280万～333万元之间。这是定期存款部分,不包括活期存款,活期存款一般为定期存款3倍到4倍。那么当时钱业的存款总量就在880万元到1,650万元之间,取其中数,亦有1,265万元。我们若将此情形与前面大洋折联系起来看,钱业资金短缺情况已然现形,扯高利率势所必然。除了私铸不足值银币索取暴利外,人们也会使用各种手段通过囤积投

① 中国人民大学政治经济学系:《中国近代经济史》(上册),人民出版社1979年版,第78页。
② 《宁波市对外经济贸易志》,浙江科技出版社1994年版,第8页。
③ 《申报》1876年8月26日。
④ 《申报》1876年8月26日。
⑤ 《申报》1877年4月6日。
⑥ 《申报》1874年7月16日。

机套利,从市场上大肆收购现金,等现金价格上涨(现水)后抛出获利。就"有某庄者思欲独操厚利,遂勾通大腹贾,广收洋钱至九十余万元之多,五日间获利数千元"①。

晚清这段时期,钱业的总体状况基本向好。但也有钱业遭受时局、环境影响而致产生危机的。1871年三茂糖行亏空20万元,影响到与其有业务关系的13家钱庄。② 1881年又有大同行钱庄七八家停业。③ 1883年更是受中法战争的影响,钱业自行收缩规避风险,"近来甬江大钱庄皆收而不放,因而小钱店亦有闭歇,致各铺无资本者皆曰收账,所谓一枝动而百枝摇"④。1884年中法战争的战场就在当时的镇海口,商业贸易更见影响,对钱业打击犹大。1883年,当时有大同行钱庄31家,1884年倒闭了13家,只剩18家。⑤ 钱业失业者近六七百人之多。⑥

1907年,镇丰钱庄因做空盘投机,亏损十余万倒闭。⑦ 1908年,又有同丰钱庄亦在空盘投机上重蹈覆辙,亏损十几万元倒闭。随后宏泰、祥记两钱庄跟进停业。⑧ 1910年,受严家源丰润票号倒闭影响,在甬连号源丰润分号与源隆钱庄搁浅,因严家也是四明银行重要股东,一度影响正常营业的四明银行宁波分行。⑨ 1911年,武汉发生辛亥革命,因镇海方家在汉口有很大产业与投资,一时人心惶惶。传闻其亏损400多万元,迫使在宁波的"六和二元"八家连号钱庄停业清理。同时也影响到其在杭州的钱庄岑源、广和、预和、寅源、和庆,各钱庄亦受挤兑。⑩ 在上海的谦和、大和被沪上钱庄与中国银行停止汇划。⑪ 幸赖方家财力雄厚,多方设法,勉力维持,渡过难关,死而复生。同时镇海叶澄衷家族也在汉口有大量投资,其在上海和宁波等地投资的钱庄就没有这么好的运气了。⑫

对于钱业盈利状况,亦有零星资料留存。1877年,除一家钱庄倒闭外,

---

① 《申报》1878年11月15日。
② 《宁波金融志》,第1卷,中华书局1995年版,第80页。
③ 《申报》1881年2月23日。
④ 《申报》1983年12月29日。
⑤ 《申报》1984年6月30日。
⑥ 《申报》1984年5月23日。
⑦ 《申报》1907年12月7日。
⑧ 《申报》1908年10月1日。
⑨ 《申报》1910年10月16日。
⑩ 《申报》1911年10月21日。
⑪ 《申报》1911年10月22日。
⑫ 《申报》1911年10月21日。

其余皆有盈利,世康一家利润在 14,000 元。[①] 1903 年,"各钱庄均获利益,多至一二万金,少亦数千金"[②]。1906 年,除富康巨亏倒闭,"甬江钱行,去岁皆获生理皆获利"[③]。1907 年,"钱业一项除镇丰亏倒外,其余各庄均获盈余,约在数十万之谱"[④]。大抵上宁波钱庄在清末是比较顺利的。以其 3 万元以下的资本来算,利润率是蛮高的,因此吸引人投资。

---

① 《申报》1878 年 11 月 15 日。
② 《申报》1904 年 2 月 7 日。
③ 《申报》1907 年 3 月 1 日。
④ 《申报》1908 年 2 月 16 日。

第三章　钱庄的组织架构

至少在国民政府建立以前,钱庄业只被视为一般性的商业组织,并没有准入特许或审批之类的特别规定。商人投资设立钱庄,只要有足够资本,寻觅到相应的合伙人、合适胜任的职业经理人,即可向地方政府申报承办,政府也不会特别的搁置、延宕审核,也没有今天的金融业的准入机制和前置审批程序。因此,宁波钱庄在历史上常出现兴衰更替,或者股东投资人变换,在原有牌号下注某记,以示区别,或者另起炉灶,更换牌号,继续经营的情形。当经济景气的时候,钱业获利丰厚,投资者众。如果经济凋敝,则钱业衰减,就规模收缩,歇业退出。钱业是从传统商业中蜕变而来的,其组织形式自然受时代格局的限制,在历史过程中,有所变异,特别是后期,政府明定必经采用公司制形式后。总体来说还是保持相对稳定的。不独于此,同时期全国各地钱业组织形式也基本相似,犹有一定代表性。

第一节　钱庄内部组织结构

一、投资人

宁波钱庄虽然采用单元银行(unit bank)模式,但其组织形式早期是采用无限责任的合伙人制度,间或有人独资设立钱庄,却是个案,并不多见,如1904年的后塘街又新钱庄为王礼记药铺独资。一般股东有五六个,多至十几二十人,战后因应股份有限公司形式,更拼凑至三五十人。当然也有一些钱业家族,并不是指这些钱庄为该家族独有,而是该家族在钱庄中占有最大或较大股份,众股东同意或默认成为该钱业集团之成员,使得业务经营上能享受到无形资产的益处。"宁波的钱庄组织,一般为合伙集股制。有名望的股东,作为企业出面人,占有一股,也有占四分之一、四分之二股的,其余属不出面而无声望的殷实股东,即所谓隐名合伙。"[①]

由于钱业实行合伙制,各股东对钱业债务负无限责任,若钱庄清理,各股东就要按比例垫款来清偿债务,所以不是一般商人能够参与维持的。更

---

① 茅普亭:《宁波钱业史》,《宁波工商史话》,第1辑,第12页,1987年。

由于钱业能够创造信用货币,实力与信用在钱业股东中更有特别的要求。"在宁波开设的钱庄,都是有声望的大股东做背景。在清代,较大的钱庄股东,有三七市董家,半浦郑家,镇海澥浦十七房郑家,王家墩林家,洋墅徐家,曰墅方方家,小港李家,仁成李家,腰带河头秦家,江东严家,湖西赵家,嗣后又有颜料帮周宗良等,作为钱庄业大后台"①。

早期宁波钱业股东情况的资料已湮灭,我们只能暂借上海方面的宁波帮钱庄做一个辅助说明。因为上海租界,在公共事务管理上比我们的传统社会要先进得多。承裕钱庄,1894年设立,方选清四股,黄公续四股,陈笙郊两股。恒兴钱庄,1905年设立,恒丰昌五股,秦君安三股,李瑞瑚两股。恒祥钱庄,1910年设立,王子展两股半,谢纶辉、林黼臣、冯存任各两股,苏宝森一股半。②

下面是1935年宁波各钱庄投资人情况表③:

1935年底宁波各钱庄投资人情况表

牌号	资本额(元)	经副理		开设日期	停业日期	投资人			
大同行34家									
彝泰	60,000	朱永康	周松林	1916年前	1937年前	李芸青 乐润采	李咏裳 宣如泉	李瀛翔 吕介堂	李祖达 朱永康
彝生	60,000	胡景庭		1911年前	1950年	李芸青 李皋宇	李咏裳 吴永尧	李瀛翔 乐健雄	胡星桥 胡景庭
泰生	72,000	陈光裕	彭祥官	1926年	1935年	陈舜卿 郭渔笙 陈光裕	余葆三 赵占绶	柳笙源 李振玉	陈元晖 沈亮夫
敦裕	120,000	夏锦骊	余楣良	1886年	1936年	方选表	方哲民		
余丰	66,000	张芷芳	陈德生	1928年	1935年	陈子埙 郑祖荫	童游湘 王爵房	邹芝年 胡启慧	陈椿霖 李廷泉
瑞丰	66,000	孙性之	赵忠道	1922年	1950年	何绍裕 黄季升	秦善宝 李学畅	方文年 周新德堂	徐承炎
衍源	33,000	邱焕章	张锡金	1923年	1935年	赵占绶 郭渔笙	秦善富 周巽斋	徐霭堂	徐可城

①　茅普亭:《宁波钱业史》,《宁波工商史话》,第1辑,第9—10页,1987年。

②　《上海钱庄史》,上海人民出版社1960年版,第193—194页。

③　根据民国《鄞县通志》,食货志,第247—249页,和《中行月刊》,第7卷第2期编制。

续表

牌号	资本额（元）	经副理		开设日期	停业日期	投资人			
永源	60,000	戴菊龄	徐德昌	1921 年	1935 年	严祥琯 周巽斋	余镒卿	赵占绶	陈子埙
泰源	66,000	周巽斋	毕兆槐	1914 年	1935 年	严祥琯 俞佐庭	赵占绶 周巽斋	秦善宝	陈子埙
五源	66,000	毛秀生	俞栽新	1932 年		余葆三 严祥琯	赵占绶 俞佐庭	李祖荫 戴松生	徐棣荪 毛秀生
晋恒	30,000	丁仰高	阮雪岩	1910 年	1936 年	秦泉笙	刘伯源	姚次鼓	袁圭绶
景源	55,000	赵时泉	孙怡忠	1921 年	1935 年	徐蔼堂 吴友生	徐可城 赵时泉	周翊庭	柳生源
元大	33,000	史尹耕	陈庆全	1926 年	1934 年	郑奎元 陈兰荪	袁伦美 史尹耕	姚志扬	胡明耀
大源	66,000	方济川	张芳荃	1919 年前	1936 年前	徐蔼堂 何衷筱	何兴隆 刘文昭	陈志廉 王莲舫	傅佐臣 方济川
瑞康	120,000	张善述	赵资训	1875 年		方式如	方季扬		
益康	65,000	夏镜沧	钱永万	1864 年	1946 年	方稼荪	夏镜沧		
元春	100,000	童永章	林增寿	1919 年	1936 年前	孙衡甫 童游湘	王伯元 张咀英	徐乐卿	童金辉
汇源	55,000	王渔笙	洪云荪	1916 年	1935 年	徐蔼堂 周季欢	徐可城 王渔笙	李瀛翔	袁仰周
瑞余	33,000	包友生	毕庆阳	1911 年	1937 年	周翊庭 屠荷琯	钱善栽 包友生	袁和笙	施骏烈
信源	72,000	赵恩馆	陈瑞卿	1889 年	1935 年	赵占绶 郭渔笙	徐霭堂 赵恩馆	严祥琯	袁懋如
裕源	66,000	徐茂堂	倪崇卿	1911 年	1935 年	徐蔼堂 周翊庭	徐可城 裘宋珏	周也达 徐茂堂	冯孟颛
慎康	120,000	王云章	陆翰臣	1911 年	1952 年	周成房 刘恒丰	周立房 王永盛	六裕轩 周梅盛轩	周勇房
慎生	100,000	张性初	贵松年	1925 年	1936 年前	孙衡甫			
元亨	33,000	王茂珊	李绪宝	1911 年	1949 年	胡明耀 陈明震	袁康祺 戴崧生	陈兰荪 陈如馨	洪元臣 屠荷琯
钜康	77,000	柴启泰	罗祖康	1897 年	1950 年	李璇祥 陈达夫	王云甫 李亭泉	王爵房 丁仁德	俞佐庭 柴启泰
泰涵	55,000	林梦飞	杨文传	1911 年前	1935 年	李立房	李松房	林梦飞	

牌号	资本额（元）	经副理		开设日期	停业日期	投资人			
鼎恒	66,000	秦鱼介	章思长	1905 年	1950 年	徐承勋　赵占绥　秦善宝　秦鱼介 陈纯甫　秦庆余堂			
复恒	66,000	陈元晖	朱作霖	1927 年	1936 年前	严祥琯　傅洪水　陈子埙　秦善宝 秦庆余堂			
恒孚	120,000	刘文昭	张正泉	1917 年	1941 年	瑞康盛　周宗良　傅洪水　赵吉斋			
元益	60,000	俞佐宸	王贞观	1911 年	1950 年	李永裳　李孟房　李瀛翊　童金辉 俞佐庭			
天益	72,000	周慷夫		1921 年	1950 年	李永裳　李瀛翊　张咀英　童金辉 徐懋棠　周慷夫　俞佐庭			
镇泰	100,000	陈祥余	楼月如	1925 年	1936 年前	王伯元　赵节艻　梁月礼　王仲允 梁葆青　俞佐庭　梁晨岚			
瑞孚	66,000	傅鸿翘	孙树德	1932 年		李松房　傅洪水　何夷筱　李联辉 袁和笙　戴崧生　赵节艻　徐乐卿 吴彬珊　傅鸿翘			
元余	100,000	丁进甫	虞秉衡	1933 年		王伯元　孙衡甫　秦善宝　秦善富 张咀英　李祖荫			
小同行 26 家									
宝源	24,000	徐志馨	孙萧康	1911 年	1935 年	冯孟颙　徐霭堂　徐可城　施骏烈 屠荷珀　周之桢　应献宾　徐志馨			
安泰	22,000	林志香	童鸿卿	1911 年		赵时泉　吴起南　李皋宇　李子澄 何夷筱　金宝南　郑奎元　傅馥卿 林芝香			
泰巽	22,000	屠芸馆		1929 年	1935 年	李作明　徐霭堂　周羡江　陈兰荪 徐可城　屠芸馆			
慎余	11,000	王葆初			1910 年	周砍记　周安记　周沐卿　童金辉 王葆初　周敏大房			
恒康	40,000	李星如	周儒堂	1926 年	1934 年	丁仁德　朱武房　郑奎元　郑传镛 郑子荣　王良笙　丁镇泰			
瑞源	66,000	陈子梁	郎梯青	1929 年		袁永沧　袁和笙　邵益三　盛筱珊 张性初　郑萃堂　张祥德　陈子梁			
恒祥	20,000	李水如	童祖恩	1926 年		童游湘　朱作良　胡季良　童金辉 周野堂			
源源	60,000	张静远	戴光裕	1911 年	1950 年	袁和生　袁三和　袁荫棠　吴起南 施骏烈　张笑生　张静远			

续表

牌号	资本额（元）	经副理		开设日期	停业日期	投资人			
元成	44,000	陈子京	韩文玉	1926 年前	1935 年前	虞琴轩 张瀛洲	虞鹤庭 沈星德	陆康宁房 孙宝麟	陈子京
通源	66,000	郑传铺	林九崖	1911 年		王鞠如 赵文焕	盛筱珊 林晓渔	吴永尧 张善述	郑奎元 郑传铺
宝兴	33,000	朱橡青	洪元卿	1926 年	1935 年	陈满生 盛嵩觐	穆纬炯 朱远雷	张祥德 朱元鼎	黄世谦 朱橡青
源吉	44,000	陈有恒	陈和甫	1926 年		袁三和 袁荫堂	袁和笙 刘文昭	刘星耀 陈有恒	王云甫
萃泰	33,000	柯安卿	戴永亭	1930 年		戴崧生 傅馥卿 柯安卿	李子澄 林听涛	秦德廉 徐傅泉	李祖荫 楼服莱
恒裕	22,000	王济生	李椿寿	1911 年	1935 年	邵春沼 陆剑臣	胡明耀 胡五音	胡善甫 袁端甫	陆蔽臣 王济生
同泰	33,000	周正邦	邹庭漠	1927 年	1935 年	邹芝年 徐棣苏	李棣辉 周正邦	邹瑞霖	范松龄
承源	22,000	杜仲甫	戴友恒	1922 年	1935 年	徐蔼堂 陈志贤	袁康祺 施骏烈	吴梅卿 杜仲甫	张祥德
恒春	22,000	童仲周	蔡绍周	1919 年		童金辉	童游湘	童仲周	
惠余	33,000	李志任		1899 年		王宗余 李瑶辉	华子玉 俞哲夫	高志清 李志任	胡益卿
慎大	33,000	周宏生	李守诚	1898 年	1935 年	刘惠堂 周宏生	张祥德	李松房	陈希甫
保和	33,000	周正冠	鲍增祥	1927 年	1935 年	朱继良 谢栋昌 周正冠	陈省三 张昶弈	李廷泉 何蔽臣	侯才钧 周雨金
慎益	33,000	周嘉祥	邹劼夫	1914 年		周振卿 周耕渭	朱继良 何庆丰	周笙轩 周嘉祥	俞馥棠
仁和	20,000	陆维卿	周道益	1905 年	1935 年	余芝卿 俞佐庭	李祖荫 傅凤祥	徐仲麟 董羡青	周道益
福利	30,000	朱旭昌		1929 年	1950 年	锦章号 朱旭昌	锦华行	丁慎庵	史久丰
惟康	22,000	王祖茂	王文葆	1926 年	1935 年	朱烈钧 林鲁生	柳生源 王祖茂	蔡仁初	董羡青
元利	30,000	陈祥麟		1904 年	1934 年	柳良材 卓葆亭	岑富训 周有发	孙稚堂 李安绥	朱召房

续表

牌号	资本额（元）	经副理	开设日期	停业日期	投资人
恒茂	33,000	应彭年　董锦瑞	1922 年	1935 年	蔡仁初　郑萃堂　郑奎元　李泉才 李祖荫　应佐卿　刘桂才
合计60家	3,250,000				

从上表可以发现五个方面特征：一是钱庄投资人人数比较多，一般都有五六人。二是股份分散。三是至少有一个股东是地方上比较有声望的人士。四是有些人作为股东出现在多家钱庄中。五是这些钱庄投资人大部分出现在同时期的上海钱庄中。

再看 1946 年战后复业的宁波钱庄股东状况，以晋祥钱庄为例。①

晋祥钱庄股份有限公司董事名册

职别	姓名	籍贯	现任职业	通讯地址
董事长	王文翰	奉化	宁波永耀电力公司	宁波北门外永耀电力公司
常务董事	王敦卿	慈溪	本庄	宁波芝兰巷 27 号
常务董事	范振锟	鄞县	本庄	宁波小梁街 3 号
董事	周枕崑	奉化	镇海长生烟厂	镇海长生烟厂
董事	王锦文	慈溪	上海庚裕钱庄	上海山东路 140 弄 5 号
董事	缪锡华	鄞县	上海浙江兴业银行	上海泰兴路公轨坊 56 弄 15 号
董事	范才宝	鄞县	上海大昌棉布号	上海山东南路 117 号
董事	曹星北	鄞县	镇海长生烟厂	镇海长生烟厂
董事	范才富	鄞县	本庄	宁波南大路 54 号

晋祥钱庄股份有限公司股东名册

单位:法币　万元

姓名	股份	投资额	地址	姓名	股份	投资额	地址
范通琮	50	50	开明街 3 弄	林涓姗	50	50	扒纱巷 10 号
应纪南	100	100	长生烟厂	洪楚尧	50	50	湖西悬水地 68 号
周鸿源	100	100	西门新荷塘 16 号	孔翊芳	50	50	南大路街 135 号

① 《宁波档案馆》，旧 14—1—253。

续表

姓名	股份	投资额	地 址	姓名	股份	投资额	地 址
张韶勋	50	50	王河巷 3 号	何嘉禾	50	50	大河泥街 135 号
王锦文	500	500	上海山东路 140 弄 5 号	庄新璋	50	50	镇明路裕民厂
应儒煊	50	50	立新纱厂	王敦祥	50	50	江左街 3 号
毛顺庆	100	100	小梁街 3 号	林荣麟	6	6	开明街积善堂
汪玉灵	100	100	洽利源钱庄	钟记	30	30	芝兰巷 27 号
严厚坤	100	100	莲桥街 5 号	康记	5	5	芝兰巷 27 号
汪善祥	50	50	东大路 60 号	林维琴	10	10	镇明路 304 号
徐文星	150	150	祥康钱庄	杨李伟	5	5	上海中汇大楼合成行
沈定珊	100	100	游河巷 6 号	陈珊笙	100	100	南大路 504 号
张品麟	100	100	浙海关	林玖章	100	100	西河街 121 号
胡松年	100	100	县学街 60 号	范顺	50	50	小梁街 3 号
吴瑞生	1100	100	大来街 24 号	曹星北	200	200	长生烟厂
陈坤卿	50	50	小梁街 24 号	范才宝	200	200	上海山东南路 117 号
邱椿年	50	50	潜龙巷 16 号	蔡顺源	50	50	崔衙街源大绸庄
马紫影	50	50	狮子街 183 号	范才富	200	200	南大路 504 号
吴朝贞	100	100	冷静街 48 号	范振锠	360	360	小梁街 3 号
王敦卿	360	360	芝兰巷 27 号				

　　1946 年后钱庄改组为股份有限公司,股东数量大增,原因是《公司法》要求股份有限公司必须有 30 人以上的股东方能成立。不排除这其中有些人是亲属关系挂名的。

　　这种多人合伙合作制度,也是宁波钱业获得成功的重要原因之一。我们按照一种逻辑去思考,为什么那些大家族不集中财力去打造一家规模大有影响的分行制(branch bank)钱庄,发挥规模效应及品牌优势,提高竞争力去做大做强呢? 恰如胡雪岩的阜康钱庄、严信厚的润丰源票号(钱庄),最后均走向崩坍。其实这种合伙制是当时社会环境下的最优选择。从资金来源方面来讲,钱庄需吸收各业存款,股东多,联系面广,市场覆盖面大,一个人有十几个商业伙伴,潜在的客户就有十几个。从资本角度讲,单一家族抗风险能力相对小。胡雪岩的阜康钱庄、严信厚的润丰源票号倒闭正是一例。

因为多个股东,个人实力不同,出现流动性支付风险时,利益攸关,同舟共济,多方施救,比独立运作、独立承担要强得多。从社会观感上讲,人多势众,会给人信用良好的感觉,人们乐于存钱于庄上。从资本角度讲,当钱庄业务扩张,需增加资本时也较方便。现代商业银行采用的是股份制上市公司模式,其核心原因无非也是比较有利于向社会公众筹集资本,增添资本实力,提高抗风险能力,使资本与风险资产比例匹配符合基本要求。从授信角度讲,钱庄需要把资金贷放给最可靠的客户,但钱业在营业上基本停留在传统的熟人社会层次,它的贷款以信用贷款为主,那么可能的坏账风险就很大,必须对客户做精深、详细、全面的了解和评估。股东推介是甄别客户的一个重要手段。股东多,推介的客户也多,选择面大,贷款就有可能贷给相对信用度高的客户。因为股东不存在主观上损害钱庄利益的行为。从业务发展角度来讲,增加客户群,只能扩大信用半径。股东多,信用半径也随之扩大,业务领域也扩大。从经营角度讲,同一投资人所投资的系列关联钱庄,每个钱庄服务对象、信用半径、业务领域各有侧重,形成合作为主竞争为辅关系,使业务能更精细,在头寸调剂、信息交流、市场划分、客户推介、资金汇划、行情探询、行业风险评估等方面有诸多便利。比如说,临时性的头寸不足,可以向联枝钱庄拆借。大的放款项目,可以联合放贷,弥补本身资金不足的困难。遇到不熟悉的业务,本庄无法承做,可以推介给联枝钱庄,等等。

还有一个是只有钱业中人才知道的门槛,叫做关系人贷款,就是股东从自己投资的钱庄贷款。假定某股东投资三家钱庄各 4,000 元,共 12,000 元,他同时可以向每家钱庄借 3,200 元,这样他的实际现金净流出为 2,400 元,等于 2,400 元现金投入拥有 12,000 元的股份。假定 12,000 元独资开设一家钱庄,你是不能从中再借款 9,600 元的。否则经理不答应,钱庄也没有必要的营运资金,信用必不行,业务也停滞。金融行业有一个基本原则,单一借款人借款不能超过资本的某个比例。即使在无限责任制度下,也必须考虑股东个人资产偿付能力问题。

宁波钱庄在年底,一般是旧历腊月廿八停止营业,结算本年度成果,称总结束期。经理把利润表(红账)报各个股东查看。股东会宴请所投资的各个钱庄经理,对业绩最好的经理会亲自执壶斟酒,以示精神嘉奖。钱庄的开业比其他行业要晚,一般在正月廿五,称上市。在此期间,各个股东有时间展开充分协商,或继续上市,或清盘歇业,或部分股东转让股份。至于利润分配,大致每三年一次。

宁波钱庄中有一种被称为联枝钱庄的非正式组织结构模式。因为钱庄大股东同时在很多家钱庄拥有股份,以这一大股东为背景,这些钱庄之间形成紧密的业务联系,有时候能够采取共同的立场,统一行动,类似于现在的关联企业。一般这些联枝钱庄的招牌上拥有同一标记,便于识别。"这些家族在好多家钱庄中拥有股份,大都按钱庄招牌划分集团。如晋恒、鼎恒、复恒等钱庄,以腰带河头秦家股东为主体;信源、衍源、永源、五源等钱庄,以严家、赵家股东为主;天益、元益等钱庄,以小港李家为大股东。但也有较老的钱庄,如敦裕、瑞康、益康等,以方家股东为主。"①

不独在宁波的钱庄有联枝钱庄,在上海的宁波帮钱庄也大抵如此。如方家在上海的尔康、同康等康字系列,宁波的六元二和等,李家的立余、崇余等余字系列,叶家的大字系列,秦家的恒字系列等,都形成自己的联枝钱庄为基础的钱业集团。

以上是同行钱庄的情况。至于现兑钱庄,就比较简单,很多是独资或很少几个股东。

二、资本状况

宁波钱庄的资本状况在百多年历史进程里也有一定的变化:一是货币制度不同;二是社会经济水平的提高,使钱业经营规模相应扩大,资本与风险资产的客观比例要求相应增加资本。通商之初,社会经济水平不高,钱业资本就低。清末民初,经济发展,钱业资本也相应提高。法币制度后,因抗战影响,币制大坏,通货失序,其价值与原始值相去已远,金圆券施行更是使资本降低到主币以下,等同为零。宁波钱业因系无限责任的合伙制,其资本也分为两类:一是长本,即实收资本;二是副本,即股东存款。这与现代注册资本制度不同,如果一定要做近似的类比的话,那所谓的副本有一点像银行附属资本栏内的次级长期债务。当钱庄清理时,这些副本,也被列入清理对象,起到附属资本的作用。早期资本详情已不可考,大致在清末,钱庄资本在1万~3万元之间。那时候,没有最低注册资本,不同钱庄,业务规模不同,资本各不相同。光绪二十六年(1900年),鄞县知县在给他的府道巡抚上司的报告中说,"查宁波钱庄,长本不过三万元"②,这个三万元应该是最高资本水平了。钱庄中还有一种称为"财神股"的,相当于今天的资本公积。

1919年,有史料记载,"甬市钱庄分为三类,资本3万元以上者为大同

---

① 茅普亭:《宁波钱业史》,《宁波工商史话》,第1辑,第10页,1987年。

② 《鄞县知县详抚藩道府文》,民国《鄞县通志》,食货志,第267页。

行,资本 1 万元以上者为小同行,资本较少兼做现兑者,曰现兑庄"①。这仅是一个大致上的划分,有的小同行资本有超过大同行的。这与清末相比,资本上已有变化了,从不过 3 万元,发展到 3 万元是基线。经济的增长推动了金融业的发展,其资本也相应提高。

到了 19 世纪 30 年代,钱业资本状况又有一大发展。大同行提高到 6 万元,小同行 3 万元,"以资本来划分,大同行每家资本最低者为 6 万元,小同行资本,每家在 1 万到 3 万左右,至于现兑庄则大小不一,有 3 千 5 千,也有几万的"②。

下表为 1931 年宁波钱业资本概况。③

1931 年宁波钱业资本概况

类　别	数　量	最高(万元)	最低(万元)	平均(万元)	合计(万元)
大同行	41	22	2	62,866	257.75
小同行	28	5.4	0.5	27,464	76.9
现兑庄	91	6.6	0.05	9,407	85.6

1933 年,大同行 36 家,平均每家 71528 元,小同行 29 家,平均每家 30862 元。

1935 年,发生钱业风潮,大量钱庄歇业,年底尚在营业的钱庄资本如下:④

1935 年钱业风潮后尚在营业的钱庄资本情况

名　称	类　别	资本(万元)	名　称	类　别	资本(万元)
敦裕	大同行	12	元益	大同行	6
益康	大同行	6	泰	大同行	6
瑞康	大同行	12	生	大同行	6
恒生	大同行	10	慎康	大同行	2.5
元春	大同行	10	元亨	大同行	3.2
镇泰	大同行	10	瑞余	大同行	3.3

① 《申报》1920 年 2 月 16 日。
② 茅普亭:《宁波钱业史》,《宁波工商史话》,第 1 辑,第 10 页,1987 年。
③ 根据民国《鄞县通志》食货志,第 247—249 页编制。
④ 雪蓉氏:《三年来宁波钱庄业之检视与展望》,宁波《时事公报》1935 年 10 月 10 日。

续表

名　称	类　别	资本(万元)	名　称	类　别	资本(万元)
晋恒	大同行	30	源康	小同行	2.3
鼎恒	大同行	6.6	源吉	小同行	4.4
复恒	大同行	6.6	瑞源	小同行	3.3
瑞丰	大同行	6.6	通源	小同行	6.6
大源	大同行	6.6	安泰	小同行	2.2
恒孚	大同行	6.6	廷荪	小同行	3
巨康	大同行	7.7	慎余	小同行	1.1
天益	大同行	7.2	福利	小同行	2

从上表可见,资本大小不是划分大小同行的准确标准。现兑庄最高为 6.6 万元,超过小同行最高资本量。大同行的资本额也是随着社会经济的增长而逐步增大的。1935 年最高钱庄像晋恒资本超 30 万元,几乎可与上海钱庄相埒。不过资本超过 10 万的钱庄仍是少数。

1941 年宁波沦陷,汪伪政权制定《浙东地区钱庄业暂行管理条例》,对资本的要求为大同行 5 万元伪中储券,小同行 1 万元。这时候法币与中储券的比价是 2∶1。

战后复业,因法币大幅度贬值,资本额已大幅飙升,不能以原有价值计之。战后,共复业钱庄 31 家,共计资本 11 亿元,后增至 14.7 亿元,最高 1 亿元,最低 2,000 万元。[①]

1948 年的金融改革中,发行臭名昭著的金圆券,兑换比例 200 万∶1,14.7 亿元法币资本折合金圆券只有区区 490 元。国民政府不得不发出《商业银行调整资本办法》和《调整资本经营程序》,将钱庄资本划分为四个档次,鄞县、余姚为三类地区,规定有限公司为金圆券 10 万元,其余县份为四类地区,最低资本为 5 万元。此次币制改革摧毁了经济也破坏了金融,加上国民政府正值崩溃前夜,钱庄阳奉阴违,很少按实执行,已无意义。

新中国成立后,人民政府采取允许民族工商业继续经营的政策,宁波钱业在华东区人民银行领导下,又存续了一段时期。资本方面按要求进行了增资。宁波被划分为二类地区,资本定为 1,500 万~3,000 万元旧人民币,

---

① 《鄞县钱商业同业公会名册》,宁波档案馆档案,旧 4-1-254。

各县为 500 万～1,000 万元旧人民币。按 1953 年比价,新旧制比例为 1：10,000,那么资本要求是很低的。

三、内部结构

由于钱庄采用隐名合伙制,早期也就不存在董事会等组织形式,也许股东之间存在非正式的股东会议或其他议事决策磋商机构。后期改组为股份制公司后,至少在形式上各种现代企业制度所要求的机构建立起来,而且传统的钱业习惯称呼也改为与银行一致,如账房称会计、出纳,跑街称信贷,信房叫秘书。这里我们主要讨论传统钱庄模式下的内部结构。

（一）经理

经理又叫"阿大"。股东一般不参与钱业的经营管理,除非其本人即为钱业专家,如方季扬、俞佑庭等人。也有的因为被聘为经理而获得参股,一般占股比较小,相当于现代的管理层持股,目的在于发挥经理的积极性。也有的经理持有若干干股,分享经营红利。可以说钱业是近代中国所有产业中最早实施职业经理制度的产业。钱业的日常经营,一切交由经理打理,由经理对股东负全部责任。所以开设钱庄,最重要的不是合作股东的筹资,而是经理的寻找。经理是职业金融家,都是由在钱业中有资深经历的人士担纲。既要有足够的金融知识,又要懂得管理;不仅需要相当的业务拓展能力,更要注重人品修养,诚实可靠,业内受人敬重,为股东所信任。

钱业经理与现代企业制度的 CEO 有很大的不同,因其带有很鲜明的封建传统色彩,多为股东亲属、门生充任。因为传统社会缺乏对经理人硬约束的法制基础,只能强调传统熟人社会的品质修养与相互信任等道德软约束。而现代职业经理人是建立在现代法治与现代会计制度基础上的,投资人不必进行现场管理,而仅凭会计报表就可以实行数字化管理,及时发现管理层存在的问题。由于钱庄的好坏基本仰赖于经理的才干与能力,为了调动他们的积极性,没有给予经理股份的钱庄,在利润分配上也会给经理若干干股。一般钱庄把利润分为十一股或十二股进行分配,经理可得十分之一或更多。当年有一则聚康丰记钱业清理广告中说,该钱庄共有十二股,其中经理恩股一股,足资证明此种制度确实存在。[①]

另有一种称作太上皇的经理,此辈都是经理钱庄多年,对钱庄发展贡献多多,然而年事已高,不胜体力,又不忍驱离,便采用挂名方式,仍称经理,实职由副经理担任,相当于一个荣誉的安排,同时也支领高薪,实际作用相当

---

① 宁波《时事公报》1920 年 7 月 10 日。

于顾问角色,可以借重他的历史声望。

(二)副手

副手的主要职责是从事钱庄内部管理及柜面交易处理。每个钱庄通常会有 1~2 个副手,协助经理开展工作,使经理有更多时间与精力处理与政府部门及大客户的关系。

(三)三肩

"宁波钱业也为股东的亲戚或有权势的顾客的亲戚在钱庄的管理部门专门预留一个或多个位置,这些人称为三肩。这个称号可能会使人联想到佣金的作用。"[1]三肩职位可能是为照顾某些必要的社会关系,其实更多的考虑是,在没有现代企业制度约束下的代理人关系中,股东总是需要透过各种渠道和关系,渗透进钱庄,必须能更多更及时地获得动态信息。这些人相当于股东的耳目和代表,起内部监察、监督作用,也算是对旧式道德软约束机制为主的代理人制度的一个有效的制度外救济。

以上这些人可归入管理层。

(四)账房

新式会计制度是在 20 世纪以后很多年的事。旧式会计虽然落后,仍然由那些称作账房的人在维持运作。账房是一个很重要的角色,涉及债权债务的登录、利润的核算及报表的制作,是数字化管理的基本依赖。

账房设为内账房、外账房两个部分。内账房是钱庄业务活动的主体反映,在职员中地位最高,很多业务受他领导、协调。其最主要功能在于总账户管理与会计核算,相当于银行的财务部。

钱庄的账房先生在旧时社会里已经形成一种灰色刻板的表记而深深留在人们的印象里。他们是一帮能双手在同一算盘上飞快且不停拨动算珠分别计算两笔不同账目而结果不会发生差错的特殊人物,同时也是精明仔细的代名词。在旧时宁波社会话语里,不是引用他处"铁算盘"的称谓,而是特别地叫"三十六档算盘"。

(五)信房

信房负责处理文书、函电、密押等事项,包括收发文书、草拟函电,经办与同业往来或大客户之间书函往来,起秘书作用。

(六)跑街

跑街类似现代银行的客户经理,从事与放贷业务有关的工作,包括客户

---

① Jones, Susan. Mann. Finance in Ning: the chien-chuang, 1750—1880. In: W. E. Willmott. (ed.) *Economic organization in Chinese society*, pp. 47—78.

拓展、存款组织、贷款发放、资信调查、信用等级评鉴、贷后管理、本息清收，进入同行市场拆放活动。

（七）银房

银房相当于出纳，主要从事现金收付、现金库存保管及贵重物品与典押物管理。

（八）长（场）头

长（场）头类似临柜，从事柜面服务，担任汇兑、银洋买卖和兑换业务。

以上为钱业专业人员，需要一定的专业知识与经验，也是构成现代金融业必不可少的部分。

（九）栈司

栈司相当于后勤人员，以体力为主，主要从事现金运送、信函投递、炊事服务等。

（十）学徒

学徒不算正式员工，地位最为低下。20 世纪 30 年代，宁波钱庄一般有学徒 3～6 人。进入钱庄当学徒需要保证人，义务服务三年，没有薪水，有的甚至要缴纳 200 元保证金及 3 年的膳食费。但每年有岁礼，第 1 年 4～10元，第 2 年 20 元，第 3 年 30 元。三年期满后，升为正式员工。主要工作是洒扫庭除、奉茶敬礼、杂役及跟随师傅，不能独立开展业务活动。[①]

作者以前有一些年长同事，系钱庄学徒出身，常有言及学徒生涯。一般十五六岁，小学毕业，托人引荐，入钱庄三年，吃住庄内，有时也有每月的鞋袜钱，一年只能请假一两天。清早很早起来，抹桌擦凳，打扫烧茶，有客户上门，即行导引，搬椅敬茶，洗面去尘，逢人均可差使。主要是随从跟班师傅，勤学心记，逐渐掌握专业知识，熟悉业务诀窍，一步步递升。因此钱庄经理大多数从学徒开始，经十几二十年历练，层层递进至高层。如著名钱业人士严信厚、孙衡甫、秦润卿、俞佐宸诸君及王宽诚、赵安中先生等都是学徒出身。早年的历练对他们以及他们从事的事业实有裨益。1946 年鄞县钱业同业公会理监事 32 人，小学及以下学历的 23 人，这些人都是学徒出身。[②]1947 年鄞县钱商业同业公会会员 213 人，初中以上学历 17 人，其余也是学徒出身。[③] 这与银行的练习生制度相比较，缺点在于保守封建，开拓性与创业性不足。它重传承，专业技能不肯轻易教人外传。优点在于能养成团队

---

① 《宁波钱业概略》，《钱业月报》，民国 10 年 2 月号。
② 《浙江省鄞县钱商业同业公会当选委员名册》，1946 年，宁波档案馆档案，旧 14－1－53。
③ 《浙江省鄞县钱商业同业公会会员名册》，1947 年，宁波档案馆档案，旧 14－1－253。

精神,增强凝聚力,以资历辈分论道,长幼有序,尤其在对人的考验观察、品性识别、托任大事、构造人与人的信任关系方面。《宁波钱业夜校纪念册》中有一篇文章《回忆十年》,对 20 世纪二三十年代的宁波钱庄当学徒生涯很有一番描述。[①] 另外,有在杭州钱庄当学徒的金建华君曾投书谈学徒感想,可以做钱庄学徒制度的参考。[②] 著名的哲学家任继愈先生就是钱庄学徒出身。

对于宁波钱业的内部机构设置,20 世纪 30 年代有人对宁波钱庄进行过比较详细、系统的调查,略有差异。根据调查结果,宁波钱庄主要由以下几种人构成:正手(经理)、副手、内账房、外账房、信房、跑街、放账、应对宾客、场头(长头)、小伙、学徒。[③]

我们对比上海钱庄的"八把头"制度,也是基本相同。

第二节　同行制度

同行制度是宁波钱庄一大显著特征,它不同于从唐宋以来存在千年之久的业缘性组织,而是指按业务交易性质予以区别划分的不同类型与业务特征的钱庄组织。它不是面向所有的钱庄开放,而是只有那些具备条件、信用较好、业务性质接近、资本实力较强的钱庄相互之间形成的同业自律性自治团体。它因此将所有的钱庄做了切割,各自归入到相近的门类里。

从史实上考察,钱庄是一个包含范围极大的概念。其实在钱庄内部,因规模大小,业务范围大小,业务重点不同,相互差异是很大的。钱摊、钱桌,固然属于钱庄系统,但将之与我们在此所论述的钱庄主体作等量齐观,就会模糊界限,甚至夸大钱业发育水平。很多研究钱庄的学者,因为缺乏专业分辨力,在考订史料时,往往会犯此等错误。凡是提及钱庄的资料,想当然地推定为同质性的钱庄。杨联陞是最早注意到对钱庄的银行功能、业务对象与业务性质进行细分的学者。[④] 作为货币兑换商的钱庄,在晚清甚至更早就已经在农村集市中存在,我们不能因此得出结论说农村钱庄业已然发达。从数量上讲,钱庄的大多数是兑换业店,但从金融史角度看,它们显然不是主流。只有那些有转账结算功能的,提供工商信贷为主体业务的,能创造信用货币的"布鲁日银行",才构成近代钱庄的主体,这些钱庄亦必然是同行钱

---

① 槃:《回忆十年》,《宁波钱业夜校纪念册》,第 50—60 页,1936 年。

② 金建华:《服务钱业后的感觉》,《绸缪月刊》第 1 卷,第 9 期,1935 年。

③ 《宁波钱业概略》,《钱业月报》,民国 10 年 2 月号。

④ 杨联陞:《中国货币与信贷》,第 84—87 页,引自罗威廉《汉口:一个中国城市的商业和社会(1796—1889)》,江溶、鲁西奇译,彭雨新、鲁西奇校,中国人民大学出版社 2005 年版,第 200 页。

庄的一部分。

宁波钱庄被划分为三类或四类。第一类钱庄被称为大同行钱庄。它们资本雄厚,业务量大,以提供授信为主要业务依托,为客户提供开户结算,并与其他大同行钱庄一起,形成一个同城范围内的结算体系,使得在同城中的任何一家大同行开户的客户之间的清算交易得以完成。其结算过程和结算制度称为过账制度,是宁波钱庄业的核心。进入大同行体系的钱庄,不仅要自己提出申请,同时也须经两家原为大同行的钱庄介绍,更要经过其他大同行钱庄的资格考核和评议,包括资本、信用度、风险控制、业务量等。彼此之间在大同行组织联系,形成一个紧密的团体,共同制定相互尊奉和必须接受的营业规则,使得在同城之间的大同行钱庄之间的转账能顺利进行,票据被广泛接受,同业拆借被有效实施,资本周转速度迅速加快。

第二类是小同行钱庄。小同行之间也形成同业组织。但小同行钱庄是不能直接参加或进入大同行钱庄组织的。它也具备“布鲁日银行”的性质,也能为客户提供开户和转账结算,开具有效的票据,提供工商信贷和国内汇兑。但它是二级交换商,即必须通过大同行中的一家,并以该大同行钱庄的名义完成同城结算交换。它所依托的这家大同行钱庄相当于是它的清算行,通过这一清算行进入同城交换系统,完成客户之间的结算交易。清算时虽然多了一层环节,但对客户来讲是一样的,并不降低效率,所以小同行钱庄也有一定的市场份额。小同行钱庄与大同行钱庄的不同之处,还在于小同行钱庄有时还兼营货币兑换业务。另外,它是钱业市场里货币兑换市场的主角,但没有资格直接成为规元市场的交易商,交易也是要委托大同行钱庄进行。

那么为什么也具有转账功能的小同行不被纳入同城交换系统,作为钱业市场的会员呢?除了资本实力、风险因素的考量外,我个人认为还有一个纯技术性的因素也许更为重要,即结算效率。在没有电子科技支持而纯依靠手工算盘的年月,参与交换的钱庄数量越多,理论上彼此相互核对账目的次数也越以几何级数增加。如果大同行只有十家钱庄,那么彼此进行交换的次数是 45 次(1+2+…+9),若有 20 家钱庄参加大同行,则彼此交换次数为 190 次,若有 30 家钱庄参加大同行,交换的次数是 465 次,所以大同行的数量控制可以归结为一个技术原因。

小同行钱庄发展到一定规模也可以升格为大同行钱庄,大同行钱庄钱庄也有降格为小同行钱庄的。

第三类钱庄,主要以兑换为主,从事银洋与铜元、铜钱及银洋与银角辅币之间的兑换。不仅是银两与银元,银元与银元之间也有成色不同等因素,若不是专业钱庄,就难以鉴别。钱庄以买入价与卖出价的差价为获利来源,可以称为货币市场的做市商。传说中宁波钱庄的创始人方七老板就是从货币兑换业发家,从而建立起覆盖沪汉杭甬的钱业帝国的。这种兑换业者,有的规模也很大,上节资本方面曾述及最大的兑换钱庄达6.6万元,超过一般大同行钱庄水平。像这样的兑换钱庄,它主要是为了垄断钱业市场的银钱交易,从而对价格形成有发言权。这种钱庄也有部分信贷业务。一般来讲,大的兑换钱庄投资者同时也开有典当或其他产业,因为没有开户结算功能,也没有派生存款概念,其信贷对象只能局限于某一专门行业。

第四类钱庄,勉强可以归为钱庄,被称为钱摊。也有的把此类钱摊与第三类钱庄归为一类,称现兑庄。两者的区别仅在于现兑庄是有执照的,经政府注册,有固定场所,专营货币兑换或者其他金融业务。钱摊主体业务也是货币兑换。"现兑店者专营银洋与铜元,或铜元与铜钱的兑换。钱摊惟无一定之店铺,其开设处常在路旁,此即钱摊之异处也。"①

现兑庄里面也有实力强衰差异。在上海称"挑打庄",被划分为元亨利贞四组;宁波现兑钱庄也区别为甲乙丙丁四种。甲种钱庄适当时候可能升格为小同行。上海的大同行钱庄称为入市(有南北市之别)钱庄,没有小同行钱庄,元字钱庄也吸收存款,提供信贷,规模也较大。如1931年,上海有元字庄3家,资本45万两,存款540万两,贷款210万两。②宁波的甲组钱庄,"其资本额,甲组钱庄在3万元以上,可与小同行相埒……惟甲组中亦有数家,除现货买卖外,同时对于信用放款力图发展,如兴源、志和、廷巽、福康、慎记、源泰、戴万源、和济等庄,放款总额约自十万至五十万之谱。"③

上面四种钱庄通称为钱业。大同行是钱业中的主体,是维系金融市场的中坚,举凡金融市场的价格,包括现水、空盘、规元、存贷利率都由它们决定。小同行只能被动地接受执行,基本无影响力。小同行、现兑庄只是在兑换市场上有发言权。大同行基本不做兑换业务。兑换业务属于零售业务。"最盛时期,宁波钱业中有大同行36家,小同行30多家,现兑庄40多家。"④

在此,我要强调一点,只要有两种以上的货币制度,兑换服务必然随之而生。不仅在上海,宁波也有各种形式的货币兑换商,即或农村集市、内地乡下,也同时存在。我们从事金融史研究的切不可以此作为基点来推断农

---

① 《宁波钱业概略》,《钱业月报》,民国10年2月号。
② 《市商会发表钱业统计》,《申报》,影印本,[315]217。
③ 《宁波钱业调查》,《中行月刊》第7卷第2期,1932年。
④ 茅普亭:《宁波钱业史》,《宁波工商史话》,第1辑,第10页,1987年。

村钱庄的状况,否则徒留笑柄。因为取舍标准不一,各地历史资料记载往往不同。清末贵州修文县有地方史料即记载有钱桌、钱摊等钱业活动。但另一方面,我发现浙江海门为东南渔业中心之一,经济规模几十百倍于贵州修文,而其第一家钱庄开设于 1924 年。[1] 海门在清末肯定存在着货币兑换业。它可能由一个兼业的机构担任其责,也可能在时人心目中只有具备融资功能的才称为钱庄,货币兑换业不被认为是钱庄。

大同行组织是为了配合过账制度的实施而建立的,是现代意义上的票据交换系统,但不能因此上升到中央银行的高度。季素曼把山西票号从事地方和中央国库转移的汇兑服务视为中央银行功能是不准确的。[2] 现代金融中中央银行的票据清算是通过商业银行在央行开列清算账户完成的,中央银行也被称为是银行的银行。而大同行系统中不存在一家钱庄超越其他钱庄充当结算中心。各大同行彼此独立,依靠信用维持过账制度运转。成员钱庄之间的结算差额,早期是依靠相互之间现金交收来完成的,后来才采取公单形式的相互拆借来轧平头寸。宁波钱业的同行制度,对上海、汉口、绍兴、杭州、福州等地钱业也产生深远影响,后者基本上复制了宁波的同行制度,无非有所增损变异而已,或者可以说后期的中国钱庄基本上属于宁波模式钱庄。

第三节　钱业同业公会

钱业同业公会是大同行的组织机构,不是所有钱业成员都参加同业组织。大同行是过账制度的产物。在过账制度之前,宁波钱业同业组织应该是存在的。上海钱业早在 1776 年即已有内园存在。那时候宁波的商业与钱业都远在上海之上,相应地推测,宁波也应该存在一个业缘性质的钱业同业组织。钱业会商处,是宁波最早的钱业公会,其建立年代已无法考订。以我的理解,钱业会商处最早应该是所有钱业都可以参加的同业公会,后来实行过账制度,那些最大最有影响的钱庄一直以来把持着钱业会商处的基本事务。大小同行划分后,就演变为大同行钱庄的同业组织。因为这里不涉及财产问题。

钱业会商处最早设于滨江庙,是公共财产。小同行的钱庄也不会有争

---

① 《海门金融业沿革及最新情况》,浙江省档案馆 2462 号。

② Jones, Susan. Mann. Finance in Ning: the chien-chuang, 1750—1880. In: W. E. Willmott. (ed.) *Economic organization in Chinese society*, pp. 47—78.

议。在货币兑换市场,它也可以参加交易。段光清曾回忆说:"宁波生意,钱业最多,亦惟钱业最大。"[1]钱业在 19 世纪中叶已然是宁波最重要的行业。段氏在因杭州为太平军攻破而获贬之后,职司在宁波募款捐饷事务,其主要着力点不外乎钱业。1861 年,他肩负 70 万两捐饷指标回到宁波,"城中绅士及各司事俱已拜登,然后约日邀集一处,商量捐事",先从钱业开始,捐钱十万,"钱业既定,其余各行次第书定"[2]。从中可知,宁波各行业已都存在同业组织,其主事者称司事,"宁波各项生意,各有总行,既有总行,皆有司事"[3]。钱业市场设在滨江庙的钱业会商处内。钱业市场是一个金融交易平台,也是宁波金融市场的灵魂。它的主要功能:一是每日开市前各大同行钱庄在此对上日的宁波城内各钱庄客户的转账情况进行清算划拨;二是确定现水的标准;三是确定空盘交易行情;四是进行货币兑换交易;五是确定规元行情;六是确定同业折借利率与存贷利率水平。

钱业会商处的最重要历史成就就是为我们保留了作为过账制度最直接最明确的信息,参加大同行的钱庄都是钱业会商处成员,它们共同制定了维持开展同城票据交换清算系统的秩序和规则。现存钱业同业规则是太平军退出宁波后,重修滨江庙时在原规则上重订的。这两份庄规应该是中国金融史上比较珍贵的文献。

钱业会馆是唯一留存的反映宁波钱业繁荣的历史载体,自 1926 年建成后,一直作为宁波钱业的活动中心。它由敦裕等 28 家大同行主持,兼结合了 33 家小同行共同建造完成。小同行也有自己的组织永久会,并成立了一个约一万元的基金,也使用钱业会馆为集合场所。其营造费用,大同行集资 61,200 元,小同行 20,496 元。会馆建成后,大小同行均迁入此作为办公场所。开始时,钱业市场仍分两处,同业拆放、利率议定移入钱业会馆,规元买卖、货币兑换仍在旧处,1933 年始合而为一。

钱业会商处的内部组织与历届董事、总董、司年资料已付之阙如。它由大同行钱庄各推一人为董事,中推一人为总董,相当于会议主席,负责召集会议,会商重大事项,草拟、讨论、修改庄规,并有与官府周旋应付的职责。有一人称司年,由各庄轮流指派,一年为限,故称司年。司年相当于秘书长,负责日常事务。《申报》1874 年 7 月 16 日有一则宁波钱业利率方面的报道,从这则报道来看,像存款利率这样重大的关系同业利益的事项也没被钱业

① 段光清:《镜湖自撰年谱》,中华书局 1960 年版,第 175 页。
② 段光清:《镜湖自撰年谱》,中华书局 1960 年版,第 175 页。
③ 段光清:《镜湖自撰年谱》,中华书局 1960 年版,第 174 页。

很好地执行,说明钱业公会的约束力不是绝对的。

1928年,正式改组为宁波钱业同业公会,重订钱业章程,并同时制订营业规则。按章程所载,"凡同业汇划各庄皆得为会员"①,钱业公会属于汇划钱庄(大同行)的同业组织,小同行仍被排斥在外。

其职责主要有以下六方面:(1)联合同业,研究业务及经济事项的进步。(2)促进同业的发展。(3)谋金融的流通,保市面的安全。(4)评议或调解同业间的争执。(5)同业因商事行为有必要的请求,得呈请政府或商会办理。(6)其他同业事项。规定新设钱庄及小同行转为大同行的,需两个会员介绍方得入会。设立委员十五人,常务三人,主任委员一人,任期四年。每两年改选一半,不得连任。会员大会每年举行两次,于二、八月定期召集。委员会每月三次。常务委员会自定。

新订的营业规则对具体业务承办做了详细明确的规定。主要内容如下:

(1)营业时间:上午8点—下午7点。

(2)营业范围:①各种存款;②各种贷款;③透支;④规元买卖;⑤汇兑及押汇;⑥其他属钱业固有习惯业务。

(3)行市:①规元,每日上午一市;②银元及各种辅币买卖同上。

(4)利率:①同业拆借,最高六角(即年率21.6%);②往来存款(活存透支)利率按日公开。

(5)收解:即过账,详列七种过账规定。

(6)放款:①信用贷款,分定活两种,活期贷款钱庄随时得以收回;②抵押贷款;③活期、定期抵押款项及抵押往来透支;④活期贷款的额度,钱庄随时可以增加或收回。

(7)汇款。

(8)票据。

1931年,再行修改章程,不分大小同行均可参加同业公会成为会员,原小同行的永久会即行解散,因为宁波市撤销,名称也改为鄞县钱业同业公会。

1941年,汪伪时期,筹组宁波银钱业同业公会,开始共有24家成员钱庄,无一家银行,后来有50家钱庄参加。

1946年8月,批准复业的18家钱庄公开举行战后第一届会员大会,重新修订公会章程和营业规则,并改名为鄞县钱商业同业公会,是宁波总商会

---

① 《宁波钱业公会章程》,1929年2月订,宁波钧和公司印刷。

的团体会员。

1947年,成立全国钱业联合会,宁波钱庄作为团体会员,有7人当选为理事。

从1931年起,其历任负责人及理监事名单如下:

钱业公会历届委员名单

第一届(民国20年1月)

主 席	俞佐宸				
常务委员	周巽斋	毛秀生	张善述	陈光裕	
委 员	胡景庭	周慷生	戴菊舲	余楣良	陈元晖
	赵时泉	孙性之	包友生	林梦飞	赵恩琯

第二届(民国22年3月)

主 席	毛秀生				
常务委员	张善述	周巽斋	包友生	余楣良	
委 员	朱永康	夏锦驷	孙性之	戴菊舲	阮雪岩
	方济川	丁进甫	周慷夫	周祥麟	赵时泉

第三届(民国24年4月)

主 席	林梦飞				
常务委员	徐子经	周祥麟	朱旭昌	应彭年	
委 员	朱永康	夏锦驷	孙性之	戴菊舲	阮雪岩
	方济川	钱永万	陈明震	丁进甫	陈之京

第四届(民国29年1月)

主任委员	徐子经				
常务委员	俞佐宸	周慷夫	孙性之	周祥麟	
委 员	阮雪岩	郑传镛	洪鲁泉	王启堂	秦鱼介
	唐仙芝	陈友恒			

沦陷时期(民国30年8月)

理 事 长	徐文星				
常务理事	董开甫	蔡金乾			
理 事	蔡和生	袁广铨	沈德甫	余哉卿	董庆甫
	茅普亭				

候补理事	曹良芳	张静滨	严厚坤	胡士祥	
监 事	贺圭田	任大成	吴德甫		
候补监事	郑秀春				

沦陷时期(民国 33 年)

理 事 长	余顺安				
常务理事	胡士祥	贺性忠	王敦卿	邱绍志	
理 事	董庆甫	严厚坤	刘介眉	蔡同浩	周有范
	陈祥麟				
监 事	茅普亭	邵敦靖	王焕章	吴纯卿	

战后第一届(民国 35 年 8 月)

理 事 长	应彭年				
常务理事	周慷夫	贺性忠	吴纯卿	孙庆增	
理 事	朱旭昌	张静远	严厚坤	王敦卿	周有范
	胡松元	吴永堂	郑传镛	王桂贞	张润之
监 事	邵敦靖	邵禹卿	洪鲁泉	孙祥康	胡振德
	陈廷禹	包文性			
候补理事	王怀珍	范振锠	陈念慈	裘天麟	蔡怡芳
	龚儒卿				
候补监事	张静滨	王炳炜	范景澜		
顾 问	徐子经	俞佐宸	胡景庭	孙性之	金臻庠
	张 超				

战后第二届(民国 38 年 3 月)

理 事 长	应彭年				
常务理事	周慷夫	贺性忠	孙庆增	徐文星	翁季章
	王有容				
理 事	邱绍志	马立祥	胡松元	吴律声	吴永堂
	周有范	严厚坤	刘忠德	孙祥康	李秉甫
	茅普亭	冯梯云	洪鲁良	吴纯卿	

续表

常务监事	陈谋琮	毛秀生	王炳炜		
监　事	包文性	丁树东	徐丕式	胡振德	陈念慈
	邵敦靖	范景澜	沈定珊		
候补理事	张静远	沈家梁	宋信海	张振鹤	邵禹卿
	吴德甫	徐泉笙	俞安国	邵新裕	
候补监事	王敦卿	陈裕高	裘天麟	李国祥	毛信达

除了制定规则章程,维持金融市场秩序,钱业公会还有其他事项:

一是慈善募捐。因为钱业是较大产业,获利状况良好,社会上各种赈恤救济公益摊派经常发生,由同业公会出面洽商后,再分摊到各庄。

二是内部公益互助慈善基金。大同行设有集义会,小同行有矜恤会,钱业职工去世,子女未满 20 岁,家境贫寒的可以申请抚恤。

三是曾经开设钱业夜校,培训年轻员工,提高文化水平。钱业夜校于1934 年筹设,1935 年开学。校址在钱业会馆,主修国文、数学、英文、法律四课。不及一年,因钱业风潮爆发而停办。[1]

四是建有叫甬胜社的钱业基金,作为钱业公会活动的资金来源。

钱业同业公会以团体会员身份参加宁波总商会。

另外,早在 1927 年,宁波钱业在葛佐臣、周有祥的发动下,于三湾弄济生会筹备成立了钱业店员工会。参加会员有六七百人。[2]

宁波钱庄中还有"公行先生"的职位,此人不一定是钱业中人,但是应该是有相当声望的士绅,有丰厚的社会资源,专门从事与官府的公关活动。[3]如曾任清工部侍郎的陈祺源,就是公行先生。不过宁波商场上其他行业都有自己的公行先生。

第三节　账　簿

钱庄账簿系统是它内部管理的重要部分。宁波钱庄所使用的账簿与上海钱庄相同,可以参考《上海钱庄史料》,但稍有不同,毕竟上海钱庄帮派不

---

① 洪水:《过去的一年》,《宁波钱业夜校纪念册》,第 7—12 页,1936 年。
② 粲:《回忆十年》,《宁波钱业夜校纪念册》,第 57—59 页,1936 年。
③ 吕瑞棠:《宁波商会五十年述略》,《宁波文史资料》,第 15 辑,第 129 页,1994 年。

同,各帮所用账簿也不尽相同,就是宁波帮钱庄也多少有博采众长。秦润卿曾谈到上海钱庄账簿时说,"旧式薄记中,以宁波帮账式最为完善"①,比如交款的回单制度就是慈溪冯泽夫首先使用和提倡的,宁波钱庄的账簿也是在不断改进完善的。

总体上讲,钱庄的会计系统,属于传统的单式记账法的会计模式,与银行的新式借贷记账法复式会计很大的不同,显得有点落后。这套会计制度只使用于钱业本身,其格式、体例、专业术语对于外行的人来说是一团雾水,不知头绪,相当的封闭。所以秦润卿最早倡导钱庄账簿改革,向银行学习。1937年,上海钱庄推行以借贷记账法复式原理为基础的复式收付记账法,并编制资产负债表和日结试算平衡表。宁波本地钱庄要到抗战胜利后,在政府对钱庄组织进行改组与制定会计规定的情况下,建立新的类似于银行的会计体系。

钱业是仰赖数字化管理的,股东把经营管理权几乎全部授予经理,通过账簿来了解钱庄的经营情况是他们的主要渠道。一定时期,比如每个月,经理应编制钱庄的报表交给各股东审阅。所以,在没有外部审计情况下,股东对账房先生的选择也是很谨慎的,一般指派可靠的人,确保账簿的真实性。

就机构来说,钱庄在内部设内账房、外账房,每天要对发生的每一笔业务进行登录。账簿有总账和分户账。总账由内账房掌握,反映钱庄的整体业务情况。分户账由外账房掌握,每一种业务设置一个账本,记录该业务发生情况及目前余额。还有一种账本类似于流水账本,由各业务经办人,对自己所经手的业务做登录。

账簿的格式是按从右到左顺序,上收下付,单式记录,使用大小写数字。比如过账簿,客户是收进货款100元,就在账簿上格收栏记上日月、100元及对方钱庄牌号。如果付出,记100元在下栏付栏,也是记日月、100元及对方钱庄牌号。在流水账里,是按业务发生顺序,不分账户排列在一起的。在分户账里,是按账户分列的,哪一个客户发生业务登录在它的账下,分开登记。

一种业务就使用一种账簿,但是钱庄的账簿的名称却是相当独特而奇怪的。账簿分清簿、草簿两类。清簿指要进行清算用的,草簿指用于记录业务发生序列的。主要账簿如下:

克存信义:是指存款账簿。存款账簿是钱庄最重要的账簿,钱庄以信用为基础,存款为立庄之本。其含义就表达了一种对信用的坚持与期望。

利攸往来:是指贷款账簿。其意思是互惠互利,共生双赢。

① 秦润卿:《吾业簿记改良之商榷》,《钱业月报》,6卷11号。

日增月盈：是指月结账簿，寓意繁荣兴旺，财源滚滚。

资丰永年：是指年报账簿。其意思是能够维持不变，永续经营。

堆金积玉：是指股东的资本账簿，寓意金玉堆积如山。

回春簿：是指记录列入呆外账的不良资产账簿，寓意妙手回春，起死回生。

便查：是指摘录往来客户一定时期内的往来收付情况的账簿，按客户分列，便于日后核对检查。

暂草：用于记录各往来户转账情况。

滚存：现金出入记录。

流水：暂草与滚存两种账簿转入。

总清：相当于月度损益表，记录营业状况，由流水账转入。

汇清：即存款户账簿。

洋草：付洋所用，记录银洋收付情况。每月三本。

材头：付银所用，记录银两（主要是规元）收付情况。每月三本。

送银：记录与往来钱庄银洋现金往来情况，每庄一本。每月三本。

信底：本庄所发信函记录。每月三本。

暂记：各使用人暂借用之。

票清：发行自己庄票及收入他庄庄票的记录。

收价簿：收入之银，或付出之银的记录，相当于现金日记簿。每月一本。

汇票期：关于规元出入及头寸盈缺的记录。每月一本。

零材：其他收支记录。

银查现：库存现金账。

第四章　过账制度与本土商业银行的产生

"市场交易外埠皆用银钱,惟宁波凭计簿,日记其出入之数,夜持账簿向钱肆记录,次日互对,谓之过账。"①

以今天的重新认知、银行习惯与生活常识来考察,过账制度是比较原始、粗浅和幼稚的制度。今天几乎每一个企业都有一个甚至多个银行的账户,用于转账结算,对外付款凭公司所开支票及银行预留印鉴,从公司开设在银行的账户中划转给收款人。资金收入,则将付款人所开列的支票委托开户银行向开票人所开户的银行从该账户存款中收取。现代银行体系均赖此制度维持,在电子货币(信用卡)或网上银行情况下,其基本原理也仍然得以坚持。但是顾及到19世纪早期的时候,能够产生这一制度,却不能不称其为伟大的制度创新。

过账制度就是转账支付,它由宁波钱庄所首创,在学术界已是定论。但过账制度对中国近代金融史的意义却在一定程度上被淡化了。近代金融制度的核心便是过账制度,它是中国近代金融史上最主要、意义最深刻的制度创新和技术革命。过账制度使得整个城市,甚至相关城市之间的钱庄得以联结在一起,也使得城市中主要的工商企业通过开户方式被网罗在金融体系之下,提高了交易支付的效率,节约了交易费用。它不仅使结算便捷化,而且使金融信用发挥、运用、挖掘达到极致。它开始使中国经济摆脱了现金交易的限制与束缚,适时地满足了以对外贸易为主的新经济模式对金融中介的需求。在这一制度创新的推动下,我们发现宁波帮迅速成为近代最为成功、最有影响力的商业集团,细推之,这一集团的核心因素便是钱庄业,而钱庄业的核心,毫无疑问是过账制度的先发优势。换句话说,钱庄是宁波帮的金融营养,过账制度则使宁波钱庄占据钱业制高点,为领袖全国金融提供了制度保证。

第一节　过账制度的产生

对过账制度,长期以来有学者予以关注与考察,有确凿可信的材料证明

---

① 民国《鄞县通志》,文献志,商业习惯,第2612页。

至少在 19 世纪中叶,宁波钱业就推行过账制度,并通过上海为舞台,向全国推广,成为全国钱业普遍遵从和有效实施的管理制度和规则。

《鄞县通志·食货志》辑录有同治三年前的钱业《庄规》,其中有条款如下:"一议外行划账,其数以三十元起码,多则照数,须于当晚抄录,次早汇集公所划清,如少数未符,不虑徇情,公议照罚。一议同行持簿来对者,账上设有未符,无论同行外行,数目不合当时道明指驳,勿得含混答应,希图隐匿,倘至受错之家查出,不惟所错之数,照数加罚并须倍罚。"①

同治三年为 1864 年,此项《庄规》证明至迟 1864 年宁波已经全面系统地实施了过账制度。作为一个相当完善有效的系统工程,其发轫、草创、试行、完善、修缮应该不是一己之力或一役之功,所以学术界争论点就集中于大致何时宁波钱庄开始施行过账制度。

日本著名中国经济史专家斯波义信详尽、翔实、系统地研究了明清以降的宁波商业和社会,在《宁波及其腹地》一文中说:"过账制度确实是在十六世纪六十年代到十七世纪二十年代由宁波人所创立。"②这纯粹是一种推测,缺乏足够史料支持。

美国著名学者伊懋可(Mark Elvin)认为,宁波钱庄的过账制度可能与 16 世纪开始在日本流行的"大福账"有关,宁波钱业借鉴了这一体系并加以改造。③

王恭敏先生认为过账制度应该产生于 1843 年至 1844 年之间,也即宁波开埠后。④

叶世昌先生在《中国古近代金融史》中认为:过账制度的产生还可以追溯到更早,理由是制度的完善是系统工程,应该有一个准备、酝酿与过渡的时期。⑤

《宁波钱业会馆碑记》记载:"今宁波钱肆通行之法,殆庶几矣。海通以来,宁波为中外互市之一。地当海口,外货之转输,邻境物产之销售,率取道于是,廛肆星罗。吾闻之故老,距今百年前,俗纤俭,工废著,拥巨资者率起于商人。习踔远,营运遍诸路,钱重不可赍,有钱肆以为周转。钱肆必富厚

① 民国《鄞县通志》,食货志,金融,第 77 页。

② Shiba Yoshi. Nongpo and its interland. In: G. William Skinner(施坚雅). (ed.) *The city in late imperial China*. Stanford University Press, 1977;391—440.

③ Jones, Susan. Mann. Finance in Ningpo: the "chien-chuang", 1750—1880. In: W. E. Willmott. (ed.) *Economic organization in Chinese society*, pp. 47—78.

④ 王恭敏:《浙江钱庄》,《近代中国金融业管理》,人民出版社 1990 年版,第 8 页。

⑤ 叶世昌:《中国古近代金融史》,复旦大学出版社 2001 年版。

者主之,气力达于诸路,郡中称是者可一二数。而其行于市,匪直无银,乃亦不专用钱,盖有以计簿流转之一法焉。大抵内力充,诸肆互相为用,则信于人人,故一登簿录,即视为左券不翅也。其始数肆比而为之,要会有时。既乃,著为程式,行于全市。其法,钱肆凡若干,互通声气,掌银钱出入之成。群商各以计簿书所出入,出畀某肆,入由某肆,就肆中汇记之。明日,诸肆出一纸,互为简稽,数符即准以行,应输应纳,如亲授受。"①

徐寄安 1932 年著有《过账须知》一书说:"考过账制度之起源,盖在逊清咸丰年间。是时流行于市面之货币,除现银外,厥惟铜钱,营金融业者多以钱为中心货币,钱庄命名之由来,即在于此。铸钱之铜多取给云南,洪杨作难,滇道绝阻,原料之供给短缺,市上所有货币,不足以供需要。东南乃有钱荒之患,时上海市场犹属草创,东南沿海商业,宁波实执牛耳,钱荒之患,当为殊甚,乃谋增加货币效用之办法,过账制度遂应用而生……初以制钱过账,海禁即开,社会多用墨洋,固而易钱为洋,沿用迄今,已有八十余年历史。"②

徐寄安的过账制度起源的说法为后人接受,成为主流观点。徐世治在《宁波钱业风潮报告》一文也是这种观点的沿袭。季素曼也基本引用于此。

成稿于 1936 年的《鄞县通志・食货志・钱庄》也是这样记录的,但又提出,张恕所撰的《碑记》讲到咸丰二年(1852 年)鄞县县令段广清发布的告示中有"地丁钱每两照甬江过账钱二千陆百文,秋米每石照甬江过账钱肆千陆百文"这样的话,那么过账制度应该更在咸丰之前。③

段光清在《镜湖自撰年谱》咸丰二年里,曾说过"又鄞县一缺,向无公用,今定每两二千六百,无分红白,民间既不偏枯,官用亦足开销"④,两相印对,《碑记》的记述是可靠的。《年谱》一书是被后人发现,于 20 世纪 60 年代出版的,不存在《鄞县志》作者从中参考的问题。在 1858 年他又准确地记述了"进出只登账簿"的过账方法。⑤

至此可以清楚地知道,至少在 1852 年,过账制度的影子已经在宁波钱庄投射,并且被地方政府所承认并应用于主要的财政经济活动。那么太平天国运动导致钱荒而催生过账制度的说法就不怎么可靠了。《钱业会馆碑记》作于 1926 年,据它的记述,百多年前,当在 1826 年前,叶世昌先生也是依据

---

①　此碑现存宁波钱业会馆。

②　徐寄安:《过账须知》,转自《宁波文史资料》第 15 辑,第 207 页,1994 年。

③　民国《鄞县通志》,食货志,商业,钱庄,第 72—73 页。

④　段光清:《镜湖自撰年谱》,人民出版社 1960 年版,第 61、122 页。

⑤　段光清:《镜湖自撰年谱》,人民出版社 1960 年版,第 61、122 页。

这一材料推算的,故此对过账制度的确切时间就难于统一了。

还有两则材料讨论过宁波钱庄的过账制度问题。一是 1918 年因为宁波金融市场严重的现水问题导致钱庄停止过账,引起各方震动,时宁波旅沪同乡会专门呈文北洋政府财政部。其中说"伏查吾甬商埠数百年来习惯,全恃过账为信用,故称之曰过账码头,而现洋之流通无几,商业则极繁盛"[①]。

另一则材料也是因该现水问题,宁波钱业同业公会在宁波旅沪同乡会出面调停时致书该会的《甬江钱业对于革除现水之意见》,"钱业庄规向例缺单庄家,其所划缺单应向多单认息拆借,而多单庄家亦不能将所多划洋逼令缺单还现,同业互有多缺,互相通拆,以划还划,向不取现,行之百余十年,成为惯例"[②]。

把过账制度说成数百年历史,虽与斯波义信说法一致,却是不可靠的。它只是为了强调而加重说的,它可能把宁波钱庄的历史与过账制度的历史混同了。从这里我们也可以解读出宁波钱庄至少在 18 世纪初就已经很活跃了。

1918 年上推 110 年,大致在 19 世纪初期。此话出自钱业中人,且有确切的时间表,与碑记也较接近,应该是相对可信的。

钱业是一个封闭的专业集团,以学徒方式相传,传说中的可信程度应该颇高。我对上述材料进行详细认真的研究和解读,试图找到共同的基点来说明过账制度发生的机理。以作者在金融界服务十几年的经验知识,自以为找到了一种比较符合逻辑的,能够对上述说法给出合理的解释。其实是人们对过账制度的认知产生不同解读而导致了理解上的差异。罗马不是一天筑成的,作为一个庞大复杂的系统工程,而且是关乎民生经济最重要元素的金钱的交易,岂可能闭门造车,一夕而就。即使能形成完整的制度设计,还有市场接受性问题,只有通过不断试错试行,修改、修订、修正,最终达到完善、完备、完整、完竣。

试将过账制度系统分解为三个主要阶段与过程:记账阶段、过账阶段、票据交换阶段。也就是说,过账制度是从 19 世纪 10 年代记账阶段开始形成,历时几十年时间,直到 1856 年形成同城票据交换模式最终完竣的。

记账阶段就是开户。以前钱庄的借贷都是现金交易,客户的借款都是记录在钱庄自己的统一的账簿下,没有分户账。随着宁波商人的对外拓展,产生了较大规模的汇兑业务的市场需求。而且这种汇兑业务是经常性发生

① 《宁波同乡会呈财政部文——为甬江钱业事》,《申报》1918 年 9 月 30 日。
② 《甬江钱业对于革除现水之意见》,《申报》1918 年 9 月 24 日。

的,它与钱庄之间的相互依赖性增强,现金太重且有安全性问题,所以要借助钱业的汇兑网络,"钱重不可赉,有钱肆以为周转"。商人们在外经商,资金流动也很频繁,按过去做法,都是单独交易。汇出交付现金,汇入则提取现金,钱庄是纯粹的中间服务。慢慢地,为了方便和提高效率,钱业发现,可以给客户一个分户,汇入汇出都在这一账户下进行,也可以一次性存入,分次汇出,外地的大宗汇款也不必急于提取,先存放在钱庄中此一账户下,因为钱庄业都是拥有巨资的富商大户开设,所以信用卓著,且负无限责任。对客户来讲,每天现金搬来搬去,存在安全性问题。另外,货币要清点,辨别真伪(在今天都是个问题),钱业有鉴别专家,具有相对优势,如果有假币混入,从常识上讲,也会起争执。对钱庄来讲,账户开设,总有未被提取的资金,就可以将之运用,只要流动性不出问题,又能把客户稳定巩固住,《碑记》就是从这一角度说事的。从这个意义上讲,伊懋可所说的借鉴日本的"大福账"的记账办法也是有可能存在的,但不能肯定。因为记账方法,没有很大的技术含量,我国本土也很容易被开发使用,而且中国的商业远比日本发达。

过账阶段。过账即转账,就是把钱从甲账户转到乙账户。它是承接了记账阶段而来的,记账只是对本账户项的收入付出发生的记载。过账涉及不同账户的转移。记账相当简单,过账就复杂多了,涉及收、支与钱庄三方,由客户双方认可,钱庄证实,这需要相应的制度配套,否则会产生纠纷。最初是在同一钱庄开户的行号账户之间转账,只要交易双方能证实这笔交易的真实性,账户上也有足以支付的资金,钱庄从中划账就可以了。这也开始进入过账制度的核心问题,通过钱庄的金融中介服务,以开户结算的形式颠覆了传统的现金交易模式。商家之间买卖可以不必考虑真金白银,代之以一种"虚本位"的过账洋,这就是为什么段光清县令发布公告中提及甬江过账钱问题。

同城交换阶段以我的研究,这一庄规订定在1856年,理由是在《庄规》中有一条:"一议英洋虽已行用,所畅通者宁绍上海而已,故佛洋仍旧通用,然价目不同,应听来人,或英或佛,收付交易,公平作价,勿得抬抑,以翼招徕。"[①]佛洋指西班牙(佛朗哥)银元,英洋即鹰洋,指墨西哥银元,因银元上铸有墨西哥国徽鹰图案。墨西哥原为西班牙殖民地,产银,佛洋原来也多由墨西哥产。1821年,墨西哥独立,开始铸造鹰洋。1854年前后开始流入中国。"1855年,外商采取步骤把墨西哥银元(俗称鹰洋)当成货币,就像在广州做

① 民国《鄞县通志》,食货志,商业,钱庄,第77页。

过的情形一样。"①,宁波、绍兴、上海之间联系密切,鹰洋的使用应该几乎是同一时间的,所以说《庄规》订于 1856 年是比较接近事实的。

1856 年正是太平天国运动时期,那么与徐寄安的说法正是相吻合的。太平天国 1851 年起事,到 1853 年定都南京,由气势如虹转入对峙阶段。云南回民、贵州苗民相率起事,才致云南之铜无法外运,政府因缺乏原料不能铸造钱币。市场中的货币供应量与社会经济的发展不适应,就患钱荒,而钱荒最为严重的是宁波。由于实行金属货币的国家垄断制度,现金的严重缺乏使得商品经济基础上的交换与生产受到影响。用现代货币银行学理论很能说明问题,全社会货币供应量必须与社会经济规模相适应,除非经济是零增长,不需要增加货币供应量。宁波之所以患钱荒最严重,恰恰在于它出现了高速的经济增长,对货币供应量的需求更大。原因在于对外开放后,从事外贸成为新的经济增长点,许多宁波人转而从事外贸业务,并开始以上海为据点,这可以从两件事情上体现出来。一是宁波籍买办开始登上国际经贸舞台,出现了穆炳元、杨坊等著名的买办,并提携、培养、吸收了一大批同乡买办,很快地超越了广东籍买办,这部分人贸易资金来源的初始阶段主要依靠母体宁波供给。其二从外贸总额上可以发现,经过短暂磨合期以后,中英贸易又开始迅速回升并快速发展。1844 年,刚刚开放之初,英国人抱有很大的期望,乐观主义占上风,输华物品达 230 万镑,但是英国人不了解中国人的消费需求与偏好,贸易遭遇冬天,到 1852 年才恢复到 250 万镑。② 其三是交易规模大幅度提高。以上海为例,1843 年来沪船只 44 只,共 8,548 吨。五年后,1848 年计有 133 只,共 52,574 吨。1843 年平均每艘船载重不到 200吨,1848 年达到 400 吨。③ 同样船货物的价值也大为增加,所需资金量必大增。

经济在增长,产业规模在扩张,渴望从制度渠道获得资金来源是社会经济发展的客观需求,恰好发生太平天国运动,不能获得正常货币供应的补充,还承担着筹措军饷的军需任务,这迫使宁波人面对和思考,"谋增加货币效用之办法",实行同城范围的全面性的转账结算和票据交换制度,开始了实体货币(M_0)到信用货币(M_1)的革命性变革,货币供应量的定义被第一次深化,用一种虚洋本位与现金货币进行制度对接,货币效率得以提高,同样

---

① 《上海钱庄史料》,上海人民出版社 1960 年版,第 24 页。
② 严中平:《英国纺织资产阶级利益集团与两次鸦片战争史料》,《经济研究》1955 年第 2 期,第118 页,表 10。
③ 《上海钱庄史》,上海人民出版社 1960 年版,第 13 页。

的经济规模所需的现金量更少,从现象上看是节约现金,本质上就是创造货币。

记账是一种自我支付,没有很高的技术含量,应该是从汇兑发展而来,伊懋可所讲的日本的大福账,也类似于此。大福账是日本大阪地方药材商给零售商的赊账记事本,在此账本上记录一定时期内的收付情况,待年底按欠账余额向零售商收款,两者之间没有直接关联与必然性。但是不同账户的转移支付就没有这么简单了,它是传统金融的最主要的制度创新。它大致从1844年开始,而且很难说是完全本土的,尽管它带有浓厚的本土色彩与钱庄特征,我认为它的出现多少受到西方银行制度的影响,或者宁波钱庄业部分地接受了西方银行业转账支付的基本原理,加以中国化的改造与表述,以至于我们后人从形式上看不出两者的关联度。

为什么这样说呢?虽然没有直接史料记载,但我们能找到间接的比较有说服力的证据。宁波对外开放的正式实施是1844年1月1日,在英国人来到宁波前,宁波商人就已经满怀期待,抱着很大热情,宁波道台陈子骥、宁波知府李汝霖在当时的奏折中写道:"嗣因各处商民,纷纷运货到宁,候期交易,而啰咭杳无来浙之信,不特货物偷漏堪虞,人心亦未定。"[1]但是当双方进行交易的时候,发生了障碍,"夷人与内商交易,多系以货换货,并非专用现银,若货物不能流通则内商罕至,夷商坐困而船到渐稀,其税必致短绌"[2]。双方彼此缺乏信用与了解,也没有合适的金融制度为之服务,这使贸易双方都存在极大的不便。不过宁波地方政府在此前已经有一定的准备。当时宁波地方官府指定久安、源和、久和三家钱庄代售洋商进出口税,从这条史料来看,我们可以发现并作合理的逻辑推演。

第一,钱庄业当时已经有代收代付的服务功能,说明记账功能仍然存在,地方政府把财政收支账户开设在钱庄中,既免去现金点收、鉴别、保管的麻烦,又能获得一定的利息收入。这些收益利息可能没有列入财政预算,就有可能导致官员自肥,钱庄起到了地方国库的职能,这与段光清县令发布的布告是一致的。

第二,当时钱庄尚不具备转账支付的功能,这一金融服务才使得物物交换成为常态。如果钱庄存在转账支付的功能,钱庄的金融中介可以方便双方的交易,而不必采用易货这种最为原始的方式。

第三,它是有记载的最早的钱庄与洋人的接触。当时英国的银行制度

---

① 《筹办夷务始末》,道光朝,卷70,道光二十三年七月。

② 《筹办夷务始末》,道光朝,卷71,道光二十四年四月。

已经成熟,商人们对银行开户转账、结算已经非常的熟悉,并成为常识,在双方接触的过程中一定会将相关的西方先进金融制度与作业模式做一定程度上的介绍,也会抱怨中国旧有的金融制度的落后性。这一先进的制度就被往来的三家钱庄移植仿效,以一种完全中国化的面目出现,他们能想象到的也就是这么多。他们没有亲自去过西方,账号管理、支票转账是没有概念的,但在设计思路、基本理念上所能达到的功能基本近似,因此这几家与洋人有接触往来的钱庄中观察力敏锐、创造力强的就开始试行转账支付的办法,然后从庄内划转开始演变到联庄转账,"数肆比而为之"。

我们不能完全排除完全本土化原创的可能性,但可能性应该是比较小的。

那么这里又产生了一个问题,为什么它产生于宁波,而不是广州、上海等其他地方呢?从理论上说,广州人与西方的接触更早,西方的银行制度应该是先向他们传播的。我的理解是因为广东实行的是特许贸易制度,所有的西方人被限制只能与指定的公行往来。公行充当了经纪人的角色,彼此经常打交道,相互熟悉信任。西方人把整条船上的货物交由公行出售,货款由公行代收,出口货物也由公行采办,货款从中抵扣支付,也就是说公行已经包含了简单的支付功能,也就不需要另外的金融服务。广州城内的金融服务与外商是阻断的。故此,一直存在"夷欠"问题,即公行拖欠应该给外商的货款。乾隆二十四年,发生了资元行拖欠东印度公司的货款五万两,致洪仁辉入京告御状的风波。[①] 很多人不知道的是《中英江宁条约》中中国赔款2,100万两,其中就包括广州公行的夷欠300万两,这是很多书上选择性回避的问题。[②]

上海呢?宁波发生钱患,货币供应量不足是催生这一制度的外在要素,上海没有出现钱荒的问题。同样是战争,怎么会导致不同的结果呢?这完全是租界的缘故。当然宁波也有类似于租界的外国人居留地,但其规模很小,人口不多,以至于在财政上难以负担建立一个公共自治管理机构的需要。我们知道,太平天国战争使浙江大地遭受极大的蹂躏与毁灭,而上海却因为战争格外繁荣起来。很多人怀着对战争的恐惧前去租界寻找避难所,租界的人口因此由20万增加到50万人,新增加的30万人中,浙江的地主富

---

① 《史料旬刊》,第四期,《福州将军新桂查办粤海关监督李永标折》,引自傅筑夫:《中国古代经济史概论》,社会科学出版社1981年版,第263页。
② 《筹办夷务始末》,道光朝,卷59,第2025页,附件。

商占据了相当的比例。① 他们在去上海租界的同时,也一定会把财产携带而去。上海一下子集中了江浙两地的财富,货币短缺的问题也得到了缓和。在太平天国占领宁波的时候,宁波人也把上海作为主要的避难所。"时宁波殷户,皆在上海逃难未回"②,一定也把宁波市场的现金大量地输入上海。

第二节　过账制度的业务流程与特点

宁波被称为过账码头,乃是因为它的过账制度。对于过账制度的业务流程与特点,有文献留存,我们可以详细地了解。徐寄安著有《过账须知》的小册子,民国时期的《鄞县通志》也有记录,两者应有渊源关系。另外在上海20 世纪二三十年代也出版过多本钱庄方面的著作,作者主要有潘子豪、施伯珩、秦润卿等人,也是大同小异。我们以《过账须知》作为基础来叙述。

只有那些较大规模的大同行钱庄才有资格成为交换所的会员,小同行不能在交换所进行交换,只能依靠大同行中的某一家代理,称为认家头,属于二级清算。无论直接或间接,通过这一制度,把主要钱庄都联系在一起,转账结算业务范围基本上涵盖了全城所有的商业。

过账制度在程序上分为三个部分。第一部分是交易买卖双方之间在各自的开户钱庄的过账簿里作收付记录,并加以确认。第二部分是第二日开户钱庄与其他同行之间进行清算。它们之间的收付是按余额而非商家来进行清算的,收入大于付出的称多单,差额部分向付出大于收入的欠单方收取现款,这样人欠人的支付在交换所得以完成,与现代银行票据交换所原理差不多。第三阶段是钱庄与开户的客户之间作收付确认,避免差错发生。

过账一般以大宗贸易为对象,零星交易仍然以现金支付,否则会使过账业务庞大,反而会减少效率。在同一钱庄开户的商户之间没有规定过账的最低限额,但不同的钱庄之间过账是设有限额的,"外行划账,其数以三十元起码,多则照收。须于当晚抄录,次早汇集公所划清,如少数未符,系属徇情,公议照罚"③。三十元依据当时的购买力,是一笔比较大的交易。到了1876 年,因为现水升高,市场上现金缺乏,过账限额下降到二三元。④ 但是到年终结算(阴历十二月一日起)时,限额五元起码。⑤

① 《上海钱庄史料》,上海人民出版社 1960 年版,第 15 页。
② 段光清:《镜湖自撰年谱》,人民出版社 1960 年版,第 61 页。
③ 《同治三年前旧有庄规》,民国《鄞县通志》,食货志,商业,钱庄,第 77 页。
④ 《申报》1876 年 8 月 26 日。
⑤ 徐寄安:《过账须知》,《宁波文史资料》第 15 辑,第 211 页,1994 年。

过账制度有六种不同的形式,最早的《庄规》并没有详细记载。其起始阶段只有账簿过账一种,是后来在实践中出现了各种不同情况,需要不同方法处理,才逐渐完备扩充。在 19 世纪末已经完全成熟定型。

一、账簿过账

这是最基本的转账方式。不同的钱庄,过账簿格式相同,上面必须写明客户(使用者)的户名与钱庄名称。更多的时候一个客户与几家不同的钱庄往来,拥有几本账簿,就可能会发生混乱。为使交易对手清楚开户钱庄,账簿是在客户开户时由钱庄缮制好分送给客户的,封面上就已经写明该钱庄的牌号,客户可为此将所发生的收付业务记载在册。账簿每页分上下两格,中间有一小格,上格记录付出之数,下格记载收入之数,若付出,则要在中间小格里盖章以做确认。

举例来说,甲乙两商号交易,甲需要支付给乙 1,000 元,甲开户于 A 钱庄,乙开户于 B 钱庄,甲不必像以前一样付现金给乙,而是在 A 钱庄的本商号过账簿上格付出栏,写上 B 钱庄洋 1,000 元,在庄字与洋字中间稍留空隙,需盖章确认;过进一方不必盖印,因为过进的账,即使错误,主动权在我,若过出错误,会给钱庄带来不必要的麻烦。同时,乙在 B 钱庄过账簿内的下格收入栏,抄 A 钱庄洋 1,000 元,甲乙之间的支付关系确立了。然后在营业时间内,各自将账簿送交开户的 A 与 B 两钱庄。A 与 B 两钱庄收集到一天内全部发生的交易开户账簿,先记录流水账,然后按付进付出金额,以各家钱庄为基础,分别统计与各钱庄的转账情况,以余额为准。若设 A 钱庄过进 B 钱庄 9 笔,金额 10,000 元,过出 B 钱庄 7 笔,金额 8,000 元,过进 C 钱庄 5 笔,金额 5,000 元,过出 C 钱庄 6 笔,金额 6,000 元,就在专门的摘抄单写上 B 钱庄过进 2,000 元,C 钱庄过出 1,000 元。又在所送的各账簿的交易栏内头上划一弧形,俗称"戴帽子",并在所记录的最后一笔交易后盖上 A 钱庄的图章,俗称"关门图书"。这样 A 钱庄在当晚营业结束后就清楚本钱庄明天交割情况是多是缺。

第二天早晨,A 钱庄就持昨天的摘抄簿与 B、C 钱庄分别核对。若设 B 钱庄的摘抄单上对 A 钱庄的账目正是付 2,000 元,说明无误,交换就结束了。C 钱庄是过进,也由 C 钱庄主动与 A 钱庄核对查验,完成交换过账。这一交换都集中在钱业会商处统一进行。其实这种交换过账的工作量是蛮大的,一家钱庄理论上需要与所有的其他钱庄核对,以 36 家大同行计,那么就有 1,225 次核对,故此宁波钱业会商处每天都特别的热闹,该项业务完成与否,就关乎整个城市的正常交易的开展。A 钱庄与其他同行的账单核对完毕后,返回本钱庄,各商家就已派专人等在门口,取回自己的账簿,以便当天的营业。

账簿记录难免出错,收付颠倒、金额错误、庄名混淆、漏记漏摘等情形在实际作业中是无可避免的,为此也设计了一个救济的办法,以维持此制度的正常和有序的运转。如过出有错,即过出之数大于对方收进之数,就产生找不到支付对象问题,多余的部分存放于一个专门账户,称宕账,等以后来核对。如果过进有误,即实际过进金额少于应该过进金额,就在账上盖上"查"字印,以示此款尚未收妥,须待查验核对之意。

过账完毕,又有复核一关,复核人员对账簿做形式复查,核对手续是否齐全,有否"戴帽子"与"关门图书",是否有"查"字,若有就需要查究,更正差错,不过对错账的追账需在下午 4 时以前向对方钱庄提出。

以上是同行过账的基本流程,其实是隔日清算,用今日的话即"T+1",买卖交易是在上日完成的。

二、经折过账

经折过账就是存款人从自己在钱庄的储蓄存款账户,而不是往来账户中转账支付对方。对于储蓄存款,钱庄都会发给存款人一个存折,存折上没有钱庄和客户的名字,只在存折首页有一个记号,相当于密码,只有客户与钱庄知道,目的是为了在被盗或遗失时能最大限度保护存款人利益,而不被他人支取。其过账办法与账簿过账相同,也是在双方的收付栏各记上收付方向、往来钱庄和金额就完成。但经折持有人应将发生过账业务记录的经折送开户钱庄做记录,否则钱庄无法知道有没有发生交易。

三、庄票过账

关于庄票,后面有所论述。庄票过账就是收款人不是收到付款人的现金,而是钱庄的庄票。一般庄票都是延期付款的,或五天,或十天。收款人拿到庄票后,就去该钱庄要求过账,相当于现在的票据提示。钱庄收到庄票,验证后确认,就在票面上做一记号,写上支付准确日期和过进钱庄牌号就可以了。

四、信札过账

信札过账主要用于非同城及与乡间客户的转账结算。也就是说,客户的支付命令是通过信札下达的。好处是不必把账簿亲送钱庄。例如,镇海客户甲,在 A 钱庄开户,要支付给宁波在 B 钱庄开户的乙 100 元,甲只要写一信,"兹请解交乙行 100 元,付 B 钱庄,示覆乃荷。此致 A 钱庄,诸君钧鉴。甲商行上,X 年 X 月 X 日",具名处盖上预留印鉴就可以了。过账完成无误后,A 钱庄以信复甲,告诉对方交易完成。

五、特殊过账办法

在实践中,有的交易比较特殊,就要在通例之外寻找特殊的方法处理。一般有下面几种情况。

(一)盖印过账

过账从时间上看实际是"T+1"制度,不是即时入账。有时,一些重要的特殊的交易行为,交易双方对现有过账制度达不成协议,对方提出钱物两清要求,钱业就要作为特例情况进行制度上的补充。例如,甲要支付乙房屋款 10,000 元,甲想立即收妥房契,以防变端,乙欲立即收清款项,防止"空头支票",或者其他被钱庄驳账而不能收款情形出现,原有的"T+1"方法就不适用了。盖印过账就是"T+0"结算模式。作业流程如下:甲应特别委托 A 钱庄即时解付,乙同时也向 B 钱庄委托即时收款。B 钱庄接受委托后,便持同行对账簿前往 A 钱庄要求付款 10,000 元,A 钱庄就在账簿上盖一个本庄图章,即完成过账。因为根据规则,盖印过账将来无论发生什么情况,双方均不能对过账结果提出异议,是没有追索权的。

(二)日过账

日过账即钱庄内部过账,不必参与第二天的同城交换。它应该是过账制度的最初形态,交易双方皆是同一钱庄的客户,钱庄在晚间取得双方的过账簿之后,在付出方的账簿下格、收入方的账簿上格同时做记录,即告完成,手续最简便。

(三)远期过账

远期过账就是双方约定先提前过账,延期支付的一种支付形式。平时不能叙做,只有在结算期前一个月,一些经常往来的大客户要求转账时使用。例如,甲乙双方在十二月二十日约定,由乙于二十五日支付款项 1,000 元,但二十日同意先行过账,甲乙双方可以分别在自己的过账簿内写上某某钱庄二十五日洋 1,000 元即可,到时钱庄会把款项划到对方账户。

(四)轧字过账

当交易双方有相反方向的两笔交易,这两笔交易虽然业务上有连带关系,但不能对冲,需要做两笔账记录时使用的一种方法。在两笔交易记账簿内注一"轧"字。例如,甲在一笔交易中需要付给乙 1,000 元,乙在另一笔交易中需付给甲 800 元,在不能对冲情况下,甲恐怕自己 1,000 元已经过出给乙,而乙的 800 元被打查字账被驳回,收付会发生背离。为防止出现这一情况,甲在过进过出账上注一轧字,钱庄在看到轧字后,特别谨慎,若过进款项无误,则将应付的款项过出给乙,如果过进账有误,同时就将过出给乙的账驳回不付,保护客户的利益。

(五)规元过账

这是专门为方便与上海有往来的客户而设计的。客户可以在钱庄开设甬洋账户,也可以开设规元账户,两个账户是分开的。因其价值不同,不能混同。两个账户之间需要叙做货币买卖方可转移。但是规元的交换结算中心在上海,宁波欠账需要委托上海钱庄(申庄)代理,在宁波实施了过账并不能算转账完成。一般钱庄办理后,均盖"申庄做实"图章,提醒客户,有无错误,一定要等上海方面来信确认。

(六)错账的救济

1. 宕账

作为付出方,因记账有误,找不到收款人,只能由钱庄暂时保留,以待日后他人来对账。发生此等宕账,钱庄是不告诉付款人的,若告诉付款人,付款人就有可能利用这一漏洞获利,所以一定要收款方来查对。发生宕账的原因不外钱庄牌号抄错、数字有异、日期错误及收款方失抄。对前面两种情况,可做撤销处理。撤销的办法就是对冲转回,即计一笔反方向的记录,再过入实际收款人的账户内。如果因为过进者的错误,而不能收妥款项,应于次日下午 4 时前向过出钱庄提出异议,要求查验,找出错误,实行补救。倘不能在规定时间内提出异议,日后方始察觉,就需要采用另一种更麻烦的"隔日查下家"的措施来补救。

2. 查字账

收进的钱庄没有收到,就有责任与义务将该笔转账厘清,故此在该笔应收而未收到的账簿上写一查字,表明此款项未曾落实有待查证,在下午 4 时以前向过出钱庄提出要求,以求达到准确无误。

(1)即日查下家

钱庄在对账时发现,过出账只有一笔,但过进却有两笔,那么难以分辨谁是应收者,为避免麻烦与错误,就在此过进两家上都盖一个查下家的图章。此二家得此信息后,会分别向自己的交易方核实,最后由钱庄认定款项归属。举例,甲从丙处过进账 100 元,丙的开户钱庄为 B,甲的开户钱庄为 A,同时乙也在 A 钱庄开户,丁也在 B 钱庄开户,乙与丁的两者交易也是乙过进 100 元,实际情形是丁的转账并未发生,那么,A 钱庄收进记录有两笔,200 元,但实际收入只有一笔 100 元,对 A 钱庄收进来说,不能判明收款人属于哪个,就在两家项下都打一个查下家,以明确此 100 元是属于甲或者乙,不致错误混淆。

(2)查下家之下家

商品经济越发达,交易关系也越复杂。前面所述的查下家仍不能确认交易的时候,需要延伸明究,找出真实的交易环节,此业务又更复杂。举例,有甲商号向乙商号的股东丙(它们同用一个账户)收款 100 元,甲在 A 钱庄开户,另一个商号乙在 B 钱庄开户,该股东(丙)委托乙过账。同时,丙亦向乙的股东(丑)(同用一个账户)收款 100 元,丙也在 A 钱庄开户,此时乙已经言明过账 A 钱庄,但乙并未委托 B 钱庄过出,所以甲与丙两个在 A 钱庄的账户搞不清楚谁是真实的收款人,都打上查字,那么只有查下家之下家,就是查双方的支付人是谁,最后确认此 100 元归谁。

(3)隔日查下家

按钱业规则,下午 4 点前可以提出异议,但是现实情况不止于此,有很多例外,过进的账户已经收到款项,但是在第二天(应该是第三天,T+1),账上被钱庄打查下家三字,如果有对方钱庄可查,彼此可以归结。但是碰到一个问题,收款人是零售商号,未曾亲送货物,钱货两清,也不曾询问对方货款支付方式,那就非常麻烦了,被对方打一"查"字,就是说明交易有问题,零售商有可能已经收到的货款不得不交还出去,钱庄在此只是一个中介机构,不可能承担此类损失,这完全是钱庄在实际作业中可能发生的情况。

过账制度的大致要点就是如此,但只是我们必须知道,此一制度已经非常系统完善,绝不是草创时期的模样,也就是说,不能把上述制度完全比拟 1856 年时的制度。

过账制度的特点与优势就是,只要你属于(大小)同行系统里面的开户人,任何一个商号,彼此的交易用不着现金交割,与现代银行的结算制度基本没有区别。

第三节　本土商业银行的产生

西方商人或学者都把中国旧式本土性质的金融机关,无论是票号还是钱庄,都称为 Old Style Bank 或者 Native Bank,意味本土银行,以区别于按西方标准与模式所建立的新式银行。西方人的观感自有它的局限性,但是为了证明钱庄的封建性而不承认钱庄的商业银行地位也是缺乏自信与自我封闭的体现。虽然我不能断言所有的钱庄都是商业银行,却也不讳言宁波钱庄作为本土商业银行的典型代表在近代中国金融史上所扮演的积极角色。

　　近年来,随着对本土商业银行问题探讨的展开与深化,有些学者抛弃了有关钱庄封建性、买办性的预设立场,转而以客观事实为基础的新视野打开近代金融史的新出口,从多方面肯定了钱庄具备商业银行的基本特征,更加完整了中国近代金融史的图谱。这些学者中间,值得一提的有叶世昌先生。他认为把钱庄等同于商业银行是一点也不过分的,因为从西方金融史的角度,银行一词来源于货币兑换,与中国钱庄依循了同一路径,钱庄与西式银行风格不同,作业模式不同,经营对象不同,但作为金融中介的基本功能是相同的,这是一种持相当宽泛性解释的观点。① 黄鉴辉先生是从信贷业务与功能上来认识的,他认为只有从事生产性放贷活动的钱庄才能称之为商业银行,早期钱庄主要是从事商业贷款,因而不具有商业银行性质。19世纪后半叶,钱庄业随着社会经济结构的变化从事生产性企业借贷,是应该具有商业银行性质的。② 张国辉先生对钱庄的买办性偏见影响了他的进一步研究。他也是不承认钱庄的商业银行属性的。不过他还是看到并且指出钱庄业在19世纪末有生产性贷款的事实,"钱庄资本对新式工矿企业联系逐步扩大,意味着钱庄业在性质上的不断变化,这是钱庄日益资本主义化在一个方面的反映③。孔祥毅先生是一个相当奇怪的学者,他在钱庄与票号性质上释出了混乱的信号。一方面他说"鸦片战争前,在中国的封建社会是没有银行的"④,所以他对山西票号称为货币资本经营业,并称属于资本主义的高利贷性质的范畴。⑤ 但是在另一方面他又提道"山西票号有着与中世纪欧洲银行业一样的历程……这些在东西方银行业有着许多相似之处"⑥。我已经注意到他在这里点出了银行业与银行的区别,不幸的是,他又说,银行不只定位于资本主义社会的历史范畴,而是定位于其中不同社会形态的范畴。不可想象都是一样地建立在商品交换和生产活动基础之上,都是一样的以货币作为自己专门经营对象的金融组织,但在资本主义社会可以称作银行,而在其他社会形态下就不能叫银行。⑦

　　以我的认知,钱庄无疑是商业银行的一种,那种以生产性质为评判标准

---

① 叶世昌:《中国金融通史》,第1卷,中国金融出版社2002年版,第494—495页。

② 黄鉴辉:《中国银行业史》,山西经济出版社1994年版,第14页、第35页。

③ 张国辉:《晚清钱庄和票号研究》,中华书局1989年版,第170页。

④ 孔祥毅:《金融票号史论》,中国金融出版社2003年版,第265页。

⑤ 孔祥毅:《金融票号史论》,中国金融出版社2003年版,第50页。

⑥ 孔祥毅:《金融票号史论》,中国金融出版社2003年版,第302页。

⑦ 孔祥毅:《金融票号史论》,中国金融出版社2003年版,第79页。

的观点,过多地受到传统政治经济学的束缚,而较少考虑金融理论与金融实践的变迁。固然不能说所有的钱庄(票号)都是商业银行,但是实行过账制度的钱庄就是商业银行。换句话说,中国本土商业银行最早出现在宁波,其标志是建立了过账制度,其理由便是这种划时代的金融创新给传统金融注入了近代金融的元素,促使了钱业由传统金融向近代金融的转变。

最新的研究显示,在中国出现银行最早可推究到1820年。当时有西方公司在广州以银行的名义发行钞票(其实它是一种商业本票,而非货币),但是从专业来看,其号虽为银行,但并不是作为金融组织的银行,所以名称叫不叫银行,并不因此影响我们对其性质的研究,该银行徒有银行之名,而无银行之实,故不能称为银行。钱庄不称银行,也不影响其作为商业银行看法的局限。从金融史角度来看,银行只不过是用来指代按西方标准建立的金融组织,以示与东方的钱庄略有区别,犹如纸币、钞票之区别。

按曾经普遍流行的观点,西方银行起源于英国的金匠。金匠代为客户保管金子,发给客户某种凭据,由于这种凭据信用卓著,金匠们发现,凭据经几次转手后,持有人已不再是原来的寄存人,于是想到在没有金子寄存的情况下,凭空开发凭据,在市场中流通来获取资金进行放贷生息,这种说法已被学者的研究否定。① 很多材料与历史证明,在此之前,意大利伦巴第地区的银行业才是近代银行业的先驱,并因此人们把意大利银行家称为伦巴第人,商业银行称为伦巴第银行,商业银行业务称为伦巴第业务。在伦巴第银行出现以前,也有许多金融机构,从事兑换与借贷等传统金融业务,但不是真正意义上的商业银行。伦巴第银行之所以被称为近代商业银行的先驱,乃是在于它对金融技术进行了创造性的革新,对传统的金融活动注入了充满活力和效率的元素。这些技术革新包括以下几个方面:(1)存款记账。账本具有与公证相同的权威,受支付保护。(2)允许客户存款透支。(3)汇划转账,即过账。(4)建立贷款担保制度。信贷与保险结合,而与贷款相关的商品交易同时进行保险。(5)买方信贷与卖方信贷相结合。(6)发明复式记账法。(7)发明汇票。(8)汇票的背书转让。这一系列的技术手段与现代银行的作业方式已相去不远。而这几大革新与创造中,最主要的莫过于开户结算,即双方交易不再直接进行现金交割,而是经过银行的金融中介功能从各自的账户转账完成,这也是宁波钱庄的要旨。

我之所以在这里使用近代商业银行的概念,并不是指二者有性质上的

---

① [美]查尔斯·P.金德尔博格:《西欧金融史》,徐子健等译,中国金融出版社2007年版,第41页。

区别,而是现代商业银行更发达、更专业、更复杂,业务范围更广泛,并且派生出不同的专业机构,如储蓄银行、实业银行、商人银行、信托银行、投资银行、长期信用银行,等等,很多业务被不断开发出现。换句话说,近代商业银行只是运用传统金融工具,现代商业银行是以高端衍生工具金融业务为特征。

以今天的标准,商业银行的定义可以这样概述:从事存款、放款、汇款、结算业务的金融机构。根据《中华人民共和国商业银行法》划定的业务范围,它包括资产负债及中间业务,共有 16 项之多。依据 1931 年《中华民国银行法》第一条:"凡经营下列业务之一者为银行:一、从事存款与放款;二、票据贴现;三、汇兑或押汇;经营此事业者不成银行者,视同银行。"钱了庄至少在 20 世纪 30 年代被认为是商业银行了,归属在银行概念之中。其他国家对商业银行的法律界定与理论定义基本上是不一致的,但是有一个共同特点是以业务范围与类型为标准,而没有提及开户结算标准,实际上是因为开户结算已成为常识。设想一下,银行剥离开户结算功能,现代社会倒退到现金直接交易时代是一件根本不可想象的事情。

开户结算是现代金融赖以存在和发展的起点。没有开户结算以前,人们之间的交易均是现金进行,全社会只有一种货币,即实物现金货币。开户结算后,增加了一种货币:记账货币或信用货币。双方的交易不再是以真实货币为基础,现金货币与记账货币之间确定一个公平、合理、公认的兑换率即可。现金存入银行,转为记账货币,在存款人心目中两者是自由转换的,从银行提取现金,又把记账货币变为现金,是不设限的。不同的交易主体之间的支付转移得以运用金融中介的记账货币来完成,提高了支付的效率与交易的便捷化,更是把整个社会经济活动笼罩在这一金融体系之下,金融方成为百业之中枢、经济之血液、国家之命脉,这才是银行的本质特征。

借贷是银行业务的主体,然而却不能以借贷对象作为判断银行的标准。因为除了银行,还存在其他的金融形式也是从事借贷取息活动的,比如典当,而且还要更古老。王莽时代就实行过"五均"政策,在主要五大商业中心设立官营专门放贷机构,收取高达 36% 的年利息。王安石的改革计划中也有青苗法,也是制度金融的一部分。以贷款对象是生产性贷款还是商业性借贷,作为判断商业银行标准的学者,都是因为所掌握的历史材料过于庞杂而阻塞了对金融的专业性思考之故。即使在银行业发达的今天,商业借贷仍占相当大的比重。产业性借贷只是银行授信业务的许多方面的一种。在古代,传统生产性产业也是经常获得传统金融营养的,如景德镇的瓷业、太湖地区的丝织业、宁波的渔业、江南的茶业等,以及沿海的船舶运输业。此种说法当然存在诸多瑕疵与矛盾，与历史事实和金融理论有相当大的落差。

那么再来看以向新式企业投放信贷作为标准的说法。它是遵循着这一思路而来的：新式银行代表着新的生产力，与新的生产力相适应的必然是新式金融，因而是商业银行，传统社会体现封建生产关系，金融业也必然带有封建性，也就不可能具备商业银行性质。这是一种预设立场式的武断、似是而非的论调。

第一，它是纯粹为了证明自己的命题而自我设计出来的，与历史事实是大相径庭的。传统产业向新式产业转型，不仅仅是产业生产方式的变换，更是组织制度、经营模式、资本形态的转换。资本主义工商业企业作为一种新的生产方式降生了，那是一种制度质变。在企业制度产生质变的同时，金融业有没有发生质变呢？没有！因为金融业的质变过程已经在19世纪四五十年代完成了。历史事实是金融制度转型与创新在先，企业组织转型在后，或者叫金融先行。在过账制度实行后的相当长的一段时间内，钱庄当然也在不断地改进完善。由于钱庄业的制度变革与近代工商业的发展在历史时段上存在一个缺口，一些学者看不到经济变化的脉络，只能从固化的生产决定论的理论架构出发做想象中的自我解读。我们不能说昨天的钱庄是货币资本经营者，而今天因为向近代企业发放了贷款就是商业银行了，这个在逻辑上是有乖谬之处的。从传统工商业到近代工商业，是一种质变，从传统金融到商业银行也是一种质变，二者在时间点上是金融变革发生得更早。

第二，从资本主义发展史来看也是中外一体的，都是从商业资本主义向产业资本主义转化。通商以后，中国社会的转型是从一种被称为买办的新的先进的制度形式开始的。大规模的商业贸易使得他们积累了巨大的财富，完成了资本原始积累，有资本能力从事新式产业活动。在买办产生过程中，他们也是需要金融支持与金融服务的。在我看来，买办阶级与新式产业投资是近代中国社会转型过程的两个阶段。以前的中国学者为了刻意凸显买办的封建性而人为地贬低买办在近代社会转型中的价值与功能。开放之初，在西方资本主义与中国传统社会之间产生的巨大的制度落差，是无法实现安全对接的。买办制度是一种较好的衔接器，使得双方的交易费用最低、效率最优。对西方人来讲，中国尚未产生立即接受它的制度形态的土壤，强行直接登陆一定会产生碰撞，中国社会将会破碎化，西方的贸易利益也同样受损。中国社会也没有做好准备全面接受新的经济制度与组织模式，买办阶级正好起到沟通的作用。买办阶级作为一个活跃在对外贸易领域为主的群体，虽然不能根除传统社会的烙印；但另一方面，他们也正可以说是那个时代的新的生产力的代表者与引领者。近代经济史也证明了买办对近代社会转型的贡献。买办阶层与传统中国阶层比较,对中国社会转型的贡献更大,谁更代表社会经济发展方向,是不需要点题的(彼时尚未产生无产阶级)。人为地从产业结构上设限,是将商业资本主义与产业资本主义割裂化。对买办的污名化,影响到我国目前近代经济史研究的成果的质量与客观性。中国近代社会的转型,从进口到进口替代是有一个过程的,钱庄业是服务于这一转型且颇为深耕的。

第三,发生"概念迷航"或"概念失焦"。几乎所有的学者在探讨本土商业银行问题时都有一个奇怪的一致性,即对商业银行的概念不作解释与阐述,就直接抛出议题。即使按今天的标准,商业银行是从事存款、放款、汇款与结算的金融机关,宁波钱庄在过账制度后,已经具备这一功能与特征。他们之所以采用"概念迷航"的模糊策略,实在是感觉到给商业银行作如下定义:商业银行指主要从事对近现代工商企业金融服务的金融机关,将会被人轻易地发现逻辑上的缺陷。因为在今天仍有许多中小生产企业通过典当等金融形式来融资解决暂时性资金缺口。由于不能精准定义,所以故意模糊化,使之失焦,以至于他们自己也不明白在讨论什么,要得出客观的结论,不啻缘木求鱼。

第四,对商业银行的研究标准应有普遍适应性,不能以近代中国社会的特殊性为措辞,来建立一种只有自己认同而无外界比较的自恋性标准。商业银行产生于西方,但西方社会从来没有以这种奇怪的理由来作为标准。无论布鲁日银行还是伦巴第银行都是银行,只是性质上有区别。这就可以理解,当西方人称钱庄为本土银行的时候,我们反倒不承认它是商业银行。

之所以把设定过账制度作为本土商业银行产生的起点,是有足够的历史事实与金融理论支撑的,是基于它已经具备商业银行的基本特征与功能。以作者在银行业服务的经验与所遗存的关于过账制度的历史资料进行推演,两者在业务类型、业务方法、业务理论基础上已无很大的区别了。

首先,一种新事物的出现需要一定的理论基础。过账制度的产生已经全面突破了旧的传统的金融理论,而不仅仅是在技术手段上的革新,一些崭新的金融理念与金融元素被注入到旧有的金融框架上。原来的钱庄虽然也从事放贷等活动,但对流通中的货币供应量几乎没有影响。现代社会发行货币,因为"铸币税"的缘故,中央政府有天然的垄断特权,也就是说全社会的货币供应量的调节权只限于中央政府的财政货币政策。在中国清代实行银钱金属货币平行本位情况下,全社会的货币供应量仅局限于手持现金,用专业名词表示为 M_0 或基础货币。也就是说,在此之前,在中国社会的历史框架中,对货币金融的全部认识只停留在 M_0 水平上。对金融货币供给来讲,政府即使要增加货币的投放,也会受制于金银铜等货币材料的生产能力,及其他必需品的必需耗费,如开铸大炮、佛像塑造、民间器皿等。在这里,主观的意志和努力,对全社会的货币供应量的影响微乎其微。民间社会为维持一定规模的社会经济活动,只能从节约货币使用量入手。钱庄收进款项,把它存放取息,社会的货币供应量并不会因此增加,至多不过是把可能闲置的货币周转起来,发挥效率。然而在过账制度实行后,现金货币可以参与流通,记账货币也可以参与流通,全社会的货币供应量因此大大地拓展,从狭义货币供应量 M_0 扩大到广义货币供应量 M_2。这样不仅仅在货币理论上向前突进,大大深化,向旧时代告别,也使货币供应量的主导权无形之中散落于民间金融。通过过账制度的制度安排,宁波钱庄不是节约,而是大大地扩大了货币供应量,从被动走向主动。按照现代金融理论中的乘数原理,基础货币通过存款以一定的系数膨胀。举例来说,某人存 1 万元资金于钱庄账户,则钱庄可将 1 万元完全贷款给某商家,此 1 万元划入该商家的账户,商家增加了 1 万元资金。同时钱庄又可以将此增加的存款 1 万元借给别人(当然也要保留一定比例的提现或支付准备金,不能百分之百),最后的结果,使货币供应量数倍于最初存入的基础货币,这也恰恰是以现代金融原理为基础的金融模式与旧有的金融模式的区别。

其次,一种更复杂、范围更广泛、层次更高的同城交换系统的建立,不仅仅把同业钱庄,更把整个社会的经济活动纳入这一系统中,使钱庄突出地占有社会经济的特殊地位。今天的银行票据交换系统已经发展到电子化阶段,但也仍保留有部分手工交换内容,其原理完全相同。对钱庄来讲,可以单个考察,对钱庄业来讲已是一个整体,所有的同业钱庄包括小同行钱庄,已经有机地联系在一起了,构成一个有效的系统构造。在这里,你可以把钱存入甲钱庄或在乙钱庄开户往来,只体现为甲、乙钱庄业务规模的大小。资金总是在钱业系统中周转,通过交换,同业拆借等方式可能进入丙、丁钱庄,至于资金的最终流向已经无关紧要。在此,银行所扮演的是真正的中介功能。此一功能不为钱庄所独有,但是钱庄接受客户的支付命令来代理完成转账交易结算,钱庄从资金中介发展到了结算中介,却是商业银行最基本的特征。

其三,从过账制度产生的时机点来考察,也有助于我们厘清钱庄的性质问题。过去的钱庄固然是服务于传统社会,说它是封建金融自然是精准的。但是过账制度后的钱庄已经开始慢慢地把服务对象从传统社会经济转向对外贸易为主的新型经济体。以上海为中心的外贸已经成为近代中国经济增长的发动机。宁波人恰是这一过程中的主角,这不需要我多加议论。"宁波人在上海者,多与夷人交好……上海生意宁波人甚多……"①新的经济体必须要有新的金融机关配合和服务,虽号仍为钱庄,其服务对象已经发生明显的变化。有人看不到这一点,是囿于意识形态的障碍。也就是说,过账制度的革新与中国近代社会的蜕变正好是联结在一起的。而最早的连结不是近代企业的产生,而是在它之前的买办制度。

其四,制度创新的结果,使钱庄业如虎添翼,一些金融工具应运而生。像空盘投资交易市场,不可能想象在传统金融框架下会产生如此新颖的金融事业。(见第六章空盘一节)清末的时候,宁波全市的信贷总规模约在2,000万元,按1912年时城区15万人口计算②,人均信贷额133元左右,如果按购买力平价(PPP)计算,约相当于今天人民币10,000元(当然不能简单算术计算),部分地可以感觉到宁波的金融水平。

最后,想说明一点,过账制度是一个逐步完善的过程,宁波钱庄从传统金融向商业银行的转型也经历了一个过程。而且作为本土商业银行的钱庄,还是幼稚的、初级的,甚至本土化的特征和成分还很浓厚,很容易使人产生误会,认为它仍然是旧制度的延续,给人以钱业的保守性和封闭性为证据来否定钱庄的商业银行性质提供了似是而非的借口。封闭性是因为钱业是专业性很强的行业,且涉及银钱交易,完全是为了安全性考虑,使外人窥不破、看不懂,可以最大限度地减少不法人士的觊觎心。保守性是它的本土性带来的,应该承认它是建立在熟人社会基础上的商业银行,所以局限于熟人社会,与现代商业银行比,保守性是很明显的。也有人指责钱业的会计账本就有相当浓厚的传统色彩,更是无理取闹。难道要在全社会都不知道借贷记账法为何物的时候就要求钱庄采用新式会计制度吗?是社会环境没有给它提供改良的土壤。新式银行一开始即采用新式会计制度,那是因为这些知识已经慢慢地被中国人所了解熟悉,移植过程就简单多了。

总之,过账制度不仅仅使宁波钱庄获得制度优势,而且在以后的几十年岁月里傲视同侪,独树一帜。更重要的是,它是旧制度的告别辞,宣示本土商业银行的诞生。

不是所有的钱庄都可以称为商业银行,也不是所有的宁波钱庄都是商业银行。只有在实施过账制度以后那些有伦巴第银行特性的宁波钱庄才是真正意义上的中国本土商业银行。

---

① 段光清:《镜湖自撰年谱》,中华书局1960年版,第192页。
② 《鄞县志》,人口,中华书局1996年版,第235页。

第五章　钱庄业务

钱庄业在一百多年的历史跨度里,其所经营的业务多所变迁,但业务内容仍不离开金融业的基本范围:存款、放款、汇款业务及货币兑换。也有一些钱庄从事外币的兑换与买卖等外汇业务,但不多,不是主流业务。1928 年的《钱庄营业规则》和 1931 年的《银行法》对钱庄的业务有清楚和明确的表述。从中也可以看出,后期钱庄与商业银行业务已经无本质差别。

第一节　存　款

按现代银行会计准则,银行业务分为资产、负债业务两类。负债业务主体就是存款。钱庄本身也是金融中介,向社会吸收闲置资金,贷款给需要资金的商家客户,进行周转。在没有资本市场直接机制情况下,商家企业基本依靠钱庄的授信来满足。钱庄本身资产的扩张也依靠存款。存款规模决定钱庄业务量大小。

宁波钱庄资本中的副本就是股东存款。因为开设钱庄的多是大家族或殷实富户及有信誉的工商业者。他们把节余的资金多存放在自己投资的钱庄,以母权子。有时候股东存款是一笔很大的数字。像方家所设的钱庄中,仅瑞康一家就有股东存款一百多万。[1] 颜料大王周宗良因一战暴富以后,从上海汇入宁波的资金有几百万之数,也存入自己的恒孚钱庄。宁波钱庄"其所以见信于人者,良由各庄东多系殷实富户,往往数人合开一庄,考其资金自数万至数十万不等"[2]。这里的资金包括资本与股东存款。

股东存款与一般存款用今天的银行标准来衡量是没有区别的,没有优先清偿权。相反,在宁波钱庄那里,它类似于次级长期债务形式的附属资本,所以既是存款又有资本的性质。因为是无限责任的合伙制,股东对负债支付负无限责任,那些股东存款反而相较普通存款是最后受偿的,相较资本又是优先受偿。由于股东数量多,在钱庄里的股东存款数量也占一定比例。它是钱庄业稳定而长期的资金来源。

---

① 茅普亭:《宁波钱业史》,《宁波工商史话》,第 1 辑,第 11 页,1987 年。
② 民国《鄞县通志》,食货志,第 268 页。

普通存款,对象主要是有钱阶层。20 世纪 20 年代后逐步向中下阶级开放,40 年代更要与银行展开竞争,面向一般民众,开始办理储蓄存款业务。当时同庆钱庄在一则储蓄广告里列出的储种有工人储蓄存款这项完全针对一般市民的存款业务。①

对于外部存款,钱庄在早期表现了它的保守性与封闭性。它不像银行一样能够对所有人开放。银行存款相当于要约承诺,它采用无差别原则,不管存款人是谁,只要符合规定,存款银行一律办理。而钱庄存款则很不同,也是它最显特别的地方。它们对于存款是实行有差别选择性原则,不是所有的存款都吸收的,有些存款是不接受的。作者曾与供职于钱庄的先辈交流过,他们说,宁波钱庄以前一般是不接受陌生人的存款的,也就是说,到钱庄去存款需要有熟人介绍。今天的人对此是很难理解的,应该存款越多越好才对啊。细询之下才知其原因也有一定合理性。主要有四个方面的考虑:一是怕款来路不明,影响钱庄信誉。二怕对手恶意设计,当钱庄把款项贷放出去后,尚未到期收回时突然提取,致周转失灵,影响钱庄的日常运作。三是如果是熟人存款,彼此尚有情谊,一旦存款到期提取,而钱庄周转不迭时,可以面洽或挽人说项,延后取款。四是因为熟人关系,有利于建立彼此之间的良好关系,用今天专业话语说就是忠诚度管理,会成为本庄的长期优质客户,客户转移账户情况少,其存款也成为长期资金来源。对这一点作者开始也抱怀疑主义,因为超出我的理解范围。后来读到钱业大佬秦润卿的文章说"凡至钱庄存款,必须有人介绍。陌生顾客,概不接待,以防其来源之不正"②,方信是事实。这可以算作钱庄业的一大特色。

借助贸易和港口的地位,在 18 世纪以后的时间段里,宁波社会积累了相当大的财富,这些财富既是开设钱庄的物质基础,同时也给钱庄发展提供了丰厚的业务资源。在太平天国时期,浙江一年助饷 72 万两,其中绝大多数来源于宁绍,而临时性的捐款每次也都在几十万元之数,也颇不费周章就完成了。③ 甚至有人一次性捐助额达到 12 万两,那么那个时代宁波已经是比较富裕的地方,已经存在着一个有大量资金积累的富裕阶层。段光清也说:"凡有钱者,皆愿存钱于庄上,随庄主略偿息钱。"④解读一下,这句话包含有三个意思:一是说,有钱阶级存钱于钱庄已经是普遍性现象。二是说,那时

---

① 《晨报》1949 年 9 月 25 日。

② 《秦润卿先生史料集》,第 8 页。

③ 段光清:《镜湖自撰年谱》,中华书局 1960 年版,第 176 页。

④ 段光清:《镜湖自撰年谱》,中华书局 1960 年版,第 122 页。

候存款利率还是比较低的,那么人们存款的目的显然不在于利息收入。三是说,宁波人的观念比较先进,他们已经废弃了传统财富观中财不露白的陈旧意识,将闲置资金转化为生产资本,投入周转过程,创造更多财富,已成了社会性的共识。段也把自己积蓄的四万两存款存在冯家的豫昌钱庄里。[①]

另一个较大的存款来源是与中国传统社会制度和生态密切相关的家族性公共基金。在国家社会保障体系极其薄弱的情况下,民间的团体型和家族型自助性保障基金反而成为主渠道。各商会、各行帮均设立自己的慈善、抚恤基金,像黄古林的席业工人也有福寿会的组织存在。[②] 大的家族繁衍几十几百年,子孙众多,普遍建立了家族性慈善、抚恤、救济、祭祀类基金,称为"祀户会"。它们具有准公共性,需要寻找一个比较安全的投资方式,如果直接放贷,利息收益会高许多,但安全性低。即使贷款给本家族成员,也有很大风险。存款于钱庄是一个比较好的安全的选项。这些基金也成为钱庄长期稳定的存款来源。那些大家族成员中的核心人物往往也是钱业资本家或与钱业资本家有姻亲或商业关系的重要合作伙伴,一般会把基金存放在自己认可的钱庄。有的大家族的基金规模非常庞大,如迎凤桥大地主陈家的家族基金叫"绵绵祀",存款有十多万元。[③] 20 世纪 10 年代宁波整个祀户会基金加零星存款规模达到 2,000 多万元,要占到存款总额的约 50%。[④] 其他像小港李家有李氏义庄,拥有土地 1,000 多亩;庄市叶家义庄也有很大规模。

地方政府也把自己的财政收入存在有关系的钱庄。因为资金的保管对地方政府总是一大麻烦,官员也不可能时时盘点存银,给了经手人贪污挪用的空间。地方国库交由钱庄经理,方便很多,必要时紧急情况下还可以从钱庄透支。所以宁波的地方政府是最早利用钱庄经理国库的。对钱庄来讲,政府账户开立,更是信誉的增添,乐于拉拢。1851 年鄞县政府一份关于农业税征收的布告上说政府收取的农业税标准为每石粮食折甬江过账洋 2600 文收取,显然,鄞县政府在钱庄开设了账户。[⑤] 1843 年,宁波开放通商后,地方政府也是安排了三家钱庄代理关税的收付业务。后来各地方政府发现在税源比较充足的城市,尤其是关税,资金上缴前总有一段时间闲置,于是各处设立官银号,自己运用这些资金。即使是官银号,它们不从事一般性工商信

---

① 段光清:《镜湖自撰年谱》,中华书局 1960 年版,第 178 页。

② 《上海宁波报》1934 年 3 月 31 日。

③ 茅普亭:《宁波钱业史》,第 11、12 页,《宁波工商史料》第 1 辑,1987 年。

④ 民国《鄞县通志》,食货志,第 26 页。

⑤ 民国《鄞县通志》,食货志,第 73 页。又段光清:《镜湖自撰年谱》,中华书局 1960 年版,第 61 页。

贷,而是把资金存在钱庄,仍然是钱庄的资金来源,不过利息收入大大增加了。官银号的收入没有列入地方政府的预算之内,相当于预算外收入,等于增加了地方首长可以自由支配的资金资源。段光清在宁波任上就出现短关税款 6 万两的情况。[①]

钱庄最喜欢吸收来自商号的账户存款。这些存款都是往来活期存款,叫浮存,利息很低,收益好,在现代银行中也仍是如此,这是过账制度革命给钱庄业注入的活力。商号在钱庄开列账户,总要存入一部分资金作为往来结算的支付。每天有收有付,假定收付是均衡的,那么这些账户上的存款,钱庄可以用来发放贷款,获取利息。如果一家钱庄有一百个商号开户,平均每个账户资金 1000 元,那么商号存款就有 10 万元。

一般钱庄的商号开户,钱庄一定给它一定的授信额度,比如 2,000 元,商号要先存入账户一定金额,比如 1,000 元,意味着商号可以使用 3,000 元,当自己的 1,000 元使用完毕后,可以按约定使用钱庄的授信,以 2,000 元为限。钱庄的商号开户数量越多,业务范围越大,存款越多。因为每天发生的业务笔数也多,进进出出,有收有付,资金内部循环和平衡的可能性越大,所以每当一家新商号开张,钱庄的跑街就会上门兜揽,许以一定的优惠条件,争取来本庄开户。有时候,一家商号会在几家钱庄同时开设账户,既能多头取得贷款,方便资金周转,也方便与不同客户之间的支付,因为它的客户分别在不同的钱庄开户。比如某商号在瑞昌、同春、祥康三家钱庄开户,它的交易客户里正好也有在这三家之一家开户的,那么它们就可以约定采用那家钱庄账户划款,实施过账。庄内划转,不必经过同城票据交换系统,方便、直接,收款效率高,一旦发现差错,容易发现、查找、纠正。

民间小额储蓄,属于零售业务,早期钱庄业者是不开办这类业务的,它要浪费很多人力、精力,钱庄营业场地狭小,人手不多,营业成本就高。钱庄对储蓄业务是设置有一定门槛的,现代俗语中的起码一词,就是来自钱庄业的专业术语。起存金额必须是在百元或几十元方才受理。这部分存款对象主要为两类:一是特种用途的储蓄,比如房屋储蓄,历年积存,一次支取,存款稳定,大都有几百几千元一户的。还有婚嫁储蓄、教育储蓄也相类似。二是被称为"烟囱款"的赡家款项,是宁波人特有的。[①]宁波人多以上海、汉口为基地,外出经商营生,每月或年关会定期汇款若干,维持家庭开支。这些钱都通过钱庄转汇,也是一种稳定的资金来源。钱庄愿意给他们一个开户的存折,灵活支用。因为这部分人数量众多,聚沙成塔,金额也很大。蒋介

---

① 段光清:《镜湖自撰年谱》,中华书局 1960 年版,第 204 页。

石也每个月通过上海晋安钱庄转汇毛氏"烟囱款"500 元。

按钱庄存款的性质划分,有活期存款与定期存款,称"浮存"、"长存"。活期存款可以随时支取,其利率比较低。早期钱庄存款利率都是很低的,也没有定期存款的概念,很多存款并没约定期限,也是随时支取的,但实际存款期限都很长。利率由同业公会在日拆基础上减成。1876 年开大洋拆,大幅度提高钱庄的存贷款利率,活期与定期存款之间的利率差距拉很大,存款户就要求存定期,增加利息。但那时候的长期存款并没有约定确切的支取日期,只是需过一定日期,此后可以随时支取,同样定期,可能一年、两年,也可能三年,而利息都按同样的长期利率计算。直到 1917 年周宗良、贝润生的恒孚钱庄吸收银行业的存款经验,约定期限,分定利率,一年期的存款年息在七到八厘,各庄相率仿效,才有现代意义上的定期存款。

抗战以后,钱庄不敌银行,业务基础衰减,资金面来源收窄,也开始学习银行,开办面向一般民众的储蓄业务。1947 年涌丰钱庄推出星期存款,起存金额为 50 万元法币,各庄群起仿效。同庆钱庄在 1949 年开始从事面向一般民众的短期优利存款业务。

宁波钱庄存款总规模,在 19 世纪 70 年代包括股东存款在内就大约有 500 万元。1917 年存款总额应该在 3,000 万元以上。光祀会户与零星存款就有 2,000 多万元。1934 年宁波钱庄定活二期存款总额达到 5,000 万元。[1] "在其全盛时期,三十六家大同行,每家在一百万元左右,到达三千六百万元,加上小同行、现兑庄,总计在五六千万元左右。"[2]大的钱庄,像方家的瑞康,存款在 200 万元,算有很大规模了。[3] 以 1932 年上海钱庄存款总量作一个对比,上海 62 家南北市钱庄,存款 16,251 万元,贷款 15,790 万元。[4] 宁波钱庄的存款总额已经相当于上海的 30%。这样的存款规模和水平无论如何应该说是比较高了。宁波市区人口 1931 年时为 23 万人,钱庄银行存款共 6,000 万元计,人均存款额约为 261 元。[5] 比较当时上海人口 1928 年时为 271 万人,1932 年银钱业存款额 101,330 万元,人均 374 元,宁波是其 70%。[6] 应该说总体水平是比较高的。

---

① 徐世治:《宁波钱业风潮报告》,《浙江商务》,第 1 卷,第 1 期,1936 年。

② 茅普亭:《宁波钱业史》,第 12 页,《宁波工商史话》第 1 辑,1987 年。

③ 茅普亭:《宁波钱业史》,第 11 页,《宁波工商史话》第 1 辑,1987 年。

④ 《上海钱庄史料》,上海人民出版社 1960 年版,第 270 页。

⑤ 《鄞县志》,人口,中华书局 1996 年版,第 235 页。

⑥ 《上海钱庄史料》,上海人民出版社 1960 年版,第 270 页。

第二节 贷 款

那些大同行钱庄,贷款是其主要业务,利差收入占总收入的绝大部分。贷款是由跑街完成的。跑街每天在寻找客户,熟悉客户,研究客户,打听客户,掌握客户的动态信息,判断各行业的市场行情走势,以此减少贷款风险。

钱庄业的贷款大部分是信用贷款,贷款人以外没有担保人。这与银行业的风险管理不同。现代银行的授信活动里也有信用贷款,但比重非常的小,绝大多数是担保贷款。担保的意义是当借款人出现无力归还贷款情形时,有一个最后的追讨人,降低坏账风险,用专业术语叫第二还款来源。钱庄的信用贷款是一直延续下来的行业惯例和传统做法。1931 年《银行法》颁布,遭到上海钱业为主的全国钱业界激烈反对,甚至提出要另订《钱庄法》。争执的核心部分乃在于对资本、组织形式和贷款方式的规定。因为《银行法》规定,信用贷款的比例不能超过资本总额的 20%,这样等于钱庄业关门。

信用贷款是不符合现代银行风险管理原则的。贷款固然是看借款人本身的信誉和还贷能力,但担保是一个必要的补充,出现意想不到的风险时,有利于尽可能保障贷款安全。信用贷款完全建立在贷款人自身经营上,风险也更大。但是钱庄业一百多年来一直多采用信用贷款方式,钱庄的贷款风险也没有特别的增加。如果信用贷款的风险足够大,钱庄业一定也会采用新的更安全的风险管理制度,但事实上钱庄业一直没有考虑放弃信用贷款为主体的方法。

信用贷款能被钱庄业运用百年,一定有它的存在合理性。经过比较分析,我们发现,最好的解释是二者实施的对象、性质不同。银行是建立在陌生人社会基础上的现代金融。银行与借款人之间存在信息不对称问题,银行无法掌握借款人的全部信息与经营动态,道德风险较难把握。用担保人来控制和约束贷款人行为,不失为一种较强有力的补充手段。钱庄是建立在传统熟人社会基础上的。它的信用半径较小,钱庄的贷款只是局限在自己的信用半径里。在这一信用半径里,信息不对称现象相对银行要好。钱庄对借款人的情况,如财产情况、资本实力、社会关系、人品信誉、所在行业、日常业务、资金用途、进货渠道、销售量、赢利能力、行业前景等一清二楚,借款人主观上的欺诈等道德风险现象可以减少到最低限度。在贷款发放后的管理阶段,跑街们每天都在"领市面",打听行情,搜集信息,尤其是与贷款客户有关的各种信息,发现问题,及时采取措施,收紧贷款。钱庄业能够实行信用放款与它规模小、以中小客户为主、有熟人社会的道德约束、经营灵活、效率高这些相对优势有关。所以信用贷款行之银行不可,行之钱庄则有效。

其实在西方早期的银行信贷理论中,也有一个称为"真实票据论"的理论,与钱庄的商业贷款行为不谋而合。根据这个理论,商人贷款的目的是为了购买商品出售给买家,买家一定会与他订立合同,或者开发票据,也就是说这一买卖行为是真实的。买家一定要支付款项给卖家,卖家所支付的款项就是银行的还款来源,所以不必采取担保。

对于客户来讲,宁波钱庄甚至形成一种习惯,哪个商人在钱庄的贷款被要求担保、抵押,商人会认为是非常没面子、失信用的事。在他的商业圈子里,这些信息会很快传播,他的贸易伙伴随之也会高估与他交易的风险。现代企业制度里对上市公众公司的信息披露中就包含借款情况、抵押担保情况,目的就在于让投资者从这些有限的信息里尽可能地分析它的信用状况。信用不仅是对钱庄而言,对他的商业伙伴也是很重要的。商誉就是一种无形资产。商业伙伴之间的交易的很多环节是依靠信誉来维系的。信用上有污点、道德上有瑕疵的人,人们总是回避与之交易,他的交易成本就增加,等于被主流社会所摒弃。

因为钱庄早期的贷款人主要是各业商人,商业的特点是资金需求量大、周转快。虽然提供不了足够的抵押物,只要行情不出现较大的与预测方向相反的波动,贷款也是安全的。业务周期结束后,货物出清,即行归还贷款。如果采用抵押担保贷款,商业周转就会放慢,也不利于社会经济发展。当然钱庄的信用借款,也会存在商人经营失败的风险。历年都有钱庄因为倒账太多而倒闭。一般来讲客观风险是存在的,但主观违约风险要少得多。信用不仅是对钱庄而言,对他的商业伙伴也是很重要的。曾经出现过有人因经营失败,破产逃匿,潜伏上海多年,变姓易名,几年后,重新出发又获起步,回头主动向钱庄如数奉还欠款本息几千元。

道德约束下的信用贷款作用是不能把它放大的。它的局限性是客观存在的。抵押贷款的优点在于出现风险时有抵押物作为债务的担保,贷款的安全性大大提高,但抵押财产的估值、保管、维护、过户、转让、处分等情事比较麻烦,它不是钱庄的长处。后期随着业务的扩大,风险因素更加复杂,也逐步向银行学习,引进抵押贷款,控制风险,但抵押贷款始终只占一部分,即使在1935年的钱业风潮中,抵质押贷款也只占20%比重。1934年,恒孚钱庄的江东大教场土地7.4亩,房屋17间的拍卖启事,证明钱庄抵押贷款业务是存续的。①

---

① 宁波《民国日报》1934年12月1日。

钱庄的押汇业务与今天银行的押汇不同。现代银行的押汇用于国际贸易,又叫信托提单,钱庄业的押汇也使用于国内贸易。但二者作为贸易融资提供商业便利的性质是一致的。押汇就是商人以所购销的商品作为质押物向钱庄融资,而钱庄作为债权人必须掌握货权。当商人在到期需要付款时因缺乏资金向钱庄融资,钱庄代商人汇款给对方,但是买入的商品应质押给钱庄。一般钱庄为了开展押汇业务,设有仓储堆栈。货物进入指定的堆栈,等于钱庄控制了货权。商人仍有责任销售货物,每销售一批货物,其所得货款归还钱庄欠款,直到本息收回,钱庄放行货物控制权。这种方式对商业贸易是比较方便的,也比较流行。关键点是落实对货权的控制。

宁波帮的发端是从商业开始的,商业行为有特定的季节性。农副产品收购季节,商人向农村地区的小商贩收购产品,临时性需要大量资金,出售后收回货款归还贷款。押汇方式是比较好的融资办法。宁波是茶叶产地之一,三北地区也是棉花产区,鄞西有蔺草席业、金丝草帽业,也是闽广糖、木材的中转中心,华东的药材业中心、海味业中心,宁波钱庄所采取的押汇融资方式有它的市场空间。

另外有一种贷款方式称浮动抵押,也属于抵押贷款性质,主要针对从事原料加工的行业。商家向钱庄借款收购原料,加工后发售,生产是循环的,抵押物变成了产品。不断购入原料,不断进行成品销售,但是,对应的抵押物难以确认。那么在贷款时就设置浮动抵押,约定商家所购买的同质性的不低于一定数量和价值的库存原料在贷款期间自动作为贷款的抵押担保,而不确定具体是哪些物品。商家有销售产品的自由,不必每销售一批,归还部分贷款。如果库存原料不足以担保贷款,那么钱庄就要收回部分贷款,或者要求增加库存原料的质押物价值。像米业,比较多采用浮动抵押形式。有一个例子证明这浮动抵押被钱庄广泛采用。1937 年,后塘街源利米厂业主陈瑞夫向通裕、巨康钱庄借入大量贷款,就是采用浮动抵押,以其库存原料积谷质押。因为经营亏损 3 万多元,不能维持而逃匿,引发抵押权人两钱庄与提供原料的小谷商之间的对库存稻谷权利主张的纠纷。[①]

在透支贷款上,钱庄与银行没有大的差别。但是钱庄的透支是普遍性大规模存在的。似乎没有透支就没有钱庄一样。透支在银行业里,只提供给那些资信特别良好的,并提供了足够抵押物的客户,称"押透"。宁波钱庄的透支贷款既属于信用贷款,又属于活期贷款,叫"浮欠"。透支是钱庄招徕客户的重要手段。一家新商号开业,跑街就上门兜揽业务,其中的优惠手段

---

① 《时事公报》1937 年 1 月 6 日。

就是提供一定额度的透支便利。当客户在往来账户里没钱支付的时候,可以动用透支额度。

贷款要经钱庄同意,发放后才能用;透支是在钱庄承诺的额度内随时支用,不用再同意。相比之下,后者主动性更好,所以受商家欢迎。钱庄也要考虑自己的利益,商号开户后,是要先存入一定资金的,不够了才使用透支银码。由于双方之间的信用关系,透支贷款甚至连协议都不写,全凭信用。抗战后,政府加紧对金融业的监管,才为满足政府要求而订立透支协议,也是形式的多,实际还是凭信用。

也有对富裕人士提供透支额度的。"从前的富户不肯自己出面向钱庄开户,多数由钱庄派出跑街向客户兜揽,总是要说上许多好话,如'请某某翁帮忙与小号往来',而富户也总是似应非应的说'好的好的,考虑考虑'。有时跑街要连跑几次。要是富户应允了,跑街就伸出手指来代表往来的数字,譬如伸出两个手指,就是表示可以透支二千两,伸出五个手指,就是表示可以透资五千两等。这种方式,钱庄方面早已经调查出富户的身家和信用,无条件请富户常来用款子。所谓'用'的一个字,就代表'透资'两个字。"[1]

有时候透支额度用完了,而需要紧急用款,按例应寻找担保或提供抵押。那么商家就会将未抵押的房契、地契交给跑街,两下商谈增加透支额度。

透支虽然是一种活期贷款,它也是有期限的。客户在钱庄开设往来账户与透支账户,往来账户上是钱庄的存款,透支账户上是钱庄的贷款,对钱庄的利益很大,个别时段会出现存款大于贷款现象。钱庄一般过一段时间要求客户清零。不能清偿的视为信用不良,目的在于考察客户的资金周转能力,及时分析其信用变化。钱庄平时也有权力随时收回活期贷款。

从期限划分,宁波钱庄的贷款有活期贷款与定期贷款两种。活期贷款叫浮欠,不约定期限,钱庄可以随时收回。定期贷款又有短期与长期贷款区分。短期贷款一般期限为两个月或三个月,称"二对"、"三对"。长期贷款最长的在六个月,称"六对",超过六个月的贷款早期基本上没有,后来有一些,像童今吾与俞佐庭 1926 年去天津开设垦业银行,其资本就主要来自宁波钱庄的长期贷款。六对贷款一般在旧历二三月份发放,八九月份收回,八九月份发放,次年二三月份收回,依此循环。到期后贷款是必须收回的,再发放下一期新贷款。有贷款展期情况,也被视为贷款人信用变化的一个信号。借新还旧根本不被钱庄接受,出现这种现象,就被认为是信用不良。所以借

---

[1] 陈存仁:《白银时代生活史》,第 17 章,广西师范大学出版社 2007 年版。

款人总是理解和尊重钱业的特点与要求,千方百计先行归还,再续借新贷款,以保持良好信用。

贷款的提前归还也是允许的,不过需要钱庄的同意。一般钱庄是会同意的。能够提前归还贷款的客户,一定是信用优良的客户,是钱庄拉拢的对象。

贷款手续也至为简便。借款人只需要出具付款期为到期日的金额为本息之和的远期票据一份,交给钱庄,即完成了贷款手续,没有贷款合同。到期后,钱庄就从账户中划收。后期钱庄与银行一样,也有订立正式借款合同。钱庄都会在贷款到期前一定时间通知借款人,以免遗忘、疏忽而损及信用。

贷款的利率,由钱业公会统一规定,"三九二底六对洋盘,月大订定廿八日,月小定廿七日开议。过年三对洋盘定十一月廿七日开议,以十一月底起期。双对定十二月十八日开议,以十二月廿日起期。大盘由本公会召集会员依法议决行之,未议之前,不得预放,既议之后,不得乱盘"①。

宁波钱庄还有一种被形象地称为"抲进笼鸡"的贷款行为,是指过年期间发放的三对、二对洋盘。三对十一月底发放,次年一月底收回,二对十二月底发放,次年一月底收回,实际贷款期限分别两个月、一个月,但利息却按三个月、两个月来计收,其收益特别高。原因是时近年底,钱业到大结束期,大量贷款收回,市场上银根紧缺,而对商家来讲却是销售旺季,要进货库存,需款孔殷,需要向钱庄借款,维持商业周转,不得已支付高额利息。②

宁波钱庄贷款分本埠贷款与外埠贷款。在宁波本地以外,外地主要是上海、汉口、天津、营口,本省内是杭州、绍兴、金华、兰溪、衢州等商业重镇。宁波城区以外主要是定海、沈家门的渔业贷款和余姚、奉化。外埠贷款主要是在那些地区活动的宁波帮商人,对他帮商人贷款也有,不多。宁波一直是多单码头,钱庄的存款远远大于宁波本地工商业周转的需要,多余的资金就需要向外寻找出路。加上宁波帮商人向全国各地发展,也需要很大资金。宁波的资金都是那些在外地经商人士汇回的。季素曼曾注意到这个现象,说宁波帮商人不断开拓市场的目的就是"确保这些钱(商业利润)能返回引发贸易的地方社会中"③。一面宁波本地市场有限,一面又有大量宁波商人

---

① 民国《鄞县通志》,食货志,第79页。

② 民国《鄞县通志》,食货志,第72页。

③ Jones Susan Mann. The Ningpopang and Finance Power at shanghai. In: Mark Elvin and G. Willian Skinner.(eds.)*The Chinese City Between Two Worlds*, pp. 73—96.

在外地经商需要资金,所以催生了外埠贷款现象。

外埠贷款从清朝晚期开始就已经大量存在,民国时期已经是规模很大了,"尚有余款外放上海、绍兴、金华、兰溪等处"①。而且,宁波钱庄的外埠贷款数量要远远地大于本地贷款。"民国十八九年经济景气之时,宁波钱庄放款于外省者,约在四千万元。其中四分之三在上海,四分之一在汉口。"②这是一个奇特的现象,属于资本埠际输出。到现在为止,国内学术界还没有人研究这个问题。这些外埠贷款,主要有两种贷款模式。第一种是宁波商人在宁波直接向宁波钱庄贷款,然后携带资金去所在的城市经营。另一种是宁波钱庄通过申庄或当地宁波帮钱庄介绍、发放贷款。前面已经叙述了,不详细叙述。如上海恒隆钱庄经理陈子埙,因为以前是宁波震恒钱庄经理,故与宁波钱业中人稔熟,也得到信任,"当时宁波钱业阴历三九月底经常放'六对月'长期放款,其中大部分托由恒隆经手代放,多时达二三百万两"③。

宁波钱庄的贷款规模没有准确的各个时间的统计,只能做大略的说明。在 1917 年,本地长期贷款约 2000 万,活期贷款 2 万～300 万元,外地放款,上海就有 400 万两,其他地区数百万,按 200 万元计算,那么贷款总规模达到 3,000 多万元。④ 1935 年贷款余额约 5,100 万元,上海 2,000 万元,定海、沈家门 200 万元,余姚 100 万元,奉化 50 万元,金华、兰溪、衢州 50 万元。宁波城内和乡区 2,700 万元。⑤

贷款对象上,早期是以商业为主,也有传统加工业,像米行、木器行、铜锡店、银楼等。渔业贷款,主要是通过转贷款方式,先贷款给鱼行,鱼行再转贷给出海渔民,以渔获归还,这还不属于直接的生产性贷款。近代工商业兴起后,开始发放工业贷款。还有一个主要的贷款对象是典当业。典当业也是以融资为主的传统金融,除资本外,也吸收一些零星存款,主要资金来源还是钱庄的长期贷款。"其资本每店仅三四万左右,而每年营业额多者至二三十万元,少亦六七万元,盖有零星存款及钱庄之挹注也。"⑥典当业从钱庄以比较低的利息借款,然后通过典押方式借款给出典人,收取较钱庄高很多的利息。钱庄也乐于借贷,不过典当业营业总额不大,钱庄对典当业的贷款约在一百多万元。

---

① 《旅沪宁波同乡会敬告宁波各业书》,民国《鄞县通志》,食货志,第 270 页。
② 徐世治:《宁波钱业风潮报告》,《浙江商务》,第 1 卷,第 1 期,1936 年。
③ 《上海钱庄史料》,上海人民出版社 1960 年版,第 839 页。
④ 民国《鄞县通志》,食货志,第 270 页。
⑤ 徐世治:《宁波钱业风潮报告》,《浙江商务》,第 1 卷,第 1 期,1936 年。
⑥ 民国《鄞县通志》,食货志,第 84 页。

典当业的利率远高于钱庄,超过部分就是风险费用。如果钱庄直接从事这种小额的生活消费信贷,钱庄业也就不会存在这么长时间了。在典当业里,弃当的可能性是很大的。能够快速处理当物的二级市场是必需的,在宁波称为提庄,专门用来拍卖弃当的物品。由于典当与钱庄的关系密切,一些钱业资本家也同时投资于典当业,也有些经理人,身兼典当与钱庄二业,如袁登履,俞佐宸也兼过余姚元泰典当经理。

宁波钱庄有没有对农业产业贷款呢?这一点一直是学术界没有搞清楚的,也因而停留在初级水平上。很多学者,包括张国辉等,他们对中国近代本土金融的研究实在是很肤浅的。在他们那里,研究问题都采取先画靶再射箭的恶劣作风。他们把钱庄定性为封建性质的金融的理由就是,钱庄只对商业资本贷款,早期没有产业贷款,后期才有生产性贷款产生。我们从专业出发,可以寻找到证据证明至少在宁波钱庄那里,生产性贷款是一直存在的,因而可以粉碎他们的神话。前面已经谈到了手工业贷款、渔业贷款、米业贷款,他们也可以找出理由说,那些手工业、加工业是工商一体的,既生产又销售,也属于商业资本的范畴。渔业贷款更是先贷给渔行,由渔行转贷给渔民,是渔行与钱庄构成直接的贷款关系,是对流通环节的贷款,而不是对生产环节的信贷,与渔业生产和渔民没有构成直接关联。他们对贷款的风险控制模式一定不了解。那些分散的各自为生的农民,所需要的生产资金也许不多,但是钱庄是无法直接控制风险的,也不可能做小额的贷款,那样会损失很多的人力成本,每一个十元几十元的借贷,一百户也只是上千元,而贷款的管理成本,却是一笔千元贷款的几十倍,钱庄不可能直接承做。放款给那些与农户有联系的商人,是风险控制和业务效率中最优的办法,相当于商人为那些贷款做了担保,也使商人因此与生产者建立固定的联系,产品来源更有保障。生产者获得了一定的生产资金,使他们能够顺利地从事生产活动。对钱庄来讲,原来分散的零售业务,变成了批发贷款,提高了效率,也使风险控制更容易了。

像鄞西的黄古林地区是席业中心。席业也由许多环节组成。有种草的农民,有加工作坊,有较小规模的本地收购商,他们有的是宁波大商家的当地代理人,有的是独立的供货商。宁波的大商号是批发商,再转卖给外地客商。在一个充分竞争的市场里,产品的控制是竞争的一个较有力的武器。宁波的大商号会从钱庄贷款,把其中的部分资金以定金形式给那些代理商或与自己联系密切的小商号,小商号也会再付定金给作坊,保证其产品能够卖给自己。构成产业链的同时,债务链也相依而生。

有证据表明,宁波和浙江省的地方政府也曾是钱庄的借款人。对于政府的贷款,钱庄既不能拒绝,又不表示欢迎。相反的贷款条件要远远高于商业贷款,说明钱庄对政府信用的怀疑。我们知道钱庄的商业贷款是以信用贷款为主的。1933 年至 1936 年上半年,宁波的地方政府预算不足,曾向钱庄借款 25 万元。① 1934 年鄞县政府也因填平栎社广场所需经费以契税抵押,向钱庄借款 7 万元。② 1935 年因清丈田亩商借 10 万元。③ 浙江省政府 1930 年也曾向宁波银钱业借款 15 万元,未能按期归还,第二年又提出新借 35 万元,共 50 万元,以箔类税局税收及第五区营业税担保,其中钱业 24 万元。④ 钱庄对地方政府的借款也不是完全接受的,1934 年就曾拒绝鄞县政府的 10 年期 25 万元借款要求。⑤

第三节　庄　票

票据业务是钱庄信用的扩大。今天的金融票据主要是支票、本票和汇票。钱庄签发的庄票相当于银行本票与银行承兑汇票的性质。票据的出现已经有很悠久的历史,唐时的飞钱,应该就是汇票。历史上有名的发生在南朝的"腰缠十万贯,骑鹤上扬州"的故事里,已经隐约有汇票的影子。十万贯不是实物形态的货币,应该是票据一类的汇兑凭证。庄票是钱庄签发的注明到期日期无条件向钱庄支取款项的凭证,或者指定向另一家钱庄支取款项的支付命令。前者属于本票性质,后者属于汇票性质。由于庄票能获得兑付,市场接受度高,可以代替现金进行支付,收取庄票的乙方也可以背书转让支付给第三方。庄票是无记名的,只要持票人所持庄票是真实的、没有瑕疵的,钱庄就必须付款,而不必问及庄票来历,甚至其前手的情况。所以庄票对钱庄来讲,既是信用工具,增加资金用运,也承担了无条件支付的义务。

庄票的出现应该是很早的。钱庄会发现以自己的信用开发一些票据,只要市场能接受,就等于通货增加,自己的信用就膨胀,于己是一个非常有利可图的事。庄票至少在乾隆年间就已经被钱庄业开发利用了,"溯查钱票自乾隆年间畅行以来,流通京外,实裕国便民之良法也"⑥。那么宁波钱庄也

---

① 《时事公报》1935 年 3 月 12 日。

② 《时事公报》1935 年 3 月 4 日。

③ 《时事公报》1935 年 3 月 5 日。

④ 上海《宁波日报》1934 年 8 月 10 日。

⑤ 《申报》1931 年 3 月 28 日。

⑥ 转引自张国辉:《晚清钱庄和票号研究》,中华书局 1989 年版,第 4 页。

一定在乾隆年间会很快地学习和仿效他处做法,把庄票一项作为钱庄的日常业务之一。传说英国的银行也正起源于金匠所签发的保管凭证,他发现自己的保管凭证在市场上能够流通,于是就凭自己的信用签发了更多没有实际金银存储依据的票据。说明中外一样,票据是在业务过程中自发产生的。1838年浙江巡抚乌尔恭额在奏折里说杭州与宁波钱庄已经开发庄票,不过与其他地方不一样,"俱以本铺之票向本铺取钱,从无注写外兑字样",属于本票范畴。段光清也说"民间日用,亦只到钱店多写零星钱票,以应零用,倒比用钱方便,免较钱色也"[①],说明庄票一直以来在宁波的金融市场上广泛而大量地应用着。

庄票是一种兼具融资功能与支付功能的信用工具,特别对商业周转意义很大。一是可以免去大宗现金搬运之麻烦,提高安全性。二是能延迟支付货款,达到短期融资目的。三是可以避免假币、伪币和不足值货币混入的可能,"免较钱色"。因此,庄票在商业上用途很广,弥补了商业信用的不足,也受市场欢迎,促进了贸易的繁荣。但是钱庄的庄票开发是有严格限制的,否则签发过多,信用过度膨胀,不能到期支付,会影响本庄的信誉。它一是只为那些信用优良的客户签发庄票;二是受到自己经营规模的限制,掌握一定的比例,不能签发过多;三是接受庄票的商人一定会交由他自己往来的钱庄收款,如果出现集中收款,流动性比较难把握。庄票是独立于过账制度的,有它自己的运行规则,但过账制度无疑也促进了庄票的繁荣,因为出票多的钱庄可以利用同城票据交换系统的同业拆借来补平头寸,缓解流动性问题。

庄票有即期、远期之分。庄票有标准格式,一般有三联,一联是钱庄的存根,一联是出票人的存根,一联是票面,交收款人。即期为见票即付,票面上要注写"即发"或"即付"二字,持票人向钱庄出示庄票,即注票,现代金融叫票据提示,钱庄在形式上确认后,须无条件付款给持票人,而不管该人是谁,钱庄即在该票上加注付款日期,一般为三天。如果票面上有"即付现洋"字样的,即当场支付现金。

远期庄票,又称"祈发票",票面上写有"祈发"二字。它有一个提示期,即庄票票面上写明出票日期后多少天付款,或见票后多少天付款字样,一般有五天、七天、十天、十五天不等。持票人在庄票到期日前,向钱庄注票。钱庄按票面上记载的命令付款,在票面注明支付的日期,在自己存根里注明支付的数目和日期,庄票交持票人拿回去,到期后持票人再来收款。支付以

---

① 段光清:《镜湖自撰年谱》,中华书局1960年版,第122页。

后,钱庄就收回该票,在上面加圈,并写上收票钱庄名称。如果是见票后十天的庄票,钱庄收进庄票,在票面做一个记号即可,十天后钱就转入他的账户。

现代票据的无因性,在近代钱庄庄票里也是完全体现的。认票不认人,持票人不必是出票时的受益人,可以转让、流通。庄票的风险很大,钱庄对本庄的庄票的开发、使用、验证是有严格规定要求的。一般它们会加外行人无法明了的暗记密码,以防止伪造、变造。开发的庄票只要形式合格,是必须支付的,即使客户与收益人之间有纠纷或者对方有涉及刑事上的欺诈、盗窃或遗失。1873 年发生在上海恒益钱庄的庄票被盗案,充分说明了钱庄对于庄票信用的维护。顺发洋行两张 4,000 两恒益钱庄庄票被盗,顺发洋行要求钱庄挂失止付,被钱庄方面拒绝。洋行提出起诉,要求冻结,引起上海钱庄业集体停止签发庄票,施加压力,来维持庄票认票不认人的原则。此案最后以洋行与两持票人和解了结。

对于宁波附近的处于乡下的商号,庄票的使用也有利于它们与本地或城内商号之间的结算往来。过账制度里讲到过庄票过账。农村集镇的商号在宁波钱庄开设账户后,从钱庄领取一定数量的空白庄票,根据需要,给不同的债务人签发不同数量的庄票,作为付款方式,对方收到庄票后向钱庄取款。买家也是用别家钱庄的庄票支付对他的货款,他也依样可以向钱庄收取款项。因为钱庄庄票的信用非常好,所以人们对于庄票乐于接受,庄票的地位当然巩固。农村集镇的钱庄是在 20 世纪 20 年代后逐步兴起的,此前对于农村的金融服务,是不是存在空白呢?农村钱庄的设立,只是证明那里已经有足够的金融资源可以让钱庄生存,并不等于说那里没有钱庄业的金融服务。那些农村地区的商号,可以经过民信邮递的方式,将自己开发的庄票内容情况及时通知开户钱庄,钱庄其实在持票人到来前就已经大致知道该商号庄票签发情况。钱庄的付款就会依照钱业惯例和出票商号与钱庄之间的协议执行付款义务。

庄票在异地之间也是可以流通的。它也不同于票号,票号是把资金在两地之间汇兑。钱庄的庄票却是把信用扩张到外地。举例来说,宁波商人要到余姚收购棉花,他不必带现金前往,而是从宁波钱庄开发一定金额的庄票,到余姚的某家与宁波钱庄有业务往来的关联钱庄,他可以把宁波钱庄的庄票在余姚钱庄贴现,然后存在余姚钱庄。也可以视收购对象的不同,或者开发该钱庄的庄票给货主,或者提取现金支付给对方,或者转账给对方。如果是到更远的地方,比如到汉口去购买桐油,而桐油集散地在沙市,他也不必像票号一样汇款过去,而是利用远期庄票的支付功能与信用功能,也是持宁波钱庄的庄票先到汉口的往来代理钱庄贴现后,由汉口钱庄开发庄票交商人去沙市,或者在沙市钱庄贴现,或者就直接交付买家,买家当然不可能认识庄票的真伪,但可以去代理钱庄验证真实性。沙市的钱庄愿意收进汉口钱庄的庄票,原因是沙市钱庄也有其他客户正好要向汉口进货,他需要带资金前往。如果有汉口钱庄的应收庄票,它应收汉口钱庄庄票的钱可以抵充它所开发的去汉口进货的庄票,汉口钱庄基于双方协议就给沙市客商开具背对背的汉口本地庄票,使得沙市商人在汉口的交易如同在本地一样方便。汉口钱庄与宁波钱庄之间的结算也是如此。这样全国性的市场与结算系统被建立和勾连起来了。

有资料显示,在 1848 年的时候,庄票就已经被用于埠际贸易。有一位英国商人从上海来宁波贸易,从上海的锦生钱庄开出一张能够被它的宁波的联系钱庄接受的庄票,从而免去现金搬运之累。[①]

19 世纪 80 年代,宁波城里的全部 22 家大同行钱庄都与上海、杭州、绍兴的钱庄有直接的业务联系。[②] 它们之间作为联系钱庄的金融工具就是庄票。

庄票使用最典型的是渔业。早在 19 世纪 50 年代,宁波的渔业就已经基本建立全行业性的过账结算制度。宁波渔业已经形成捕捞、加工、运输、销售一体化的产业链。"以沈家门为例,每对需洋一千元,共约需洋一百八十万元,此项渔本,由甬沈银钱二业贷与鱼栈,转贷渔民,俟鱼获后,再行算还本息,已成惯例。"[③]渔行方从钱庄借款,再借款给渔民,作为出洋生产资金。渔船在海上少的三个月,多者半年,其生活补给都是在海上或停靠渔港,其支付不是现金,而是渔行提前从宁波钱庄开发的空白庄票交渔民带去,便于在作业时的补给。补给船也收取庄票,交给它自己的开户钱庄向宁波钱庄收款。

"(渔)行放预借款项与渔帮,名曰放山头,例于下次货到扣除。"渔行下专门有冰鲜船,巡洋收购鱼鲜,一般上面挂有鲜明的代表自己渔行的记号,收购时只做记录,不付货款,回洋时向渔行清算,渔行再归还钱庄贷款。钱庄签发给渔行的庄票,俗称"鸟头票"、"咸单",因为庄票上"祈发"二字的

---

① 魏格尔:《中国的金融》,转引自张国辉:《晚清钱庄和票号研究》,中华书局 1989 年版,第 60 页。

② 《海关十年报告(1882—1891)》,宁波,第 379 页,转引自张国辉:《晚清钱庄和票号研究》,中华书局 1989 年版,第 69 页。

③ 《筹商救济江浙渔业》,《申报》1936 年 2 月 28 日。

"祈"字写作飞鸟形状。"其票流行市上,信用卓著,几与银行钞票相等。"①渔民的文化水平较差,他们不太清楚钱庄的业务,那么他们出洋所携带的庄票都是由渔行预先签署的固定金额的。

贴现,是钱庄的一个针对票据的业务。因为庄票信用良好,钱庄普遍地愿意买进未到期的其他钱庄的庄票,扣除一定的利息,持票人提前得到资金,有利商业周转。钱庄收进他庄庄票再向出票庄收款,彼此都有对方的庄票,相互轧账。贴现业务与银行贴现完全一致。愿意叙做贴现的钱庄一般是资金比较富裕的,贴现的利率要高于同业拆借,而二者的风险程度是一样的。有些钱庄就把业务重点放在庄票贴现上。

第四节 汇 款

汇款业务是山西票号的强项。票号通过在全国各主要城市建立分号,故能通汇中国。宁波钱庄在汇款业务上与山西票号是无法相比的,其主要汇款区域在有宁波钱庄的代理钱庄的地区,在没有宁波钱庄代理钱庄的地区,要采取转汇方式。由于宁波帮向全国各地发展,相应的汇款业务必须跟上。汇款业务也成为钱庄的一大中间业务收入来源。今天银行汇款无非电子化,效率更高,它们的原理是一致的。就是按客户的要求,把一定资金汇到目的地钱庄,由客户去那里提取。

在有中央银行架构的金融体系里,任何一家金融机构要汇款到全国任何一个地方都是很容易的事。在没有中央银行情况下,票号是通过总分号之间的联行往来进行的。钱庄没有分支号,也就没有优势,但钱庄是通过代理行制度部分地弥补这一缺陷的。即使在 20 世纪二三十年代,银行大规模建立,县域一级的汇款仍是由钱庄主导。

汇款业务主要有三个方面:一是与上海、汉口、天津、厦门等宁波人聚集的商业中心往来汇款;二是与省内杭州、绍兴、湖州、金华、兰溪之间汇款;三是与所属各县之间的汇款。这些业务由信房负责开列汇票。宁波客户汇款到外地,通过钱庄,钱庄给一个回执凭证,然后通过自己建立的代理钱庄渠道,把汇票寄送到目的地代理钱庄,代理钱庄即通知收款人取款。为安全起见,钱庄的汇票是设置有密码的,只有代理行知道。汇款业务钱庄是要收取手续费的,外加邮资费用。对钱庄来讲,汇款在途时间,钱庄可以享用期间的利息。在代理钱庄之间,形成彼此代理关系,各有收付,一段时间后清

---

① 民国《鄞县通志》,食货志,第 85 页。

算一次,相互抵消,应付部分是要支付对方相应利息的,"一议苏杭绍同行欠息,每千元每天照洋拆加五分算"①。

早期都是信汇。后来为提高汇款效率,与银行竞争,采用电报解款,电报里设置密押。说到信汇,不得不提到宁波民信机构。民信局即是民间邮递业务,最早也是宁波人开办的,"郡素以商业著称,甬人足迹遍于全国,间且及于海外,故交通事业亦随商业而发展。当邮局未设时,甬人首创信局。及沪甬通商以后,有信客之专业,今虽因邮务发达而渐次衰落,然其历史之久远,与生计之关系,实有不容忽视者"②。钱庄把汇款凭证交由信客,信客们都是水陆兼程、星夜上路的,赚取"走脚钿"。如果客户自带汇票前往,存根报单早就到达对方,核对过后,即可取款。

"钱肆必乃世富厚者主之,气力达于诸路,郡中称是者可一二数"③,钱业资本家都是在各地有投资的商人,这些商业资源对于构建钱庄的汇款网络提供了相当大的帮助。有时候汇款的代理人甚至不是钱庄,而是当地的商号。当然这个商号一定是与宁波帮产业联系非常紧密的,与宁波钱庄之间也建立有代理关系,不过它只代理解付业务。该商号支付汇款给别人,但毕竟不是金融机构,资金能力有限,只付不收,会出现资金不足情况,它也就开出汇票给往宁波方向采购货物的本地商人,在本地收取货款,抵消往来款。

宁波钱庄汇款业务最多的是上海方面。其次是杭州、绍兴、汉口,再次是天津、厦门等地。其中上海是最大的汇款业务发生地,要占绝对份额。宁波人到上海发展工商业的很多,需要携带资金前往,在上海的宁波人定期地要往宁波汇寄生活费,通过宁波钱庄的申庄办理。宁波商人在外的利润一般也是先汇回宁波,周宗良就是一个典型。所以宁波是多单码头,用今天话语就是顺差地。汇款手续费平均在千分之三。两地汇款一年按4,000万元往来计算,手续费收入就有12万元。36家大同行每家可以收取手续费3,300元。到20世纪二三十年代,汇费最低下降到万分之五,1935年后改为千分之二。汇款就成为钱庄又一大重要的收入来源。小同行也可以汇款,但在汇费上要加两分。上海汇往宁波的汇款很多是农村地区的,宁波钱庄也在主要集镇的有名商号设立代理解付点。

汇款分票汇、信汇、电汇。电汇是从20世纪初才开始的,电汇要收电报

---

① 《民国十八年二月修正庄规》,民国《鄞县通志》,食货志,第79页。
② 民国《鄞县通志》,政教志,第1254页。
③ 宁波《钱业会馆碑记》,现藏宁波钱业会馆。

费,成本较高,用于紧急汇款。

票号汇款与宁波钱庄汇款还有一点不同,就是票号可以做生路,钱庄只能做熟路。生路的汇费高,收入好。票号的业务在南方基本不敌钱庄,因为钱庄是通过代理行模式来到达通汇的,而大额汇款人都是钱庄的开户客户,在钱庄可以汇通的地方,没有理由不通过钱庄的网络。所以说,能够阻止票号势力过长江全靠宁绍帮钱庄。宁波也有过胡雪岩的阜康钱庄(实际是票号),垄断海关收入,后来是严信厚的源丰润票号,一脉相承,但在宁波是以源丰润钱庄的名义活动的。其对宁波本土的业务影响基本很小,但是往北洋汇款业务基本承包了。后来阜康钱庄、源丰润钱庄倒闭,对宁波钱庄的影响都不大,完全没有六元二和大。六元二和倒闭了,方家在损失400万元后,仍能继续存在。

第六章　金融市场

宁波钱庄业很早就存在着有相当影响的金融市场,这一市场是由同业公会钱业会商处组织维持的,包括货币兑换市场、规元市场、同业拆借市场、空盘市场等,尤其是空盘交易市场可以理解为近代中国金融史上第一个真正意义上的金融投资工具和金融投资市场。

第一节　货币兑换与货币兑换市场

宁波钱庄的货币兑换市场分成两个层次:一个是零售市场,即门店兑换;另一个是同业市场,由钱业公会维持。

钱庄业的起源就是因为货币兑换。即使宁波钱庄后来商业银行化,采用过账制度,兑换业务仍然存在,而且业务规模也相当大。只是,那些大同行钱庄已经放弃了兑换业务,小同行钱庄还保留有兑换业务,但已经不是业务重心。更多数量的是现兑庄,它们的数量要比大小同行钱庄多得多,1931年,鄞县180家钱庄里,60家大小同行,其余都是现兑庄。还有一些钱桌、钱摊分布城乡街角,是无固定营业场所的流动个体业者。

直到1935年实行法币政策,我国才结束混乱、多样、纷繁、复杂的货币制度,货币兑换失去了生存空间,不再大规模存在。其实货币兑换是金融业的最原始、最简单的业务,因为货币兑换业务起点相对低,业务简单,市场广泛,社会需求大。它只要具备能够分辨真伪的专业知识和一定的周转兑换本钱就可以营业了,而地方政府又没有行业管制,甚至有些烟纸店也兼营货币兑换。像上海的贞字钱庄,"其主要业务为零星兑换,且大都兼卖烟纸杂物,故又有烟纸钱庄之称"[①]。像沈家门的铺任、余广太两家钱庄也是兼营绸布、南北货。上海的钱庄业清末以来比宁波要发达,也存在两个钱庄系统,入(南北)市钱庄即同行,与挑打钱庄即现兑钱庄。但是现兑庄也因规模不同,分四个等级元、亨、利、贞,元字组钱庄规模比较大,已经是以信贷为主了。在宁波的现兑钱庄也区分为甲、乙、丙、丁四组。"其资本额,甲组在三万元以上,可与小同行相埒。乙丙丁三组,则多寡不一,以其所营交易,例重

---

① 《上海钱庄史料》,上海人民出版社1960年版,第457页。

现货,故名。"①1929 年的钱业《营业规则》指出只有甲、乙、丙三组钱庄可以是货币兑换市场的会员,进入钱业市场交易,主要是限制进入交易市场的人数。那么那些丁字组钱庄就要委托小同行或者较大的现兑庄代理交易。

甲组钱庄,是规模较大的现兑钱庄,也经营存款贷款业务。像瑞大,资本 6.6 万元,生泰协记 3.3 万元,同生 5 万元,来源 4.4 万元,比一些大同行资本要大。乙组钱庄重点在于现款的调度收解,大同行钱庄的现金不足,也有赖它的供应。丙组钱庄规模较小,也有门市,大都以联络牵线为主,赚取佣金,即"厘头店"之类。丁组钱庄就像上海贞字庄烟纸店,业务量不大,人手也不多,没必要也派不出人去钱业市场。甲组钱庄后来大多经过改组,升格为小同行。

说来很奇怪,最早的时候,宁波市场上的兑换率不是由钱庄确定的,而是设在糖行街的大同南货店挂牌,以此为标准各商店执行,钱庄也以此作为当日的兑换标准。②后来钱庄业发达,货币兑换的定价权被钱庄掌握,钱业市场同业交易价格就是兑换率。钱庄以此为中间价,按客户买卖的性质加上手续费。手续费加成也没有一定标准,各庄不一,开展竞争。

银元及各种辅币行市,"每日上午一市,由市场视市上供求缓急公定,相当行市买卖之"③。

宁波是以银元为本位的城市,而官方是以两为货币本位,还有库平、关平的区别,就是说银元与银两之间存在着兑换关系。银元之间也存在着成色、重量的差异导致价值不同,需要兑换。宁波市场原来流通西班牙银元,称佛洋,后来流通墨西哥银元,称鹰洋或英洋,"故佛洋仍旧通用,然价目不同,应听来人",说明鹰洋与佛洋的价格是不同的。"收付交易,公平折价",支付的时候需要折算兑换。④后来我国也开始自制银元,称为龙洋,其含银量每枚比鹰洋低 4 克左右,开始约 7 钱 3 分,仍按面值流通。各省见有利可图,也纷纷制造银元。

银元尚有一定标准,银元以外的银辅币更是混乱,各省自行其是,成色更低。名义价值十角等于银元一元,但含银量根本不到。铸造十角角子比铸造银元耗银更少,有些省份为增加财政收入,滥铸角子,使市场中银辅币关系混乱。如 1899 年,宁波人童某发现广东省的角子按折扣发行有套利机

① 浙中行:《宁绍钱业之今昔观》,《中行月刊》,第 7 卷第 2 期,1932 年。
② 茅普亭:《宁波钱业史》,《宁波工商史话》,第 1 辑,第 9 页,1987 年。
③ 《民国十八年新订营业规则》,宁波钱业同业公会,1929 年,钧和公司印。
④ 《同治三年前旧有庄规》,民国《鄞县通志》,食货志,第 77 页。

会,就携带 8 万元前往广州,折扣购买广东角子运来宁波,以面值流通,大获其利。1924 年 1 月,镇海市场的福建双毫银角,已经每元换 14 角,2 月底即跌至 24 角。① 纸币各省也都自己发行,本来纸币与银元之间维持平价关系,如果过度发行必然贬值。1934 年的山西省票上海市场上只值五角银元。②

铜钱又有早期的制钱,后来的铜元。理论上平价制钱千文等于银元一元,铜钱百文等于银元一元,但是其实际比价是随市场供应的紧缺度而不同的。关于宁波市场货币兑换率,幸赖董开纶保存有祖上及自己所记录的从嘉庆二十四年(1819 年)以来的历年货币兑换价格,我们可以从中了解相关货币兑换情况,该资料当中有一些年份有缺失,基本完整,对研究我国近代金融市场有相当的价值。③

根据这份资料我们知道,1820 年 12 月宁波银元与制钱兑换价在 975 文达到最高,以后一路下跌到 1822 年 6 月的最低 730 文,又开始回升到 1842 年的 1341.6 文。我们结合鸦片战争前的中国历史背景,二者是吻合的。道光初因为贸易顺差,大量银元输入中国,银贱钱贵。大规模的鸦片走私贸易以后,大量银元外流,出现银贵钱贱。此后基本都在 1000 文以上水平。1893 年开始又增加角子辅币与银元的兑换行情。1906 年再有铜元行情。

那些大的商店每天会收到很多的制钱,它们是在大同行钱庄开户的,钱庄收取银元入账,制钱不收,那么商店就要找有兑换业务的钱庄把制钱换成银元,入账后可以向它的供货商支付。小的商店从事零售买卖,商品的价值都是很低的,零钱不足找换,要向钱庄兑零。

第二天,在钱业市场里,钱庄相互之间进行买卖,需要买入制钱的钱庄,和愿意卖出的钱庄在一起评盘,各自报价和买入买出数量,然后由司年主持,按钱业规则,确定当日的兑换价。其价格确定类似于今天的集合竞价法,确定当日的兑换价。

宁波钱庄还经营外币兑换业务。1933 年永康钱庄在广告里曾说:"本庄专营兑换各国金银洋票,及各种花哑杂洋花角等,并买卖国内公债、库券。如本外埠商号因取息不便者,请向本庄兑换,价目比中优厚。"④

---

① 《宁波金融志》第 1 卷,第 15 页,中华书局 1995 年版。
② 《申报》1931 年 3 月 26 日。
③ 民国《鄞县通志》,食货志,第 220—234 页。
④ 《宁波金融志》第 1 卷,中华书局 1995 年版,第 114 页。

第二节　现　水

"总之现水为钱业恶弊,不特各省所无,即浙省除宁绍杭三处外,亦不闻此道。"[1]

现水是现金升(贴)水的意思。它与贴现的意思不同,贴现指未到期票据的买入,现水指记账货币与现金之间的价格差异,即客户从中提取现金所要支付给钱庄的折扣。这一现象为宁波所独有,绍兴、杭州是从宁波钱庄蔓延过去的。

现水的产生根源在于市场中现金货币不足。为了解决这一矛盾,支付现水是最好的平衡手段,使一些不是必需的提现行为被阻止或延后。按照劣币驱逐良币定律,在现金短缺情况下,如果二者价值一样,现金属于良币,人们总是愿意收藏现银,那么市场中的现金就会越来越短缺。平衡市场的最好办法就是使提现的人要支付一定折扣,来减少不必要的提现行为,同时给缴现的人一定的补偿,鼓励他们把现银存入钱庄,使社会维持正常金融运行秩序。

现水是与过账制度有关的。没有过账制度也就不会有现水,从这一点也可以证明过账制度确实发生在宁波。过账制度使货币供应量大大增加。如果钱庄的库存现金足够应付客户的提现,那也不会产生现水。问题是对于钱庄来说,库存现金是没有利息收入的,反而要支付更多保管费,钱庄从它自身利益出发一定会把库存压低到最低限度,就像今天银行业中的流动性管理。如果需要支用大额现金,它可以通过同业市场买进。假如大多数钱庄都是这样,需要的现金远多于可以供应的现金,那么现金的价格就会升高于它的名义价值之上。较多持有现金的钱庄就处于有利地位。

宁波钱庄的现水是比较特别的。有一种说法是宁波钱庄实行过账制度的原因就是为了解决流通中货币供应量不足问题。如果准备金与 M_1 之间维持合理的比例,现金短缺也不会发生。如果多余部分现金贷款于宁波本地客户,它也没有流出,通过同城交换系统,仍然是自洽平衡的,所以一定是有较大量的资金从宁波市场流出了。答案是一目了然的,流向了上海。宁波帮在近代以上海为基地的快速崛起,没有足够的资本支持是不可能想象能有如此成就的。也就是说,宁波人通过过账制度的实施,创造了货币,使得市场中的货币供应量大大增加了。有人从另一个角度理解,说是节约了

---

[1] 《宁波旅沪同乡会呈财政部文——为甬江钱业事》,《申报》1918 年 10 月 2 日。

货币。那时人们没有认识货币的本质,也缺乏货币理论。假如说在没有实行过账制度的情况下,宁波市场要维持正常的经济水平需要 200 万元现金,实施过账制度以后,很多商号之间的支付不必使用现金了,只要转账就可以了,市场中所需要的现金就不必那么多。多余(节约)的部分就退出货币环节,成为宁波帮早期的创业资本,被那些从事对外贸易的商人带到了上海。"上海生意,宁波人甚多","宁波人之在上海者,多与夷人交好"。越来越多的人到上海,现金存底越来越少,因为宁波的记账货币在上海是不能使用的,而上海的发展又需要更多的资金。所谓多单码头,就是现金输出。现水问题也是一直困扰宁波金融业的一个大问题,一直到 20 世纪 40 年代末。

在过账制度实施的早期阶段,宁波市场的现金反而因过账制度而充足。"尝有以钱换票而贴水者,以票钱之便于用,而钱庄又系富室所开不虑票钱无着"①,说明市场中现金充斥,要支付钱庄贴水。

太平天国对宁波金融的影响有四大方面:一是阻断了长江航道,使得云南的铜不能外运,货币供应不能得到及时充分的补充,有现金不足问题显现,"时上海市场犹属草创,东南沿海商业,宁波实执其牛耳,钱荒之患,当为特甚"②。二是很多宁波富人怀着对战争的恐惧,避居上海,他们带走了大量的现金。史料里记载,上海租界的人口在 19 世纪 60 年代达到 60 多万人,其中很多是宁波有钱人。"时宁波富户,皆在上海逃难未回。"其中许多人因此把上海作为了营业基地。三是洗劫了宁波,使各业损失巨大,尤其是钱庄业,最后以三三折收账。四是因为战争,朝廷要经费,宁波成为清政府的ATM,大量现金流到战争前线。从 1853 年到 1864 年的 12 年间,浙省常项另捐,总数不下于 2,000 万两,大部分落在宁绍头上,"军兴以来,宁波捐项最多"③。随着战争的扩大,现水问题慢慢在宁波市场发酵,随之波及绍兴。因为绍兴与宁波一样,钱庄业也采用过账制度,也是每月助饷,富户也逃到上海避难,也有很多商人去上海谋发展,带去很多资金,也存在现金短缺问题。

到了咸丰八年(1858 年),现水问题表现得非常明显和尖锐,以致引发了社会动荡,发生了东钱湖渔民骚乱。自实行过账制度后,渔民的收入向渔行清算,渔行支付给渔民的是庄票,渔民需要的是现金,向钱庄提现时,钱庄就会扣掉现水部分,这样渔民实际所得就减少了。"后因码头日空,庄上存钱日少,以票取钱,必出贴水。其始每千文不过贴水五十文,渐至百文。以后

---

① 段光清:《镜湖自撰年谱》,人民出版社 1960 年版,第 122 页。
② 徐寄安:《过账须知》,《宁波文史资料》,第 15 辑,第 207 页,1994 年。
③ 段光清:《镜湖自撰年谱》,人民出版社 1960 年版,第 122 页。

渐至四五百文。"①渔民们在史致芬带领下,曾进城示威,并殴打地方官员,焚烧政府建筑,酿成事端。另有人也曾提及此事,"吾又闻咸丰之际,滇铜道阻。东南患钱荒,吾郡尤甚。市中流通之钱值大减,当见钱之半。乡民众之汹汹谋为乱,数月乃平"②。该事件是特定条件下的特例。现水的常值总随银根紧松,市价涨落总在一定幅度之间波动,洋少则现升,洋多则现降。

现水市场与兑换市场、规元市场是联结在一起的。它也是由钱业市场每天通过成员钱庄之间的买卖交易确定,然后各庄执行的。

1884 年,"日来甬江买卖交易,皆需现洋,以至每百元申贴二角,皆因市面吃紧,存款起空所致也"③。现升只在千分之二,就已经是比较大的事情了,说明平时的现水并不高。

1903 年,现水升至 1 元 1 角,日渐见涨。④ 1904 年初就到 1 元 3 角。

面对现水升高困局,地方政府不能坐而论道,"特于前日邀请钱业董事商,由各庄摊借钱一万两,委员汇解省垣铸钱局,附铸当十铜圆若干万枚来甬发兑以救钱荒"⑤。现水暂时得到缓解。不逾月,"迩来声价日昂,每洋银一元仅兑八百文。幸现洋银升水,每百元不过一二角,否则大有不堪设想者矣"⑥。现水下跌导致金价也下降,从上年底的 57 元 5 角降到正月初 54 元,说明银价因现水下降而抬升。

随着金价的下降,市场中的现银货币供应量增加,出现了减水的戏剧性一幕,"近日市中现洋银约有五六十万之多,因而贸易场中,凡洋银归庄,每百元需减二三角"⑦。

好景不长,到了 9 月又变成升水 3 角 5 分,后又增至 6 角。⑧ "迩日市中洋银甚为缺乏,各铺进出每期票百元须贴一元三角。庄以小洋银元换大银元,则贴四分有奇。"⑨为此有商家发现套利机会,从杭州买入铜圆运来宁波。现水慢慢回落至 2 角,年底又到 1 元,然后 1906 年中又下降到 6~7 角水平。

从上面所述可以看出,现水只是在其价值基础上加减若干,甚至当市场

---

① 段光清:《镜湖自撰年谱》,人民出版社 1960 年版,第 122 页。
② 宁波钱业会馆碑记。
③ 《申报》1884 年 2 月 7 日。
④ 《申报》1903 年 12 月 11 日。
⑤ 《申报》1904 年 1 月 6 日。
⑥ 《申报》1904 年 2 月 7 日。
⑦ 《申报》1904 年 5 月 19 日。
⑧ 《申报》1904 年 9 月 26 日。
⑨ 《申报》1904 年 11 月 21 日。

中现金充裕时会有贴水现象。其幅度一般在1.5％以内算作常态。辛亥革命时,宁波钱庄的升水曾达到14％～20％,"甬埠前因武汉告警,大受影响,规元记价现升至二三十元不等"①。现水升高也吸引了部分商人从事套利活动,"姚邑钱商……搜括现金运往甬庄,每日达数十万元"②。南北和议成,大局渐稳,现水回复到正常水平。

1914年,北洋政府禁止现洋输出,加上钱业公会决议钱庄引用中国银行券,市场流通中的基础货币增加,现水回落到一元水平。但是到1916年,国家宣布参加一战,时局不宁,人心浮动,大家都愿意窖藏现洋,对付可能的危机。东西贸易阻断,现洋输入减少,市面现金又告短缺,现升日见高涨,每百两至16～17元。市场秩序大坏,金融基础削弱。有识之士莫不忧心忡忡,条陈缕析,献计献策。代表人物是宁波商校校长林斗南,上书鄞县知事,主张设立官办钱庄,筹集三十万两现银,分存各庄,不事营业,专门做同业现银拆放,类似于平准基金性质。"有现金不足之庄,即行向该庄借入现金",并以高利率(日拆五角)逼使宁波钱庄收缩在沪汉的贷款向宁波回流,每庄五万,30多家就有200万现金回流宁波市场,缓解现升问题。③

是年6月,宁波钱庄实行呆板洋拆,冻结同业拆息最高不超过年息6％。这样宁波市场的贷款利率与沪汉市场利差有2％。冻结利率等于利率的敞口风险闭合了。钱庄为自身利益,纷纷向沪汉放款套利。现金流出更形严重,现水居高不下,"现水最高之率几达百分之二十"④。1917年2月,宁波著名士绅李镜第、陈训正、冯良翰、赵家荪、李庚光、林斗南暨南北号董事、绸、布、糖、烟、米、靛、洋、广等各业商人联名向地方政府陈情,要求禁止呆板洋拆,让利率随时决定,吸引资金回流,平抑现升。

同时宁波旅沪同乡会也发出《警告宁波各业书》,对宁波金融市场的不正常的现水问题提出强烈批评,指责钱庄主不顾大局,唯利是图。"因钱业中不顾大局,将存款利息克少,逐渐将现洋运至上海兑规银出放厚利。"⑤也提出取消呆板洋拆,提高利率,吸收资金回甬来平抑现水。

1917年,围绕现水问题,宁波钱业市场内部的争斗终于公开化。周宗良因一战而在颜料业上与秦君安、苏州人亦是他的合伙人贝润生一起大发横财。他把所赚取的巨款,前后千万,陆续汇回宁波存入钱庄。后来他又想把

---

① 《申报》1911年10月22日。

② 《申报》1911年11月5日。

③ 林斗南:《为革平现水敬告全市商民文》,民国《鄞县通志》,食货志,第273页。

④ 《浙江省财政厅长致杭州总商会函》,民国《鄞县通志》,食货志,第272页。

⑤ 《四明日报》,纪事,1917年2月21日。

资金汇回上海。如果这笔巨款汇往上海,宁波钱庄的存款大减,势必要从各地收回贷款,对钱业影响太大。于是以陈子煊为主进行策划,联合起来,操纵市场,通过抬高现升,影响元价,阻止款项汇沪,不然也能从规元买卖中获得较大的收益。本来周宗良见现升 16～17 元,他的存款买成规元要损失100 多万元,这是他心有不甘的,为此也做了精心的布局。不但与贝润生一起合开恒孚钱庄,又从上海汇入规元 20 万两,假手元益钱庄办理交易,造成规元供应充足假象,以空头掩护多头撤退,暗度陈仓。果然骤然间元价回落到 6～7 元。[①]

同时周又利用林斗南以学界身份在《时事公报》连续作文,激烈抨击钱业控制现升,操纵市场的恶习劣行,制造舆论,抢占道义制高点。指摘宁波钱业"现水低时,尚与他处相去不远。一遇时局紧急,往往任意垄断。取百金者有须去现水二十余元者"[②]。

在各界的呼吁与压力下,鄞县知事也发函宁波商会,要求取消呆板洋拆。呆板洋拆取消,但是现水问题并无立即解决。

现水是钱业传统利益的一部分。周宗良的平现努力触及其他钱庄的利益,而且其他钱庄也识破周的平现呼吁夹带大量的自身利益。这不能不引起其他钱庄的强烈反弹。故此,宁波钱业中形成以周的恒孚为代表的多单钱庄为另一方,其他欠单钱庄为一方的直接冲突。恒孚以拆单为主,一般业务很少。1917 年 5 月 18 日,那些缺单钱庄终于联合起来,抱成一团,对多单钱庄停止过账,缺单钱庄之间仍然进行。全部四名钱业董事所在的钱庄也签名加入停止过账同盟,可见彼此之间的矛盾很深。经过鄞县知事的干预,23 日才重新恢复过账。[③]

周宗良发现那些钱庄主要矛头是对他而来,那些缺单钱庄之间因为共同利益关系,构成了一个紧密的利益共同体,人称"链条帮"。对于他这样商业上极大成功,又有相当的社会声望,在金融上也有中国银行董事显赫地位的人士居然被人欺生,在宁波钱业里没有话语权,内心一定是很不爽的。接下来一定要部署拆散"链条帮",以泄心头之气。

周宗良便利用多单的优势,发起反击。他根据钱业庄规中"有现解现,无现听拆"一语,利用呆板洋拆取消的有利条件,将自己的多余头寸开出五角,即年息 18% 的洋拆。通过抬高拆息,加大利率敞口风险,迫使缺单钱庄

---

① 《四明日报》,纪事,1917 年 5 月 19 日。
② 《民国七年八月浙江省长令》,民国《鄞县通志》,食货志,第 272 页。
③ 《四明日报》,纪事,1917 年 5 月 19 日。

收回部分贷款,压缩业务,加速资金从外地回流宁波,减低现升。同时以多单优势对缺单钱庄进行分化瓦解。那些缺单钱庄因轧平头寸,常要向他拆借,有求于彼,慢慢地从排斥到合作。

有些钱庄本来资财实力要强过恒孚,只因战线太长,业务庞大,流动性出现问题,造成缺单现象。为顾全信誉和面子,也曾从上海运来现洋,放在江北岸外滩,显示实力。而周宗良又善于利用舆论工具,扩大影响。每天在《时事公报》上公布每家钱庄的多缺单情况。本来钱业经营状况属于商业机密,是外人不能管窥的,这样一来等于公告该钱庄经营上存在一定问题,以至于连续出现头寸不足,严重影响它的信誉与社会评价。有几家钱庄开始与之联络,靠拢恒孚,链条帮瓦解了。

不止于此,周宗良还利用自己与贝润生是中国银行董事的身份,借助银行的力量来挤压宁波钱庄。在恒孚钱庄之外,又开设同益银公司。会同杭州、宁波两地中国银行,先后运来现洋一百万元。游说缺单钱庄可以向中国银行借款,并将所借现洋用于归还欠恒孚的拆单。这样,恒孚收回了现洋。但是钱庄借中行的钱是仍需要用现洋归还的,等于恒孚的原来的过账洋变成了现洋,避免了现水损失。虽然他的盘算很精妙,但老早被其他钱庄识破,自然不肯上当。

与此同时,周宗良考虑运用政治手段解决。借助所任中国银行董事而刚刚建立的人脉,通过活动省府官员,以行政命令来消除现水。先是浙江省财政厅致函杭州总商会要求革除杭宁绍地区钱业现水,1918 年 8 月 27 日浙江省长齐燮元发布命令,要求全省“严定期限,一律完全革除……自奉令之日起,限十日内,一律各处现水,嗣后市面用无论现钱交易,或以汇划过账,出入拟以现洋折算,不准再有现水发生贴现名目。应并以本国所铸银元为本位,以昭划一”①。此令一下,杭绍渐平,宁波仍然居高不下。

面对政治经济的双重压力,宁波钱庄便采取停止过账手段来表达强烈的杯葛与不满,激起新一波的钱业风潮。9 月 8 日,宁波大同行钱庄除恒孚及 7 家被拉拢的保慎、元益、巨康、巨丰、乾泰、恒升、泰巽共 8 家钱庄继续营业外,其他 29 家一律停止过账。市面震动,影响巨大。鄞县自治委员蔡芳卿等即召集在乡士绅和各业董事开会商讨办法,不得要领。宁波本土外,上海同乡会对此也至为关切,立即举派虞洽卿、秦润卿、张让三等著名在沪甬商七人来甬协商、斡旋、善后。②

---

① 《民国七年八月浙江省长令》,民国《鄞县通志》,食货志,第 272 页。

② 《四明日报》,纪事,1918 年 9 月 9 日。

据钱业方面自称,酿成本次风潮的直接原因是,"吾业自奉令平现之后,正在筹议办法。讵料同业恒孚捞集洋单,逼还现款,市面金融因此阻塞。近日存者纷纷提取,欠者一时难缴。若不妥筹善策,势必全市激成恐慌。自阴历八月初四日为始,暂停收付,整顿庄规"[1],把矛头直接对准周宗良。

又说:"号以维持甬市,借官厅平现为名,当规元在140余元之时,向上海息借规银百余万汇甬,现洋划入恒孚,而恒孚庄过账之洋乃骤多,迨洋单聚集于恒孚一家。至规元达到136元之时,逼令同业缴还,于中每万可得利400余元,否则逼还现洋,而现洋又可得现水之利益。缺单各庄被恒孚逼还现款,不得已相率停止收复付。即多单各庄亦忿忿不平。"[2]

《四明日报》对此评论道:"今年自省中平现之议起,始而派员来甬会商,继而汇款中行以资接济。当时同业中颇有以积习相沿,不甚赞同者。窥其意,盖恐一旦革现,损失必多。不知省令平现,欲压平现升耳。何尝欲并过账而革除之。而怀挟私者,辄并为一谈,然苦于无法可以抵制耳。"[3]此说是比较合乎事实的。

经过虞洽卿等上海方面代表主持协商、调停、苦劝、谈判,恒孚坚持140万以137.5元计算,欠单各庄方面坚持要以140元计算,相差3.5万元,争持不下。最后还是虞洽卿打破僵局,以毫不相干的一方承担其中1.75万元损失,力劝缺单庄认耗1万元,恒孚承担0.75万元,并定汇费百元最多3元,规元百两4元,以补现水。9月11日重新复业。[4]

这一平现攻防,最后以周宗良大胜结束。但客观上对解决困扰宁波金融市场六十多年的现水问题起到了积极作用,其效果是明显的。此后,现水现象虽然仍时有发生,从未根绝,但其幅度已经大大减少,影响没有这么大了。

到了该年10月份,一度有出现减水情形,每百元5分至3角。盖因当时所达成的协议里有要求中国银行运送现洋300万元储备于宁波中行一说。另外是各银行的银行券陆续进入宁波市场流通,现金供应越来越充足。直到法币政策后,现水才基本消失,但也曾在特殊情况下死灰复燃。

---

[1] 《申报》1918年9月9日。

[2] 《申报》1918年9月30日。

[3] 《四明日报》,纪事,1918年9月9日。

[4] 《宁波旅沪同乡会呈财政部文——为甬江钱业事》,《申报》1918年10月2日。

1926—1935 年现水情况表①　　　　　　　　　　每百元升水

年 度	全年平均	最高月份	升 水	最低月份	升 水
1926	1.169	12	3.721	2	0.168
1927	2.198	1	3.693	4	1.078
1928	1.835	11	3.454	3	0.511
1929	2.113	9	2.872	4	1.222
1930	2.606	7	4.350	3	0.758
1931	3.247	11	6.030	3	1.060
1932	2.545	2	6.225	7	0.408
1933	0.901	12	2.292	4	0.391
1934	0.775	12	2.398	5	0.180
1935	0.892	2	3.331	10	0.107

第三节　规元市场

规元是在上海金融市场中实施的一种也是没有对应实体货币的记账本位货币,它以两作为记账单位,与宁波的银元本位有区别。好在双方都是实行银本位,可以按含银量进行折算。中国大部分地区实行称量货币,但是银子的成色是不同的,相应价值也不同。国家的标准银是纹银,每百两含纯银93.5347 两。上海规元规定每百两含银 91.6667 两,等于标准纹银的 98%,又称"九八规元"。据说上海市场以豆麦为大宗交易物资,在计算时实行九八扣除,沿袭下来,到 1958 年由商界、钱业、外商共同商议,将在上海市场里的所有交易与收付均以规元为标准,上海钱庄就以规元为本位了。那么两地之间就产生两种货币体制,需要涉及货币买卖。把规元买卖视作外汇买卖是不妥当的,毕竟是一国内部的货币体制选择差异,但其原理还是有共通之处。当时的西方国家实行金本位制度,各自货币的买卖汇率是以各自货币宣布的名义含金量为基础,在黄金输送点幅度内上下波动。甬洋与申规也都有公布的含银量,两者的买卖交易也必须遵循这个规律。

宁波的银元标准含银量是库平银 7 钱 3 分,后统一改为 7 钱 2 分。宁波

---

① 《宁波金融志》第 1 卷,中华书局 1995 年版,第 121 页。

俗语"只认得七钱三（指银洋钿），不认得臭灰蛋"，就是来源于此。规元每百两约折合银元 138 元左右，可以算作长期均衡价格。但是实际买卖要看买入卖出情况而定，按银根紧缺与否会产生上下浮动。因为宁波与上海之间的密切经济联系，在上海有规元与甬洋的行市，规定价格上下幅度不能超过一厘，故称洋厘。如果注意一下当年《申报》，定期有洋厘行情，即指此。宁波市场相反，是以甬洋买规元，称元价。二者是互为倒数关系。一如今天的直接标价法与间接标价法。"甬市元价伸缩向听上海洋厘核算，无巨额之上落。"①

应该注意，在上海是不是就只有规元，不通行银元了呢？其实在上海的零售市场一直是通用银元的，人们拿银元购货是常态，民间的日常交易也以元计算，甚至薪水也有以两、以元计算的，民国以来基本以元计算。但是钱庄的记账本位仍维持这规元本位，一直到 1933 年的"废两改元"为止。商家收进银元，存入钱庄账户是要把银元折算为规元的，如从账户取现，又要把规元买成银元，钱庄在里面有买卖差价。在上海的银行是以元为记账本位的，银行与钱庄之间也要通过买卖。一般钱庄在银行里开有银元结算账户，解决了银钱往来问题。

规元买卖一直来是宁波钱庄的一大利润来源，"规元禁止，宁波将无商业"②。它一般与汇款在一起，也就是说，客户买卖规元的目的就是要将款项汇往上海，银行在早期上海金融市场是不通用的，宁波钱庄都在上海的关联钱庄开设规元账户，各钱庄手中规元有多缺，这些规元就是在宁波金融市场买卖的基础。宁波客户要汇款一万元到上海经商，他拥有的是银元，银元到不了上海，除非是现洋，他首先要把账户上的一万元在开户钱庄买成规元，然后钱庄把规元汇到上海钱庄。

宁波钱庄的规元买卖也有两个市场：一个是柜面市场，一个是钱业市场里的规元市场。前者属于零售业务；后者属于批发交易市场，由钱业公会主持，1929 年的钱业营业规则第五条就有"规元行市每日上午一市，由市场视市上供应缓急公定相当行是买卖之"③说法。每天上午 7 点，各钱庄交易员集中于钱业市场，把本庄买入卖出规元价格、数量报出，由司年汇总，在 9 点以类似于集合竞价法方法产生本日的元价，那些递交的交易都按这一价格成交叫做评盘。然后各钱庄对自己的客户挂牌营业。向钱庄买卖规元就是

① 《李镜地、陈正训、赵家苏、林斗南等致刘道尹函》，民国《鄞县通志》，食货志，第 264 页。
② 泳白：《规元买卖问题之研究》，《四明日报》1910 年 7 月 2 日。
③ 《民国十八年新订营业规则》，宁波钱业同业公会，1929 年，钧和公司印。

以钱业市场确定的价格为基准,钱庄买入(客户卖出)规元要减水,钱庄卖出(客户买入)要升水,差距就是钱庄的收入。在钱业市场里没有满足的交易,也可以在场外继续进行。"各钱庄的代表以伸出的手掌正反面来标示买进和卖出。"[1]

钱庄的规元买卖手续费变动幅度很大。以1917年为例,汇水(买卖和汇款费用)每千元从一两到五十两不等,相当于0.138‰到6.9‰,幅度很大。如果按0.3‰费率,每年宁波市场规元交易10,000万元计算,宁波钱庄光规元买卖一项的手续费用收入就有30万元。所以可以说没有规元买卖,就没有宁波钱庄。用宁波话说是暗行生意。用今天金融术语叫做中间业务、表外业务。

由于宁波是多单码头,资本输出地主要是上海,多的时候有4,000万元,这些贷款是三九六对贷款,当贷款从上海收回的时候,规元充足,元价上升。平时宁波商人汇款到上海经商,对规元需求较多,规元价格就上升。其价格完全由市场决定。但是会出现供需之间的巨大落差,加上一些钱庄的投机交易,导致规元价格非正常上涨,损害正常的工商业运转。1916年4月,因宁波钱庄实行"呆板洋拆",规元曾大涨到每百两合160余元,从上海进货的商品价格也跟着大涨,市面震动。宁波地方政府也对此表示极大不满,饬令"所有规元市价,应听每日上海洋厘核算,不得有丝毫抬揪增损,如敢抗违,即严行惩处"[2]。为此宁波钱业公会决议:"规元评盘,如遇照前一日上落离半率(一率为一元)之巨,报告司年后再评。"[3]控制规元过度上涨。次年再订庄规,干脆以上海洋厘为准,"凭司年(上海)到信挂牌,蛇遇轮船停班,凭司年公电为准"[4]。

尽管对规元行市采取一系列控制措施,宁波规元市场的问题一直存在,没有解决。1924年6月,规元又涨到150元,6月13日被迫停市一天。后来从上海钱庄借来100万两规元,市场才告平静。废两改元以后,规元买卖不再存在,只有申汇(汇款上海)一项继续。

下表是历年规元行情,可资参考。

---

① 茅普亭:《宁波钱业史》,《宁波工商史话》,第11页,第1辑,1987年。
② 《会稽道尹刘告示》,1917年5月27日,民国《鄞县通志》,食货志,第264页。
③ 《宁波金融志》第1卷,中华书局1995年版,第117页。
④ 民国《鄞县通志》,食货志,第29页。

历年规元行情表①

单位:甬洋元

时 间	每百两规元合甬洋	时 间	每百两规元合甬洋	时 间	每百两规元合甬洋
1889. 3. 15	135.15	1926.3	140.53	1927 年平均	140.40
1889. 6. 24	136.47	1926.4	140.07	1927.1	140.90
1910. 6. 30	136.65	1926.5	141.35	1927.2	140.63
1910. 7. 2	136.27	1926.6	141.95	1927.3	140.09
1910. 7. 3	136.22	1926.7	141.07	1927.4	138.12
1910. 8. 17	136.10	1926.8	139.90	1927.5	138.71
1910. 9. 30	135.19	1926.9	140.26	1927.6	139.39
1926	140.49	1926.10	139.86	1927.7	141.25
1926.1	140.44	1926.11	139.82	1927.8	141.80
1926.2	140.22	1926.12	140.49	1927.9	140.94
1927.10	140.78	1929.8	142.46	1931.6	141.34
1927.11	140.84	1929.9	142.84	1931.7	141.71
1927.12	141.38	1929.10	142.75	1931.8	142.73
1928	141.08	1929.11	142.25	1931.9	143.45
1928.1	141.69	1929.12	141.94	1931.10	144.45
1928.2	139.98	1930	141.87	1931.11	146.20
1928.3	139.34	1930.1	141.87	1931.12	146.32
1928.4	138.58	1930.2	141.15	1932	145.40
1928.5	140.10	1930.3	140.02	1932.1	144.67
1928.6	141.45	1930.4	139.93	1932.2	144.89
1928.7	141.35	1930.5	141.64	1932.3	146.54
1928.8	141.58	1930.6	143.55	1932.4	145.22
1928.9	141.55	1930.7	143.80	1932.5	144.43
1928.10	142.34	1930.8	142.77	1932.6	145.29
1928.11	142.48	1930.9	141.85	1932.7	145.21

① 《宁波金融志》第 1 卷,中华书局 1995 年版,第 108—109 页。

时 间	每百两规 元合甬洋	时 间	每百两规 元合甬洋	时 间	每百两规 元合甬洋
1928.12	142.19	1930.10	141.40	1932.8	147.04
1929	142.06	1930.11	141.61	1932.9	148.01
1929.1	141.93	1930.12	142.79	1932.10	145.71
1929.2	141.33	1931	142.49	1932.11	144.16
1929.3	141.03	1931.1	142.61	1932.12	143.62
1929.4	141.14	1931.2	141.06	1933.1	142.52
1929.5	142.24	1931.3	139.79	1933.2	141.93
1929.6	142.34	1931.4	139.55	1933.3	141.54
1929.7	142.46	1931.5	140.63	1933.4	140.55

第四节　同业拆借市场

同业之间调剂余缺,相互借贷,在过账制度实施以前就应该存在。那时候,以现金交易为主,一家钱庄有资金流动性问题,就派栈司去借出钱庄挑运现金。同业拆借数量不大,也不频繁。过账制度以后,同行钱庄连接在一起,可以通过相互转账方式支付,结算头寸不足,不必以运送现银解决,而是通过同业拆借,打公单,借记对方账户来完成。这对于多缺单双方都是有好处的。对多单钱庄来讲,本来多余的头寸没有借贷出去,放在自己的账上,就没有利息收入,这样等于增加了收入,提高资金的使用效率。对于缺单钱庄来讲不必每天为轧平头寸烦恼,可以通过临时借款弥补结算头寸。1864年前的老庄规就已经有同业拆借规定,"议凡遇银洋多缺,拆息总以随时定价。倘有多余者欲行拆出,或须收现,应听其便,缺家毋得强拆,数以五百元起码"[①]。但是当同业拆借被某些钱庄所滥用的时候,其弊端也是很严重的。

今天商业银行的流动性管理中,同业拆借仍是一个重要的手段,可以尽可能减低结算准备金水平,发挥资金的使用效率。根据过账制度,大同行钱庄每天在钱业公所进行结算交换,交换的结果总有一些钱庄付出大于收入,缺单部分可以向多单钱庄拆借解决。假定同城交换系统是内部循环的,没

---

① 民国《鄞县通志》,食货志,第 77 页。

有对系统外的支付发生,多单与缺单数量正好相同。整个钱业的头寸是均衡的。那些缺单的钱庄就签发一张第二天到期的庄票给拆出钱庄即可。如果要几家钱庄才能补平它的头寸,那它就签发几张庄票。后来采取公单的办法。因为同行钱庄家数多,每一家都要扎直,很麻烦。公单是同业都认可的票据,欠某钱庄多少,就签多少公单给对方,人欠就收进公单,两下抵消,就知头寸余缺,方便很多。最后这些公单交给司年汇总,安排拆入拆出钱庄双方记账。

公单应该是宁波钱庄最早采用的。上海钱庄的公单使用时间在1890年后。[①] 宁波1889年的庄规里就有"凡同业所拆单银"[②]说法。同业拆单最早以500元起,清末因钱庄业务规模增大,改为5,000元起,上限没有限制,甚至有达到数十万的。[③]

同业拆借市场的存在,使得宁波钱庄中出现一部分钱庄利用拆借资金做放贷来源,扩大规模,而不是以吸收存款为基础。因为同业拆借的利率要比贷款利率低,利差部分就是收益。有些钱庄资本不过三万元,贷款规模达到四五十万元,很大一部分资金就可能利用同业拆借解决。"宁波各钱庄账本不过三万元,而账面放至二三十万元、四五十万元不等,全在各户存款并拆票流通。拆即是借,借进借出,逐日有息,名曰日拆。彼此见信,并不拘数。"[④]1916年实行呆板洋拆,更助长了部分钱庄利用同业拆借扩大贷款的行为。同业拆借利率冻结后,等于资金成本固定了,有些钱庄就把大量资金贷放到上海、汉口市场,获取更高的利息收入,把头寸平衡完全交给同业拆借,并导致规元和现水高企,引发严重的金融风潮。当时缺单钱庄贷款规模过大,过度依赖同业拆借,与多单钱庄产生矛盾,缺单钱庄联合在一起,发动罢市,停止过账,造成很大影响。

我们分析1935年某些钱庄的资产结构,就能发现着这些钱庄过度依赖同业拆借的事实。衍源钱庄最为典型。总资产114万元,同业拆借有36万元,占总资产的32%强。五源钱庄贷款规模只有33万元,同业拆借有24万元,占总资产的42%。难怪在金融风暴中首先触礁。[⑤]

同业拆借又叫"抛单"。大同行钱庄之间清算后,多单钱庄多余部分,由司年按缺单各庄情况分拆。此为日拆。平时钱庄之间也可以单独交易,做

① 《上海钱庄史料》,上海人民出版社1960年版,第496页。
② 民国《鄞县通志》,食货志,第78页。
③ 《鄞县知县详抚藩道文》,民国《鄞县通志》,食货志,第268页。
④ 《鄞县知县详抚藩道文》,民国《鄞县通志》,食货志,第268页。
⑤ 徐世治:《宁波钱业风潮报告》,《浙江商务》,第1卷,第1期,1936年。

长期抛单。

宁波钱庄的同业拆借市场，与过账不一样，过账只允许大同行之间进行，但同业拆借市场，经注册上牌小同行、现兑庄里的甲乙丙也可以参加。只是拆借的利率要比大同行钱庄高。[①]

讨论同业拆借，不得不提及利率问题。宁波钱庄是最早实行按日计息的，这与同业拆借有关。因为同业拆借时间很短，大多数是隔夜拆借，所以采取按日计息。一般表述为每千元一天利率若干，如日拆五角，即指年息18％，每一千元一天利息五角。日拆利率是宁波钱庄的基准利率。存贷款利率是在日拆利率基础上加减确定的。如1874年，钱庄的存款利率就是在日拆利率基础上减一角，即年息减3.6％。利率作为重要的金融市场调节工具，完全市场化，根据银根松紧情况，由同业公会随时议定，然后各钱庄按此标准执行。美国联邦储备银行是现代中央银行体系的代表，其最重要的货币政策工具联邦基金，就是银行间同业隔夜拆息利率。宁波钱庄充其量属于初级阶段的商业银行，中央银行体系，更无从谈起，货币供应量控制的概念也不可能产生，但使用日拆利率总归还算是不小的进步。

第五节　空盘市场

宁波钱庄的空盘市场可以说是中国近代金融史上一个很重要的创举。至少到现在为止还没有人对此进行过研究，不能不说是一大遗憾。空盘，顾名思义，就是买空卖空的意思。如果买卖的是实物商品，那么具有期货的性质。如果是金融商品，那么它就具备金融投资的意义。宁波钱庄的空盘市场，毫无疑问是中国最早的金融投资市场。

在这个金融投资市场里，交易主体是现水，即以现水的涨落为投资对象。多空双方通过预测现水的变化作出投资决策，或买入或卖出，从现水涨跌幅度里面获得收益。它与现代的金融投资已经没有分毫的差别，但是值得我们注意的是，它发生于100多年前的19世纪70年代的宁波。如果在金融史上要探讨中国的虚拟经济问题，空盘市场是当然不能缺席的。

在前面我们已经了解了现水与规元。空盘其实与二者有密切关系。如果不是金融专业出身的人，他们是无法理解的。现水是每天变化的，所以被人用来作为投资交易的标的，可以选择卖出或买入现银，博取差价。在宁波，规元被视为现金，用记账甬洋买成规元汇往上海，要支付钱庄现水。所

---

① 民国《鄞县通志》，食货志，第293页。

以宁波的规元买卖就掺杂着现水问题而与上海市场不同。

空盘是相对于实盘而言的。实盘是指有实际需求的金融交易。空盘则是指没有实际需求，纯粹希望利用金融产品（现水）价格的涨落，通过大量买卖来获取收益的行为。举例来说，现时的现水价格是 5 角，预测现水会涨，则做多，就是买入现银。若下跌，则做空，卖出现银。假如现水涨到 8 角，就通过反方向的买卖进行平仓，赚 3 角。

全中国，在近代只有宁波有空盘，连上海这样联系密切的金融市场也没有。曾有宁波人一度到上海去开发空盘业务，结果引不起宁波人以外的其他人士的兴趣，没有成功。原因是上海市场现金充足，没有现水问题，洋厘行情在 7 厘 2 上下，即每洋一元合规元 0.72 两，相当于它们之间的铸币平价。虽然也是随市场银洋需求而随时波动，但不大，没有投机价值。

只要基础货币 M_0 与 M_1、M_2 之间存在脱节，现水就存在。宁波市场现水严重，就是因为把过多的本来应该作为货币流通的银洋投放到上海市场，以致本地市场现金短缺所产生的。现水的价格取决于实体货币的供应量。用一句最通俗的话来讲，宁波市场的现金存银只有 10 万元，而需要取现的需求是 15 万元，就有 5 万元的缺口。如果现水为 1 角，可能有 5 万的取现认为不合算而停止，市场就达到均衡状态。

宁波钱庄的空盘市场最早应该出现在 19 世纪 60 年代。"甬江之所谓空盘者，即汇划银数以赌输赢也，咸丰年间曾有此风，后奉顾子山观察止。"[1]作者查阅过《申报》，每日有上海的洋厘行情，那是现金价格，每日随市场需求而小有不同，每元涨跌幅不过一厘，故称洋厘。甬洋与规元之间的交易等于是现金交易，因为规元在上海市场是可以取现的，也没有现水。但是在宁波市场，如果要把账户存款买卖成规元汇沪，就要在洋厘价格基础上加上现水。所以现水、规元、空盘是三位一体，相互联系的。前面所叙述的现水、规元买卖是指实体交易。空盘是指虚拟交易。

1873 年的时候，空盘买卖在宁波市场已经是非常流行，影响也很大。投资结果总归有输赢。但是投资者对新生事物缺乏足够的风险认识，就会造成社会影响。宁波地方政府就对现水市场采取了禁止措施，并勒石于滨江庙宁波钱业市场。"为勒石永禁事，照得买空卖空事，设局诱人，赌赛市价长落，大为市廛之害。应照用计诈骗局，骗人财物律，计赃准盗窃，论罪至流徙，定律何等森严。宁波生意繁盛，为银洋总汇之区。乃各钱店及货铺，有

---

① 《甬江空盘》,《申报》1876 年 5 月 27 日。民国《鄞县通志》中把勒石时间记为光绪十年，即 1884 年。但是我查对《申报》对此事的报道为 1880 年，应以《申报》为准。

以银洋货物悬(虚)拟价值,凭空交易,至期但算输赢,并未实买。五日一掉期。甚至一日之中进出多至数十百万者。且有无耻之徒,图利忘义,捐钱入橐,名曰抽厘,实则朋比为奸,与赌场之抽头无异。商民各图侥幸,受其诈骗,每至倾家荡产,激愤轻生,各中弊端,不一而足。"①

从上面一段话,我们可以分析出大致的情形。第一,交易的标的物是现水的涨落。第二,存在着做空机制,也就是说可以预先卖出,也完全不必顾及是否是实际的需求,用今天的术语就是投机交易。第三,获利的来源在于现水的变化。第四,交易主体包括银洋与货物。银洋就是现水。货物呢,就是交易它的远期价格。第五,存在着非法的交易所,从买卖双方收取佣金。第六,五日一掉期,就是说买入卖出的仓位头寸必须在五日内平仓,结算输赢,现金交割。这里的掉期与现代金融的掉期业务(Swap)是不同的。但是掉期概念最早出现是在这里。第七,交易规模非常大,有数十百万元这是买卖标的物的价值。如果有 1% 价格波动,一天的盈亏就有 1 万元。第八,参加空盘交易的投资人群非常多,才会产生失败者轻生的社会问题。第九,虽然没有提到信用交易,但是我们从现金交割体制里可以推理出一定存在信用交易,只是不知道具体的信用杠杆。投资人是不可能把数十百万元的资金交给交易市场的,否则就不会有吸引力。

有的人也许会提出,是否存在一个套利的机会。比如当宁波规元 140 元(现水 2 元)的时候,从上海运送现银到宁波,以 140 元卖出,赚 2 元,然后汇回上海呢?如果存在这样的无风险套利,这个市场也就不会存在了。因为在宁波市场买卖规元,相当于现金交易,是要付现水的。现水如果也是 2 元,这笔交易就毫无所得。

宁波的空盘交易还延伸到了上海。卖空的规模达到两三百万元,从事交易的人都是宁波人。"但本埠无乐于卖空者,则彼宁人何以乐为哉!"②1875 年的时候,多方以 4% 借入资金成本,逼空方以日息 1.9 元(年息68.4%)支付多方。这就是金融市场上典型的多逼空。"于是有以银易洋为赌赛者,其实无所谓银,亦无所谓洋,只凭一句空言,即行订定,或做单双日(即即期),或做期头(即远期)……以前买空卖空,皆宁波人为之,俗呼为摊先生,其义不详。"③摊先生就是下面提到的钱业摊手。但是上海市场的空盘没有现水因素,纯粹是银洋买卖。

---

① 同治十二年五月《道府县会衔勒石禁止买空卖空告示》,民国《鄞县通志》,食货志,第268页。
② 《申报》1875 年 11 月 8 日。
③ 《论空盘之弊》,《申报》1886 年 11 月 9 日。

　　地方政府从社会稳定的角度考虑,加以禁止,有一定的合理性。但是只要现水问题存在,总有一部分人存在敞口风险,客观上需要一个套期保值的市场机制来规避风险,那么单纯的行政禁止效果是有限的。很多商人在正常的商业交易之外,还要考虑货币风险。一个有效的能分散风险的金融工具的出现,也是市场的客观需要。比如宁波商人向上海方面赊销一批商品,运来宁波销售,假定当时现水 1 元。等他把货物销售完,向上海付款时,现水到 6 元,他每两规元要多支付 5 元。再比如商人从宁波钱庄借款 1 万元,汇往上海营业,当时现水 6 元,折合规元约 6,944 两,当他还款时的现水降到 1 元,他需要规元 7,194 两,以规元计算他要损失 250 两。商人可以通过现水市场的相反方向交易进行套期保值,尽可能地减少损失。

　　那些钱庄,也要套期保值。库存现金不足,要从钱业市场买入现洋,支付别人现水,第二天现水下降,它就损失了。在规元买卖上也一样。规元头寸不足,要从钱业市场买入规元,再卖给客户。现水下降,将来的规元收入的市场价值也下降。

　　经过勒石禁止,在公开市场上,空盘掉期交易被禁止,但是宁波钱庄以它非凡的生存能力很快找到了政府命令之突破口,因为政府不可能禁止进行货币买卖,它只是禁止买空交易。如果通过融资方式,对所有交易指令提供一笔借款,而此笔借款仍保留在钱庄账上而未实际支用,那么对交易者来讲,不就等于是实际买卖了吗? 于是以此为突破口,迅速做了调整,以适应新的形势,合理地规避地方政府的买空禁令。首先是只对专业经纪人(钱业摊手)开放,由经纪人代理各投资人进行交易,形成三级结构:客户向经纪人下单,经纪人与钱庄进行交易,钱庄同业再进行交易。其次,钱庄予经纪人一个授信额度,经纪人的交易头寸,无论是卖出还是买入,都由钱庄提供即时借贷,这样就避开了买空卖空的可能指控,相当于这一交易指令是有实际资金买卖需要的行为。第三,钱庄提供贷款给投资人,投资人在掉期前并不支用贷款,而钱庄可以按日计算利息,对钱庄来说又是一种收入来源。第四,交易结算,仍然以现金进行,不做实际交割,仅计算盈亏。

　　经过一段时期,又一次蔓延成全市性的投机风潮,地方政府不得不再次干预,申令禁止买空卖空投机活动。这次是有针对性的对钱业摊手进行整顿,对李之镛等 161 名经纪人采取行政措施,不许继续营业,勒令改行。为此宁波知府于光绪六年(1880 年)八月发布禁革钱业告示,并再行勒石钱业会馆。"为禁革钱业摊手,永杜空盘等,照得定例内开:买空卖空,诱人赌赛市价长落,大为市廛之害,应照用诈骗人财物律,计赃治罪,定例何等森严。宁郡向有空盘买卖,业经前道府县严禁,勒石滨江庙,本府莅位后,但钱业之买空卖空,行铺商号尚有忌惮,而另有一种钱业摊手,并不在铺为伙,专探钱洋市价,为各行店、各住家代递赌条,赌赛市价长落输盈若巨,害人丧命倾家,不一而足,当经本府饬取各钱业遵禁,不敢再作空盘切结外,又将摊手名目永远禁革。"[1]并且强令宁波钱庄成立一个 1 万元的基金,以其利息作为那些钱业摊手的生活费,每月 3,000 文。[2]

经过二次禁止,一般社会投资者被排斥在空盘交易市场之外,但有实力的商家(现代术语称机构投资者),及各钱庄之间的交易仍然存在,并有合法化的倾向。这种投机交易的结果,使得宁波市场的现金价格与空盘价格上涨之间出现相当大的背离,时人就有为此诟病者,"吾宁之规元空盘买卖者,实社会之一大害","近年来……每日买卖值不下千数万,宁波钱业公所几成一大赌场"。[3] 二者之间经常出现相当大的落差。光绪二十六年(1900 年)八月六日,上海市场洋厘价每千两 1,290 元,而宁波市场空盘价格竟然为 1,377 元,两者相差 87 元。为此上海商人王维贤向浙江巡抚提出申诉,认为宁波钱庄的空盘不合理,损害了商人的利益。浙江巡抚下文宁绍台道。地方官员自然不敢懈怠,鄞县知县当即向钱业公会查证,董事陈祺沅即以钱业惯例辩称,所有买卖均是实盘交易,都是由钱庄提供借款与交易人,从形式上看,不是空盘,最后不了了之,不过陈祺沅毕竟道出了宁波钱业的一大秘密。

其实空盘交易的根本在于基础货币供给不足与信用货币之间的矛盾,此矛盾不解决,则空盘永远存在,市价有涨落,则投机交易也难免。何况在金融发育不良,币制混乱,法制不规范的岁月。1916 年,宁波钱庄因实行呆板洋拆(冻结利率)之故,空盘曾高达每百两合 162 元,翌年虽有回落也在 150 元高位徘徊,这也是我国第一次实践证明利率作为货币政策工具对金融资产价格之影响。但是,空盘价格过高也会影响到工商业的正常开展,对社会造成伤害。因此引起社会各界关注,纷纷提出救济之方,如宁波商校校长林斗南、上海总商会会长周宗良等,但终不能根绝投机流弊,直到 1933 年,废两改元,币制统一,宁波钱庄的空盘交易才告结束。

我们对宁波的空盘市场进行总结和分析是必要的,看看在哪些方面是符合现代金融市场理论的,也使我们认知到,一个一定发育程度的金融投资市场和投资工具至少在 19 世纪 70 年代的宁波存在着。

第一,它已经脱离了实体交易阶段,属于虚拟经济范畴,"悬拟价值"。

---

①　《宁波府知府禁革空盘告示》,民国《鄞县通志》,食货志,第 265 页。

②　《申报》1880 年 4 月 23 日。

③　泳白:《规元买卖问题之研究》,《四明日报》1910 年 7 月 2 日。

买卖对象不是银洋货币本身,而是现水,银洋只是一个符号,不是实际需要。

第二,它不属于期货,也不是现代的掉期业务,而更像是远期业务。期货是标准化的远期合约,所以它看起来也有期货的某些特征,尤其是后来的豆油交易,以150斤为一手,向标准化发展。① 现代金融的掉期也叫互换,是指双方为回避某项风险所达成的一定时期后将来确定日期进行交割的协议。它所买卖的现水报价不是远期价格,而是当天的现水价格,但是交割可以在五天后,"五日一掉期",五天后必须平仓结算。五天后的当日现水价格比买卖时的价格涨落就是盈亏基础。

第三,信用交易,买卖双方下单时不需相应的资金。是否有保证金,比例多少,已经不得而知。

第四,有一定的套期保值功能,也是它得以存在的合法性理由。

第五,钱业市场,相当于是不规范的交易所。"吾宁规元买卖根据地在钱业公所,其买卖时间则常在上午八时、十时之间。夫以一定时间,在一定场所进行一种买卖,就形式上视之,实与文明国家之所谓交易所者不谋而合。"②交易所交易是有一整套完整、公开的交易规则的,而它只是凭习惯、信用进行的交易。

第六,经纪人制度。钱业摊手就是以佣金为生的经纪人,也只是二级经纪人。摊手不能进入钱业市场交易,他要再行托会员钱庄在里面进行交易,视交易结果再与他的客户清算。

第七,影响已经扩大到周边地区。"近年以来,愈做愈盛,近邻各埠亦函电纷至。"③

第八,交易规模从开始时一日"数十百万",发展到20世纪10年代的"每日买卖值不暇不下千数万,宁波钱业公所几成一大赌场"④,提升了一个数量级。不过这个数字可能有些夸大。历史研究中凡是涉及数字的,应该格外小心,尤其是虚数。

第九,平仓制度。不必实行真实的交割,通过自动平仓,结算差价。

无论如何,宁波的空盘交易对中国近代金融史是一个值得注意的贡献。

---

① 《申报》1880年11月18日。
② 泳白:《规元买卖问题之研究》,《四明日报》1910年7月3日。
③ 泳白:《规元买卖问题之研究》,《四明日报》1910年7月2日。
④ 泳白:《规元买卖问题之研究》,《四明日报》1910年7月2日。

第七章 民国时期的钱业

清末宁波钱庄业有相当的发展,但真正使宁波钱业享誉全国应该在民国以后。那时山西票号归于沉寂,新式银行业尚处幼稚阶段,钱庄成为金融中心。民族工商业也利用一战短暂机会获得迅猛的发展,对资金的需求猛增。宁波钱业通过上海、汉口基地向国人宣示了它强大的实力。《鄞县通志》称,"方其盛时,势力直凌驾沪汉各埠"①。不过,这只是就一时现象而言。金融势必要与经济规模相适应,宁波的经济规模是无法与上海、汉口相提并论的。其意思是指在上海和汉口金融市场上,宁波帮钱庄"尤执上海金融之牛耳"②,同时因宁波钱庄系多单码头之故,常年有几千万之数资金放贷于沪汉各埠,声势雄壮。法币政策以前,币制混乱,银行方兴,幸赖钱庄为之维持金融。法币改革后,钱业的地位已然动摇,至一落千丈,越来越边缘化。尤其是 1935 年的金融危机等于钱业宣告了它的历史使命的终结。不仅仅宁波,上海、汉口、天津、广州、杭州等主要商业中心的钱庄业也走上同一条道路。

第一节 战前的钱庄业

虽然因辛亥革命影响,方家的"六和二元"钱庄清理,一度影响宁波钱庄业,但很快恢复。民初至战前的二十多年,可以说是宁波钱业的黄金时期。

基本上是在 1932 年以前,钱业为中国金融中心。1932 年以后,银行业逐渐占上风,压倒钱庄。1931 年发生了"一·二八"上海抗战,闸北一带本是新兴的工业区,几乎全毁于日军炮火。闸北地区的工厂以中小型占绝大多数,它们都是钱庄的客户,对钱庄业的影响相当大。上海钱业地位动摇,则其他城市钱业之地位亦随之动摇。不过宁波毕竟属于二线城市,当时银行集中于上海、汉口、天津等大都市,像宁波、杭州、南京、苏州这样的二线城市机构很少,与银行的竞争并不激烈。宁波因通商、四明银行由宁波帮中人士参与之故,得以设立较早的分支机构,但影响不大,根本无法与盘根错节、树

---

① 民国《鄞县通志》,食货志,第 274 页。
② 民国《鄞县通志》,文献志,第 2631 页。

大叶茂的钱业竞争。银行在宁波的业务,早期只限于兑换券的发行,信贷业务微不足道。民国《鄞县通志》也不无自豪地说:"甬市钱庄握经济之总枢纽,占社会最重要之地位。"[1]无独有偶,宁波附近的绍兴也情况相若,"银行之兴起正复无穷,同业之竞争势却愈烈,而绍兴金融掌握,尚在钱业"[2]。1933年末,在宁波的10家银行机构存款仅658万元,而钱业存款在六千万元之上,其贷款额在本地约3000万元,上海、汉口、天津、江苏等地放款最高在4,000万元。[3] 1935年的金融风潮后,银行存款才大幅增加,达到3,300万元,始超过钱业,夺取了金融事务的主导权。这10家银行机构在1933年平均每家存款仅66万元,其中还包括政府国库收支在内,还不及大同行钱庄。茅普亭在其回忆录中也说过:"因此宁波钱庄实力雄厚,以三十家大同行计,每家存款一百万计,即达三千万,加上小同行、现兑庄,全行业的存款总额当在五六千万元左右,这是宁波钱业的极盛时期。"[4]以上海钱庄1932年为例,南北市62家钱庄,存款总额16,251万两,约合21,000万元,平均每家340万元,贷款15,790万两,相当于20,790万元,[5]宁波钱庄的存款额相当于上海钱庄的30%,贷款相当于上海钱庄的34%。大的钱庄,如瑞康,存款额达到200多万元。[6] 不过有一点我始终不得其解。当在1918年之际,宁波钱业在本埠的贷款余额已超过2,000万元之数。[7] 然而到1934年,在宁波本埠及鄞县乡区间的贷款余额也才2,700万元。[8] 也就是说16年间才增加35%。是宁波的工商业没有进步,还是市场为银行所侵夺瓜分?结论是两者都不是。20世纪30年代宁波就已经有太丰面粉厂、和丰纱厂、恒丰布厂等借贷几十万上百万的现代企业存在了。银行业前面已经提到其在1936年前的市场份额尚很小。我做了很长时间的思考,唯一的解释就是,原先的2,000万元本埠放款中有相当大一部分贷款不是用于本地工商业经营活动,而是以本地商号名义借款,实际被用于在上海、汉口事业的拓展上,这与宁波帮在那时快速崛起的时间点是吻合的。随着这些人士的成功,资本

① 民国《鄞县通志》,食货志,第274页。
② 《交通银行绍兴支行营业报告(1934年)》,转引自《绍兴市志》,浙江人民出版社1996年版,第1322—1323页。
③ 徐世治:《宁波钱业风潮报告》,《浙江商务》第1卷,第1期,1936年。
④ 茅普亭:《宁波钱业史》,《宁波工商史话》,第1辑,第12页,1987年。
⑤ 《上海钱庄史料》,上海人民出版社1960年版,第270页。
⑥ 茅普亭:《宁波钱业史》,《宁波工商史话》,第1辑,第11页,1987年。
⑦ 《周宗良告宁波各业书》,民国《鄞县通志》,食货志,第269页。
⑧ 《宁波旅沪同乡会呈财政部文——为甬江钱业事》,《申报》1918年10月1日。

积累完成,在当地宁波帮钱庄中能够获得融资,那么这部分所占用的贷款额度就下降了,宁波本埠的实际贷款额相应增长了。

1917年,在一件资料里讲到,宁波钱业在本埠三九两对贷款余额为2,000万元,活期透支贷款余额两三百万元,拆放杭州、绍兴、兰溪数百万,上海方放款约550万元,总数约在3,000万元。[①] 按1917年贷款余额3,000万元,1933年贷款六七千万元计算,贷款总量的增长率,庶几接近了。

1918年宁波钱业因为省政府平现通令而与周宗良的恒孚钱庄发生冲突时,宁波共有大同行钱庄恒孚、保慎、元益、巨康、巨丰、乾泰、恒升、泰巽等29家。下面是所能找到的有关宁波钱庄最早、最详细的资料,是关于1919年宁波钱庄大小同行名单及其盈利状况:[②]

1919 年宁波钱庄大小名单及其盈利状况

庄 名	性 质	盈 利	庄 名	性 质	盈 利
巨康	大同行	5 万元	升泰	小同行	1 万余元
慎康	大同行	4.5 万元	丰和	小同行	1.5 万元
元亨	大同行	4 万元	泰生	小同行	1.5 万元
恒孚	大同行	3.5 万元	源源	小同行	1.5 万元
裕源	大同行	3.5 万元	大生	小同行	1 万元
瑞余	大同行	3.5 万元	安泰	小同行	1 万元
晋恒	大同行	3 万元	恒大	小同行	1 万元
敦裕	大同行	3 万余元	宝源	小同行	1 万元
瑞康	大同行	3 万余元	宝成	小同行	1 万元
元益	大同行	3 万元	信源	小同行	1 万元
成丰	大同行	3 万元	资新	小同行	1 万元
保慎	大同行	3 万元	元大	小同行	1 万元
衍源	大同行	3 万元	永丰	小同行	0.9 万元
益康	大同行	3 万元	通泰	小同行	0.9 万元
泰源	大同行	3 万元	慎成	小同行	0.9 万元
泰涵	大同行	3 万元	仁和	小同行	0.9 万元

---

① 《周宗良告宁波各业书》,民国《鄞县通志》,食货志,第 270 页。

② 《申报》1920 年 2 月 28 日。《宁波金融志》在引用本则材料时有误,把盈利理解为资本。

续表

庄　名	性　质	盈　利	庄　名	性　质	盈　利
泰巽	大同行	3 万元	恒裕	小同行	0.7 万元
景源	大同行	3 万元	彝生	小同行	0.7 万元
鼎恒	大同行	3 万元	恒康	小同行	0.7 万元
彝泰	大同行	3 万元	恒春	小同行	0.6 万元
丰源	大同行	2 万元	惠余	小同行	0.6 万元
资大	大同行	2 万元	慎祥	小同行	0.6 万元
汇源	大同行	2 万元	慎余	小同行	0.6 万元
鼎丰	大同行	2 万元	宝和	小同行	0.5 万元
余丰	大同行	2 万元	通源	小同行	0.5 万元
永源	大同行	1 万余元	聚元	小同行	0.5 万元
泰深	大同行	1 万余元	聚康	小同行	0.5 万元
恒升	大同行	1 万余元	成裕	小同行	0.5 万元
慎丰	大同行	1 万余元			

由上表可知,1919 年宁波钱业共有大同行 29 家,小同行 28 家,共 57 家,共计盈利 104.2 万,平均大同行每家盈利 2.76 万元,小同行平均每家 0.86 万元。20 世纪 30 年代大同行资本 6 万元,小同行 1 万~3 万元左右。1919 年大同行资本也就一般估计在 3 万元左右,小同行平均按 1.5 万计算,那么其资本回报率是极其可观的。如巨康在 1931 年的资本额才 6.6 万元,慎康 6 万元,元亨 3.3 万元,而 1919 年的盈利分别为 5 万、4.5 万、4 万元。而同期宁波中行利润不过 2 万元,宁波四明银行的当年利润约 9000 元,不敌钱庄。[①]

迨至 1926 年钱业会馆落成,从所存石碑大小同行落款具名看,大同行 28 家,与 1920 年比,增加天益一家,为小港李家产业,减少恒升、泰巽 2 家,其中泰巽转为小同行。小同行 34 家,增加元成、安余、同康、恒祥、承源、成康、保和、慎成、瑞源、泰巽 10 家,减少聚元、聚康、成裕 3 家,说明在此阶段内,宁波钱庄业是基本稳定的。

20 世纪 30 年代初,进行过四次不同主体的全面系统的调查,分别是鄞

---

① 《申报》1920 年 2 月 28 日。

县政府、实业部、中国银行浙江分行,其调查结果大同小异。根据鄞县政府统计数据,1931 年宁波城区共有钱庄 160 家,其中大同行 42 家,小同行 28 家,现兑庄 90 家,这应该是宁波钱庄的全盛时期。[①] 实业部的统计数据为 115 家。[②] 中国银行的调查数据为,"统计现有钱庄,并大小同行暨现兑庄而计之,当在百家以上,大同行 37 家,小同行 30 家,均设江厦"[③]。据 1932 年的鄞县《营业税征信录》,宁波城区共有钱庄 146 户。[④] 考察几方面之差异,主要是对现兑庄标准有出入,像中行的调查是以资本五百元为标准的,而鄞县政府是把所有现兑庄都列入统计范围了。大小同行数量基本相同,也有差别,可能是调查时间有一定先后所致,钱庄关张无常。实业部的调查统计数字近于中国银行,应该是这二者标准相同。

根据宁波钱业人士徐寄安的记录,1932 年共有大同行钱庄大源、衍源等 37 家,比上年减少 5 家,小同行仍是 28 家。惟现兑庄 39 家,与 90 家之数差很多。可能徐的现兑庄标准是指能够进入钱业兑换市场交易的钱庄,那些丁类钱庄没有包括在内。[⑤]

1933 年的《银行年鉴》所列宁波钱庄 65 家,只有数据,没有牌号。这 65 家也是指大小同行钱庄,正好与徐寄安的记录相同,当中不包括现兑庄。

为了全面详细起见,我们以下表 1931 年的宁波钱庄的鄞县政府统计数据为准。[⑥]

1931 年城区大同行钱庄

单位:银元万元

牌　号	资　本	经理人	创设时间	停业时间	地　址
敦　裕	6.00	夏锦骉	1886 年	1936 年	江厦
衍源兴记	3.30	邱焕章	1923 年前	1935 年	江厦
保慎全记	11.00	何莲官	1926 年	1934 年	江厦
余丰赓记	6.60	张芷芳	1928 年	1935 年	江厦
鼎丰成记	6.60	毛香生	1926 年前	1932 年	江厦

---

① 《民国二十年钱庄一览表》,民国《鄞县通志》,食货志,第 247 页。
② 《中国实业志(浙江卷)》,转引自《浙江金融志》,浙江人民出版社 2000 年版,第 68 页。
③ 《调查:宁绍钱业今昔观》,《中行月刊》第 7 卷,第 2 期,1932 年。
④ 民国《鄞县通志》,食货志,第 107—118 页。
⑤ 徐寄安:《过账须知》,第 209 页,《宁波文史资料》,第 15 辑,1994 年。
⑥ 本表参考民国《鄞县通志》,食货志,民国 20 年钱庄一览表、民国 22 年钱庄一览表,及浙中行:《宁绍钱业今昔观》,《中行月刊》,第 7 卷第 2 期,1932 年编制。

续表

牌　号	资　本	经理人	创设时间	停业时间	地　址
永源晋记	6.00	戴菊舲	1921 年	1935 年	江厦
泰源恒记	6.00	周巽斋	1914 年	1935 年	江厦
慎丰源记	6.60	刘桂才	1926 年前	1933 年	江厦
资大丰记	3.30		1926 年前	1932 年	江厦
景源裕记	5.50	赵时泉	1921 年	1935 年	江厦
汇源顺记	5.50	王渔笙	1916 年	1935 年	江厦
益康兴记	6.50	夏镜沧	1864 年	1946 年	江厦
瑞　康	12.00	张善述	1875 年		江厦
丰　源	6.60	干宝琛	1926 年前	1935 年	江厦
瑞　余	3.00	包友生	1911 年	1937 年	江厦
裕　源	3.30	徐茂堂	1911 年	1935 年	江厦
晋恒裕记	3.00	丁仰高	1910 年	1936 年	江厦
慎康顺记	6.00	王云章	1911 年	1952 年	江厦
元　亨	3.30	王茂珊	1911 年	1949 年	江厦
鼎恒丰记	3.30	林梦飞	1905 年	1950 年	江厦
巨康兴记	6.60	柴启泰	1897 年	1950 年	江厦
泰涵容记	4.95	俞佐宸	1911 年前	1935 年	江厦
元益久记	6.00	俞佐宸	1911 年	1950 年	江厦
彝　泰	6.00	朱永康	1916 年前	1937 年	江厦
恒孚润记	22.00	刘文昭	1917 年	1941 年	江厦
天　益	6.60	周慷夫	1921 年	1950 年	江厦
泰生康记	7.20	陈光裕	1926 年	1935 年	江厦
信　源	7.20	赵恩琯	1889 年	1935 年	江厦
彝生德记	6.00	胡景庭	1911 年前	1950 年	江厦
大　源	7.20	方济川	1919 年	1936 年	江厦
元大恒记	3.30	史尹耕	1926 年	1934 年	江厦
元　春	2.00	童泳章	1919 年	1936 年	江厦

续表

牌　号	资　本	经理人	创设时间	停业时间	地　址
同　慎	6.60	陈来荪	1925 年	1933 年	江夏
恒　生	10.00	张性初	1925 年	1936 年	江夏
复　恒	6.60	陈元晖	1927 年	1936 年	江夏
瑞丰源记	6.00	孙性之	1922 年	1950 年	江夏
镇泰阜记	6.00	陈祥余	1925 年	1936 年	江夏
长　源	5.50		1931 年	1932 年	江夏
慎　祥	6.00		1926 年	1950 年	江夏
赓　裕	6.00		1926 年后	1932 年	江夏
保　春	6.60			1933 年	江夏
合计 41 家	257.75				

1931 年城区小同行钱庄
单位:银元万元

牌　号	资　本	经理人	创设时间	停业时间	地　址
仁和兴记	3.30	陆维卿	1905 年	1935 年	崔衙街
元　利	0.50	陈祥麟	1904 年	1934 年	宫后
安　泰	2.20	林芝香	1911 年		江夏
丰和寅记	5.40	何龥臣	1850 年	1934 年	宫后
同　泰	3.30	周正邦	1927 年	1935 年	江夏
恒　祥	2.00	李水如	1926 年		江夏
恒裕泰记	2.20	王济生	1911 年	1935 年	江夏
恒康裕记	4.00	李星如	1926 年	1934 年	江夏
恒春丰记	1.76	童仲周	1919 年		江夏
恒大仁记	3.00	周宏生	1898 年	1935 年	宫后
保和同记	2.20	周正冠	1927 年	1935 年	宫后
通源宝记	4.00	郑传铺	1911 年		江夏
泰巽顺记	2.20	屠芸官	1929 年	1935 年	江夏
惟康恒记	2.20	王祖茂	1926 年	1935 年	江东灰街
萃　泰	4.40	柯安卿	1930 年		江夏

续表

牌　号	资　本	经理人	创设时间	停业时间	地　址
源源祥记	2.20	张静远	1911 年	1950 年	江厦
源　吉	4.40	陈有恒	1929 年		江厦
惠余恒记	2.20	李志任	1910 年		宫前
福　利	3.00	朱旭昌	1929 年	1950 年	江北岸
慎　余	1.10	王葆初	1910 年		江厦
慎益有记	2.20	周嘉祥	1914 年		宫后
慎昌丰记	2.00	康颖冠		1933 年	江厦
瑞源康记	3.30	陈子梁	1929 年		江厦
豫　泰	3.30	邹廷荣	1929 年	1933 年	江厦
承　源	2.20	杜仲甫	1922 年	1935 年	江厦
宝兴裕记	3.30	朱椂青	1926 年	1935 年	江厦
宝源永记	2.40	徐志馨	1911 年	1935 年	江厦
元成丰记	2.64	陈子京	1926 年	1935 年	江厦
合计 28 家	76.90				

1931 年宁波城区现兑钱庄　　　　　　　　　单位:银元万元

牌　号	资　本	地　址	牌　号	资　本	地　址
万　通	0.20	江北岸	永大源记	0.55	东门
万源仁记	0.60	江北桃花渡	廷　荪	1.00	鼓楼前
天　裕	0.50	崔衙街	兆昌源记	1.00	药行街
天　福	0.36	外浩河	庆　泰	0.60	宫后
公泰昶记	0.72	西门文昌阁侧	兴　源	1.00	宫前
元　祥	0.30	夏丈街	兴　康	2.00	宫前
升泰协记	3.30	江厦	同康裕记	3.30	鼓楼前
升　大	0.60	又新街	同　生	5.00	宫后
汇通裕记	3.30	江厦	同　升	0.60	宫后
生　源	0.20	郡庙东首	同　春	0.60	宫前
丰　泰	0.10	天后宫	同　昌	0.60	又新街

牌　号	资　本	地　址	牌　号	资　本	地　址
永裕兴记	0.30	江东后塘街	同源	0.30	百丈街
同　孚	0.50	后塘街	信康	1.00	后塘街
成　丰	2.00	江厦	信余	0.10	江北岸盐仓门
均　昌	0.55	崔衙街	信孚	0.50	宫后
甬　大	0.15	大池头鼓楼庙弄	胡元兴	0.08	江厦
志和永记	1.10	江厦	春榆	0.30	西门外花桥弄口
恒　新	0.60	又新街	协元安记	1.00	二境庙弄
恒　利	1.00	宫后	通泰恒记	2.20	江厦
恒　吉	0.36	灰街	资新	2.20	药行街
恒　隆	0.10	日新街	资丰	0.20	石板庙弄
承　和	1.10	上灰街	资康	2.00	药行街
宝信慎记	0.10	开明桥下	晋康兴记	0.33	双街
来　源	4.40	双街	祥康	0.50	方井头
和　济	1.00	崔衙街	道生丰记	0.55	潮音堂
顺　康	1.20	新河头	福源	2.00	后塘街
乾康茂记	0.60	江北同兴街	椿茂	0.30	药行街
敦泰慎记	1.30	江东灰街	勤源	0.30	西门外乙未坊
源利泰记	0.06	双街	慎大成记	1.20	江厦
源　长	0.60	江东三官堂	慎成久记	2.00	江厦
源泰慎记	0.20	东殿庙跟	慎源	0.10	后塘街
源　昌	0.10	江东洋行弄	慎孚	0.10	湖桥头
源　隆	0.10	方井头	慎生	0.20	江北桃花渡
惠　大	0.20	鼓楼前	瑞泰慎记	1.65	宫后
滋　康	0.10	二境庙跟	瑞成	0.50	后市
涌　丰	0.80	江北同兴街	瑞大	6.60	江厦
裕　康	0.20	江厦	瑞祥	0.30	大道头
福康昌记	0.60	宫后	鼎康	0.50	又新街

续表

牌　号	资　本	地　址	牌　号	资　本	地　址
余　大	0.75	平桥头	源康祥记	0.65	老江桥下
德　源	0.80	方井头	慎记泰号	2.20	双街
炽　森	0.10	西门大卿桥	来泰	1.00	官后
储　成	0.10	千岁坊	宝康	1.10	同兴街
懋　和	0.30	鼓楼前	元康	0.72	江东五星庙跟
鸿　泰	1.20	东门鸿昌内	源康	0.10	天后宫协泰内
元　康	0.33	西门外乙未坊	恒茂仁记	3.00	官后
慎　源	0.05	东殿庙跟	合计91家	85.16	

　　上述列表中的钱庄均局限于宁波城区,农村集镇的钱庄没有包括在内,其实有很多资料证实鄞县农村如蜃蛟、凤岙、黄古林等地是有钱业活动的。在民国《鄞县通志》的有关商业资本的统计表(1931年)中,钱庄的数量又被称为180家,与钱庄统计表不同,这两者有20家的差距,就是集镇钱庄的数量。[①]

　　这些钱庄中最主要的大同行钱庄大都集中在以江厦街为中心的街区。根据1932年的鄞县《营业税征信录》,江厦街11家,钱行街17家,糖行街32家,双街2家,宫前4家,宫后10家,就有76家之多。而全部42家大同行钱庄除了元祥设于江东百丈街外,都在江厦。[②]

　　民初至战前的宁波钱庄业有以下几大特点:

　　第一,钱庄业已经成为宁波经济的支柱产业。按1931年统计,宁波的全部商业资本为14,258,870元,而钱业资本有4,566,700元,占商业资本的32%。[③] 这是不包括工业资本在内的数据,若加上工业资本,其比例也为27%左右。这应该是一个很高的比例。当时宁波的新式工业的资本额也只有280万元,远在钱业资本之下,占宁波产业的第一位。"甬市钱庄握经济之总枢纽,占社会最重要之地位"是实至名归。

　　以浙江一省范围来讨论,据1932年《中国实业志》的统计数据,全省钱庄632家,资本总额约856万元,其中宁波城区115家,资本358.76万元,加上

---

①　民国《鄞县通志》,食货志,第69页。
②　民国《鄞县通志》,食货志,第247—251页。
③　民国《鄞县通志》,食货志,第69页。

宁属各县(包括余姚、定海),共计钱庄 193 家,资本 420.24 万元,[①]钱庄数量占全省的 30.5％,资本占 49.1％。

第二,尽管受到银行竞争的影响,但在 1935 年以前,整个金融的龙头地位仍然在钱庄。以中国银行为例,到成立四年以后的 1918 年,其放款总额仅三四万元,其后稍有增加,亦不过一二十万元,远不及一家钱庄之零数。到了 1933 年末,全部驻甬银行的存款也只有 658 万元。甚至有人悲观地认为"宁波金融重心集中钱业,银行在商业上除些微存款外,实无发展营业之可能"[②]。原因在于钱业习惯以信用放款为主,很少有抵押物作担保,与商业银行的风险管理原则大相径庭,故其在初期不敌钱业之灵活,业务开展缓慢,所吸收之存款为数甚少。故此钱业为经济之枢纽诚非虚言。

第三,钱业在 20 世纪 20 年代成为银行推广银行券之得力助器。在法币政策以前,很多商业银行都可以而且努力发行自己的银行券。按现代金融学理论,银行发行银行券,不必有百分之百的实足准备,总有一部分银行券在市场上流通,不会被兑现。假定以 60％准备金发行银行券,等于银行创造了 40％的基础信用货币。对银行来讲,本银行之银行券流通范围越广,流通中的银行券数量越大,其铸币税收入也就越高。银行券本身就是靠银行自身的信用流通的。在有多家银行都发行银行券的情况下,谁发行得多,谁的铸币税收入就高,银行总是千方百计地扩大本行银行券的流通,以抢夺市场份额为乐事。当时宁波流通的银行券有通商券、中行券、交通券、四明券、中国实业券、中南券、浙江兴业券、中国农工券。这些银行券彼此之间也开展竞争,抢夺市场份额,故纷纷委托钱庄代为发行,寄望通过钱庄的渠道与信用来推广银行券之发行。所以在早期,是主客易位的,银行是新设的,信用尚在建立过程中,渠道狭窄,市场的接受程度有限,信用度反不如钱庄。钱庄与银行签订协议,从银行领取银行券,当钱庄客户提现时,最初是九成现银一成银行券,后来随着银行券之推广,信用度提高,增至四成现银六成银行券。而钱庄从银行领取银行券时不必先行支付现金给银行,而是开列一定时期,五天或七天之远期庄票给银行,钱庄可以临时使用这部分头寸。钱庄推广的银行券可以按一定比例向银行收取手续费,钱庄在银行券的代理业务上是有利可图的。不同的钱庄所领取的银行券需在银行券上加盖能识别的印记,以区别投放渠道为哪家钱庄,便于银行与钱庄之间的结算及发钞

---

① 《中国实业志(浙江卷)》,转引自《浙江金融志》,浙江人民出版社 2001 年版,第 68 页。

② 转引自《宁波金融志》,第 1 卷,中华书局 1995 年版,第 190 页。

监督统计。舟山定海曾发现加盖"德"字印记的通商银行银行券,可资证明。[①] 通商银行宁波分行曾与宁波大康、福康、生康等二十家钱庄签订协议,领取通商银行券投放市场,后因法币政策实施,通商银行失去钞票发行权,故不得不对各钱庄领取的银行券限额削减百分之二十,引起宁波各钱庄不满,并利用旅沪同乡会向通商银行施压,要求通商银行遵守契约,顾全信用。[②] 可见代理银行券发行是钱业一大生财门径。

第四,适应近代工商企业的发展,钱庄的营业方针和营业方向也有很大转变。表现在一是向银行学习借鉴金融风险管理方法,在保持原传统信用贷款的基础上,增加抵押贷款比例,并设立货栈,延长金融产业链,加强抵押物管理,减少授信风险。1931 年国民政府的《银行法》中就对信用放款作了数量上的限制,钱业已有所觉悟,努力扩大抵押贷款比重,减少风险。二是把信贷对象从以商业企业为主,逐渐转向工业企业。近代工业企业兴办后,规模大,资金需求大,多家钱庄联合起来对单一企业贷款,共同促进近代工业的发展,也分享经济发展成果。像和丰纱厂、太丰面粉厂等企业创办人本身即为钱业要人,自不在话下。恒丰印染厂,就有复恒、棠源、信源、恒春等40 余家钱庄的贷款四五十万元,其中慎余一家就有贷款十几万。[③]

第五,继续保持多单码头的地位,将所吸收的存款大量投向上海、汉口等地市场,促进当地经济的发展。1918 年钱庄全部贷款余额 2,300 万元,对外地贷款在 700 万元。20 世纪 30 年代达到 4,000 万元,上海、汉口占绝大部分。

第六,钱庄规模继续扩大,投资回报丰厚。在清末,一般大同行钱庄资本约 3 万元,资产规模大的也就四五十万元。到了 20 世纪 30 年代,大同行钱庄的资产普遍超过 100 万元。至于投资收益,我们已经看到 1919 年的记录。1932 年,37 家大同行,资本 195 万元,共盈利 82 万元,平均利润率42%;小同行 29 家,资本 83.3 万元,共盈利 43.5 万元,平均利润率 52%。[④] 1934 年,大同行 32 家,资本 177.2 万元,盈利 70.5 万元,平均利润率 40%;小同行 23 家,资本 61.3 万元,盈利 12.2 万元,平均利润率 20%。[⑤]

第七,钱业开始出现向农村地区延伸的趋势。晚清时期的农村集镇一

① 盛欢熙:《中国通商银行及其发行的钞票——再论中国通商银行在舟山的定字加盖票》,《梁溪集·中国钱币研究论丛》,亚洲钱币学会出版社 2005 年版,第 181—190 页。

② 《申报》1936 年 2 月 23 日。

③ 王珊纯:《宁波印染织厂发展始末》,《宁波文史资料》第 15 辑,1994 年。

④ 宁波《时事公报》1932 年 1 月 29 日。

⑤ 宁波《民国日报》,1935 年 2 月 8 日。

定存在着以银钱兑换为主的兑换业，这是社会的现实性的客观需求。有些是商号兼营的，有些是在街边设摊博取微利，停留在钱业的最原始层次上。也有一些次区域商业中心，商业相对发达，产生了已有一定信贷业务的钱庄组织，甚至如凤岙的春生钱庄，在 1945 年一份申请复业的文件里，自称在 19 世纪 60 年代就已经存在，但毕竟是个案。[①] 进入民国以后，社会经济持续增长，商品经济和商品生产迅速向农村地区扩散，集镇的经济总量膨胀，原有的以生活消费信贷为主的典当融资模式已满足不了农村产业发展的需求，钱业在那里就有了市场资源和生存空间。从 20 世纪 20 年代开始，一些较大规模的市镇陆续有钱庄出现。鄞县在 30 年代，就有乡村钱庄 26 家；凤岙有兹泰、春生等 5 家；黄古林为席业中心，有 4 家钱庄，1934 年增加到 6 家；横街 3 家；栎社、蜃蛟、前虞塔各 2 家；姜山、五乡、高桥、北渡、鄞江、横涨各 1 家。[②] 沈家门是渔业中心，钱业产生较早亦较多。其余余姚之周巷、浒山，慈溪之陆埠、洪塘，奉化之溪口、西坞、江口，象山之石浦，镇海之澥浦、庄市，均已陆续出现钱庄，说明商品经济在 20 世纪 30 年代的宁波已经很大程度上影响到传统的农村社区。

第八，钱业的信用风险不断增大。在熟人社会里，钱业以信用放款为主要手段，一般单一客户的贷款额占总资产的比例较少，贷款出现风险，钱庄仍能维持运转。近代化大工业企业出现后，产业规模大，资金需求增加，其风险特征与传统工商业不同，这些新式企业开始的时候欣欣向荣，效益良好，且创办人也是家资富厚，成为钱业争揽的对象，钱业贷款会出现集中于一家或几家大客户的倾向。现代金融学上有个"二八定律"，即 20％的客户产生 80％的利润，钱业中人没有深厚的金融理论，但实践上却能体认到这一客观现象。这些客户因获得贷款较容易，就会萌生产能扩张冲动，或者利用贷款从事多头投资，一旦市道转坏，周转不灵，信誉顿挫，引起连锁性反应，钱业的坏账风险大增，而且对自身的资金流动和正常周转产生极大影响。20 世纪 20 年代以前，几千元坏账已是很大事件，20 年代后，几万几十万元的坏账也是经常发生。1930 年，何耿星做上海标金投机失败，亏损 300 多万元，庚裕、同康、瑞丰、同慎、同泰、保和等 19 家钱庄受影响。1932 年，美球针织厂贷款 60 多万元，以 5 折收回。1935 年糖行街德和糖行倒闭，钱业贷款有 70 万元之多，最后由虞洽卿出面调解，债权债务人双方洽商按比例清偿，钱业损失几十万元。立丰面粉厂各钱庄借贷在 90 万元，因经营不善，后由金

---

①　鄞县政府财政科档案，宁波档案馆，旧 3－1－125。

②　民国《鄞县通志》，食货志，第 107－118 页。

莛荪等人接盘,条件是所有贷款以三分之二比例转为更名后的太丰面粉厂贷款,损失 30 万元。恒丰印染厂,共有钱庄贷款四五十万元,除慎余钱庄 10 多万元后经债务重组,企业起死回生未受损失外,其余贷款皆以五折归还,损失计 15 万元。1936 年宁波钱庄对上海承余顺蛋厂有贷款 20 万元,该蛋厂因周转不灵,不得不实行债务重组,多轮磋商后达成重组协议,先还 10%,其余做展期处理。1937 年后塘街源利米粉厂倒闭,通裕、巨康二庄亏损 3 万元。从专业角度来看,钱庄在现代大型工商企业方面无法与银行竞争,原因在于其传统的授信风险管理模式已经不适应现代企业制度下的大型工商企业的经营活动规律了。国民政府《银行法》在某种意义上是有以法律手段迫使钱庄业正视风险,从事改革,重新确立风险控制原则,维持钱业的稳定,而不能简单地片面理解为打压钱庄,牺牲钱庄来扶植银行。

第二节　钱业集团的形成

20 世纪以来,宁波钱业最显著的发展便是钱业集团化趋势。尽管在 19 世纪后期开始已经有人在这方面有了一定的成就,他们在多家钱庄进行投资,形成系列的家族背景和家族色彩的联枝钱庄,如方家、李家、叶家,不过影响力大的还是在民国以后。最有影响的钱业家族集团是那些活跃于上海的宁波帮人物,这些钱业家族同时也在宁波本土开设几家钱庄。

陈存仁的《白银时代生活史》描述了法币改革以前的上海众生百态。其中有一节专讲"上海钱庄,宁波帮多"。作者系上海本土钱业要人严味莲孙子的同学,其对钱业的记述与其他资料相佐证,基本符合事实。严氏独资的致祥钱庄,经理为甬人王伯埙,也被当时人归入宁波帮钱庄之列。据其所述,当时上海共有著名的钱业家族七家,分别是镇海李家、方家、叶家;苏州程家;慈溪董家;苏州洞庭山严家、万家。甬帮占四家。[①]《上海钱庄史料》归纳为十大家族集团,分别是镇海李家、方家、叶家,苏州程家、万家、严家,湖州许家,慈溪董家,宁波秦家,叶许合资的"四大",实际是九家,其中宁波帮亦占 55%。

这些被称为钱业集团的家族,都是在上海金融界、实业界具相当影响力,领袖同乡的人物。他们很少独资设立钱庄,而是在多家钱庄拥有股份,这些钱庄也称为联枝钱庄,或联号钱庄。识别它们很容易,大致钱庄的字号中有一字是相同的,如慎余、崇余、立余、同余,余字系列为小港李家为主的

---

① 　陈存仁:《白银时代生活史》,广西师范大学出版社 2007 年版,第 18 章。

联枝钱庄;恒字号的恒隆、恒赉、恒大、恒巽等为宁波秦家的联枝钱庄;康字及"六和二元"为方家产业;大字号的以叶家为主。

上述七家或十家的描述是不全面的,没有涵盖到宁波钱业的全部面貌。还有很多人在钱业投资方面也是不遑多让。只是上面这些家族本身也是上海滩的商界领袖,其事业上的光环掩遮了众人。宁波钱业集团是一种群体性现象,也正是他们的影响力才使宁波钱庄获得近代金融史上不可动摇的地位。

主要的宁波钱业家族介绍如下:

第一,镇海李家。其创始人李也亭于道光年间去上海南市码头曹德糟坊当学徒,得与沙船帮相熟,后转入沙船工作。因有经商头脑,利用船员之便,夹带商品两地贩运,渐有积资。后遇同乡赵朴斋,赵认为其人忠诚可信,借贷给他,独资开设久大沙船号,盛时达沙船十余号,往来南北洋鬻货牟利,并自购黄浦滩地,建造久大码头,可称为航运金融的开创者。致富后,遂向金融业发展,利用赵朴斋的声望和经验,开始设慎余、崇余、立余三家钱庄,经理分别为余姚郑郎斋、慈溪袁聪清、林联荪,皆早期上海钱业领袖人物,此三家钱庄在辛亥前后先后停摆。李也亭去世后,他的孙辈继承祖业,业务重点除运输外,还向地产业发展,建立天地玄黄四家公司,但其影响最大的还是钱业。1903 年,其孙李眉清设同余钱庄,聘余姚人邵燕山为经理。1905年侄孙李泳裳设会余钱庄,经理为楼恂如,又设立恒兴钱庄。1906年孙李如山设岺余钱庄,经理沈如山。民国前后,先是橡皮股票风潮,后有辛亥革命影响,先后收歇。1919 年起,李泳裳又与同乡合股投资设立渭源、敦余、恒巽三家钱庄,1933 年设同庆钱庄。汪伪时期,另一孙子李祖莱设立福莱、聚丰、大森钱庄。在宁波的钱庄有天益、元益、彝生、彝泰四家。共计李家前后在沪甬等地开设的钱庄在十五六家。

第二,镇海方家。方家也是在上海开埠前就开始发展的家族。创始人方介堂,先在本乡开杂货铺,嘉庆年间始转业上海,经营粮油交易,后设义和糖行。方介堂过世后,其侄润斋、性斋更发扬光大,另设萃和糖行,后又设振承裕丝号。方性斋,又称方七老板,是宁波帮钱庄在上海的开山鼻祖。先在南市设南履和,时在 19 世纪 30 年代,后在北市租界设北履和,从此对钱庄投资一发不可收。后人方选青、方季扬、方椒伯、方稼荪皆名重沪上。方家前后在上海、宁波、汉口、杭州等地投资四五十家钱庄,延续一百年,为宁波帮钱业家族里最具生命力的家族。其所有的"六和二元"八家钱庄,辛亥(1911年)年间亏损 400 万元,也能得安全度汛,可见实力厚重。

方家在上海的钱庄,早期有南北履和,后来陆续开设同裕、尔康、安康、延康、五康、允康、钧康、寿康、安裕、承裕、汇源、元善、和康、汇康、庚裕、福隆、义余、庶康、元康、乾康、福康、元大亨、晋和、元益、敦和、元祥、会余、益和、森和、庚和。在汉口约在 19 世纪 70 年代开设同康钱庄。在杭州开设庚和、豫和、广和、慎裕等钱庄。在宁波的钱庄为敦裕、益康、瑞康、元亨、义生等钱庄。1927 年,上海南北市共有汇划钱庄 74 家,方家投资的钱庄有 10 家之多,名动一方,为钱业巨擘。方家钱庄经理人多为余姚人,如谢纶辉、陈笙郊、屠云峰等,及他们推荐的乡人。

第三,镇海叶家。创业者为叶澄衷,15 岁至上海当学徒,后从事五金业,开设老顺记及南顺记五金店,营业遍布长江沿岸及天津、烟台等处,一时名噪,被称为五金大王。后又代理经销美孚石油,又与湖州许家合开大丰洋货号,进口洋布,更在苏州、汉口、上海开设火柴工厂,为宁波帮又一领袖。亡故后,其子子承父业继续投资钱庄业。其在上海投资的钱庄有承大、瑞大、志大、余大、升大、宏大、大庆、大庆元、衍庆、怡庆等,其中余大、瑞大、志大、承大四庄系与湖州许家合作。在宁波投资有志大、承大、和庆、义生、恒裕、正余六家钱庄。在杭州投资有和庆、元大两家钱庄。在安徽芜湖也设有怡大钱庄。叶家在汉口有较多产业投资,辛亥革命对其影响很大,消息传来,其在上海的钱庄被挤兑而先后倒闭。此后在钱业界影响力式微。

第四,慈溪董家。创业者为董棣林,于嘉庆年间往来东北经营参茸药材,积资颇厚。其子耿轩、友梅在上海开设大生沙船号,全盛时有 110 号,往来南北,贩运土产。友梅孙子仰甫在上海于 1878 年开设泰吉钱庄,1884 年中法战争中停业,其后又投资了多家钱庄,计上海有晋大、会大、泰大钱庄,杭州有阜生、阜康二钱庄,汉口有同大钱庄,宁波有祥余、瑞余、恒裕、正余、阜生、阜康、义生等钱庄。但是董家在钱业上的投资大致也在辛亥前后歇业,其后少见其家族身影。

第五,宁波腰带河头秦家。秦家是晚起家族,创业人秦君安,在上海从事颜料生意,设恒丰昌号。一战时因德国产靛青原料断档,价格暴涨而大获其利,遂向钱业发展。其子善宝、善贵等亦继续投资。其在上海投资之钱庄有恒兴、恒隆、永聚、恒大、恒贲、恒巽、恒源、鼎恒等,在宁波投资的钱庄有晋恒、复恒、鼎恒、泰源、涵源、瑞丰、元余、瑞孚等八家,在汉口投资有裕源银号。今天成为全国重点文物保护单位天一阁一部分的秦氏支祠,就是他在上海发达后所建。

上述五大家族是广为人知的钱业家族,但宁波帮的钱业集团远不止于此,尚有许多家在钱业上有相当实力和广泛投资的家族,也略加叙述。

第六,严康懋。严康懋与秦君安关系密切,秦家的钱庄常见严氏身影。

他与湖西赵占绶家族也为姻亲关系,其子严祥绾,亦子承父业。严早期也在上海发展,与秦为商业伙伴。秦家发达后,钱业生意交由严来打理,严遂转身钱业。严康懋投资的钱庄,在上海有秦家的恒隆、恒赍、永聚及恒祥、恒大,同时在源吉、德源也有投资。在宁波投资的钱庄有信源、衍源、永源、五源、鼎恒、复恒、泰源、泰生等。在杭州投资的钱庄有寅源、嵩源、崇源、益源。汉口有裕源银号。兰溪有瑞孚、宝泰、源亨钱庄。金华有裕亨慎钱庄。1889年,宁波新江桥发生惨剧,严氏领衔集合同道,创议从英人手中赎回路权,不再收费,为邑人所敬重。

第七,徐庆云。被称为棉纱大王。曾创办上海棉纱交易所,也曾从事标金投机,又称标金大王。他是实业家也是金融家,其产业和经营活动主要在上海,创办有福泰纱号,是大丰纱厂大股东,大英银行买办。钱业方面的投资有上海的恒隆、敦余、恒祥、寅泰、恒赍、恒巽六家钱庄。在宁波的钱庄没有找到活动线索。虽然也是洋墅人,但不是洋墅徐家。

第八,刘鸿生。定海人。也是活跃于上海的中生代宁波帮著名实业家。以煤业起家,致富后投资于钱业。在上海钱庄享有一定地位。他投资的钱庄有五丰、志裕、义昌、成丰等。其子刘午桥,专业钱庄,曾任志丰、志裕钱庄经理,上海钱业公会委员。

第九,孙衡甫。原为钱业学徒,后转营银行业,为四明银行总经理。他对钱业颇有心得,曾投资数家钱庄。在上海方面有益昌、成丰、恒赍、恒隆、信裕等钱庄。宁波投资有慎生、元余、元春,其中慎生为孙独资。

第十,严如龄。原为元亨洋行买办。专营皮毛出口业务,致富后也投资于钱业。主要投资的钱庄有上海的益康、益昌、志丰、志裕、滋丰、泰昌六家。

第十一,周宗良。也可算是宁波帮中生代代表人物,曾任宁波总商会会长。和秦君安一样早年从事颜料业,因一战而暴富,产业拓展至沪、杭、甬、汉、港等地。钱业方面的投资在上海有瑞昶、滋康、志裕、宝丰、恒隆、恒大、恒生等钱庄,宁波开设有恒孚钱庄、同益银公司。1818年曾为平现水孤军独战宁波钱业。

第十二,徐承勋。上海裕康洋布行股东,一战后发家。其投资的钱庄在上海有志诚、益昌、德康、渭源、慎源、永聚六家,宁波有鼎恒钱庄。

第十三,徐霭堂。原为新凤祥银楼股东,在上海钱业投资有益昌、寅泰两家,在宁波钱庄投资较多,有衍源、大源、景源、汇源、裕源、宝源、泰巽、永源等八家。

第十四,徐懋堂。也是以实业起家,转投资钱庄业,在上海钱庄投资有恒隆、聚康、敦裕、同庆四家,在宁波钱业投资有天益、裕源两家,并一度曾任裕源钱庄经理。徐懋堂、徐霭堂属于著名的洋墅徐家。

第十五,俞佐庭、俞佐宸。俞氏昆仲系钱业出身而投资于钱庄业,为小港李家李泳裳之表侄。俞佐庭原来在宁波慎余钱庄当学徒,得到李泳裳的提携推荐,后去上海恒祥钱庄任账房。1916 年回宁波任李家天益、慎德钱庄经理。1926 年再赴上海为中易信托公司银行部经理。1927 年回宁波担任财政局长,宁波总商会会长。开办和丰纱厂,设慎丰、正大渔行,向实业方向发展。又在上海开设国货商场,并投资嘉兴民丰造纸厂。后又在恒巽钱庄任经理,为上海钱业公会常委。其后又在银行方向多有拓展,发起成立天津垦业银行,横跨银钱两业。他是宁波帮金融业转型的代表人物之一。其在上海投资的钱庄有恒巽、恒祥钱庄,在宁波投资的钱庄有天益、泰源、五源、巨康、慎泰、仁和六家。

俞佐宸先在宁波咸恒钱庄当学徒,后任宁波元德、元益、天益钱庄经理兼任垦业银行宁波分行、四明银行宁波分行经理和总经理的职务,及余姚元泰典当经理。投资于宁波太丰面粉厂、永耀电力公司、四明电话公司,是浙东商业银行发起人。天一、四明、国际三家保险公司经理。其投资的钱庄均在宁波。计有彝生、祥康、天益、元益、慎余、慎康、源源、元亨、元泰九家。他算是横跨银钱、保险的三栖人物。

第十六,薛文泰。也是以实业发家。产业有兰泰花厂、振华纱厂、大有余榨油厂等。在钱业方面均投资于上海,计有瑞泰、均泰、敦余、泰昌四家。

第十七,乐振葆。也是以实业发家,转投钱业并横跨银钱两业。为上海商业银行、上海煤业银行董事。其在上海钱业方面投资有同泰、同兴、同新、滋丰、振泰五家钱庄,在宁波投资于同慎钱庄。

第十八,余葆三。也是实业家投资于钱庄业。上海投资钱庄有信康、慎源两家,宁波投资有五源、泰生两家钱庄。

第十九,赵占绶。即湖西赵家,宁波城内有名钱业家族,其子赵恩琯,亦业钱业,其所投资钱庄与严懋康家族有关。在杭州投资有寅源、崙源、益源、崇源钱庄,金华有裕亨慎钱庄,兰溪有宝泰钱庄,宁波有鼎恒、复恒、衍源、永源、五源、信源、丰源、泰源、泰生等九家钱庄。

第二十,张咀英。在上海投资有慎源、元大钱庄,在宁波投资元泰、元余两家钱庄。

第二十一,陈子埌。原为钱业中人,投资于钱庄业。为上海恒隆钱庄经理。在上海投资有恒隆钱庄,杭州投资于寅源、崙源钱庄,汉口投资于裕源钱庄,宁波投资于余丰、永源、泰源、恒丰四家钱庄。其子陈春雺投资于宁波晋恒钱庄。

其他投资于两家以上钱庄的人还有很多。

我们发现在此集团式钱业家族中，基本上包括了宁波帮中最成功的人物，同时这些人又通过联合投资钱庄的交叉持股模式，结为紧密、庞大、有力的商业联盟。这不仅因为钱业能带来较好的回报，从事实业也需要更多的金融支持。这是宁波帮最深的体会和实践，也是支持它能够凌驾沪上的最重要原因之一。

第三节　1935 年的钱业风潮

1935 年，是宁波钱业也是全国钱业的分水岭。大规模的金融风暴终于以不可阻挡之势袭来。此前也有一些钱业危机发生，如 1883 年胡雪岩之阜康钱庄倒闭事件，全国十几家分号一起轰塌，宁波的有通泉钱庄、通裕银号两家为胡联号钱庄，虽有一定影响，属于局部性危机。1910 年因橡皮股票事件，严信厚、严义彬父子的源丰润票号倒闭，宁波的源丰、源隆钱庄，源丰官银号，及四明银行宁波分行受影响。1911 年方家"六和二元"因辛亥革命影响被挤兑，波及沪杭甬联枝钱庄，也只是局部性危机。经过一段时期的调整，市场慢慢地恢复正常。这些危机中影响和卷入的钱庄只是一部分，大多数钱庄幸免于难。而发生在 1935 年的钱业风潮，固然可以找到外部因素如美国的白银政策，农村经济的破产来说项，但本质上，在我看来是属于内部危机，钱庄业的金融主体地位转移势所必然。在此次风潮中，上海、汉口、天津全面告急，南京的钱庄大批大批地倒下，镇江、芜湖有 70％钱庄倒闭。浙江也是重灾区，湖州、海盐钱庄最严重，没有一家存活，杭州、兰溪、绍兴、余姚大都惨不忍睹。从此钱业一蹶不振，极呈疲态。此次钱业危机也是全国性危机的一部分。

从 1933 年底开始，钱业已感受到冬天的气息。该年已经有同慎、慎丰等五家清理不上市。1934 年复有保慎、丰和等八家相继停业。1935 年上半年，当时已经有仁和、余大、道生、生源四家相继歇业清理。[①] 6 月上海发生钱业风潮，系承钱庄倒闭，对宁波影响尚小。7 月中汉口裕源银号倒闭是更大危机的导火索。裕源银号亏损 180 万元，该银号系宁波帮钱庄。其中有严祥琯三股，宁波泰源钱庄经理周巽斋一股。严祥琯为严康懋之子，承父业在宁波投资有永源、泰源、五源、复恒、信源五家钱庄。消息传入宁波，泰源首先受到影响。经经理周巽斋多方奔走，设法稳定。而此时存款人对严家所投

---

① 雪蓉氏：《三年来宁波钱庄之检视与展望》，民国《鄞县通志》，食货志，第 298 页。

资之钱庄信心严重不足,纷纷提取存款,以防万一。严家联枝钱庄经理为应付局面,遂向钱庄各股东发出请求,要求股东垫款,以纾危机。另一股东赵占绥和严家是亲家关系,对外投资过大,一时不能收缩,无力垫款。其子赵恩瑢又是信源钱庄经理。存户就对信源的信用表示怀疑,继而影响到源吉。大家蜂拥而上,群起提存。7月28日这天,在同行清算中,信源头寸短绌四万元,找同行同业拆借,慎泰一万元,天益、元益、巨康各五千,以补平头寸。尚有一万五千元没有着落,其余各庄袖手不肯,原四庄的借款二万五千元也毁诺不给。信源钱庄的结算转账无法进行。其开户的客户,凡收入均转到其他钱庄的账户,当日搁浅。第二天,联号钱庄衍源也宣告停业,跟着其连号的泰源、永源,小同行五源陆续告停。31日,大同行泰生、现兑庄惠大也告清理。8月1日,小同行恒茂、惟康,现兑庄兴康、衍康跟着倒闭。

8月2日,风暴更为猛烈。市场已失去信心,人心惶惶,蜂拥挤兑,羊群效应发酵。大量存款人向钱庄提款而存入认为相对安全的银行中作为避风港。当日有大同行泰涵、汇源、余丰、景源、裕源五家,小同行泰巽、宝源、宝兴、保和、元成、承源、丰大七家,现兑庄同春,共计十三家钱庄倒闭。

面对汹涌风潮,钱业公会也自感无力,只能求助于地方政府。2日下午,宁波总商会召集钱业公会开会,并邀请地方政府专员、县长等首长出席商讨对策。同时,鄞县政府采用临时紧急限制措施,发出布告,宣示临时金融限制,尽可能维持金融秩序。宣布钱业之过账仍照常进行,对客户提现规定为百元为限,绝对不得超过。总商会也公布六项措施:

第一,各庄多单不得超过15万元,如有超过15万元的,超过部分由司日分拆欠单各庄,债务由同业共同负责。

第二,每一存款账户每日提现不得超过100元。

第三,若钱业公会认为某钱庄缺单过多,得随时调查其拆单数目,必要时得令其股东垫款。

第四,希望本地各银行暂时停止接收钱业过账存款。

第五,函请中国、中央、交通三行,共同借款200万元,由钱业共同承担债务。

第六,已经停业各钱庄,即日复业,过划照旧办理,并将收付账略抄送总商会审查,报县府查核。一面请股东尽力增垫资本,一面告各存户暂缓提取。

8月3日,又有大同行源康、小同行恒裕停业。

自此以后,因处置及时,措施得当,市面渐告平复,金融秩序慢慢稳定,只有小同行同泰一家在8月11日清理。上面六项措施中,向三行借款200

万元一项,因不能满足银行抵押品要求而没有实施。

到10月10日,尚在运作的钱庄还有大同行敦裕、益康等21家,小同行源源、源吉等9家,现兑庄和济等24家,共剩上市钱庄54家。

然而,一波未平一波又起。本以为钱业风潮暂时平息,哪想到更致命的杀伤力还在后面。1935年11月,国民政府实行法币政策,禁止银元流通,法币的发行权集中在中、中、交、农四行。其他银行已经发行的银行券逐步退出流通。钱业创造货币供应量的能力与范围被大大压缩。存款转移又告开始。据估算,钱业存款外流有1,600万元之多,"其中600万元转划上海,600万元存入银行,400万元窖藏家中"[①]。差不多钱业存款要流出三分之一。接着又发生一波倒闭浪潮。续有大同行敦裕、元亨2家,小同行益康、瑞孚、恒大、惟康、泰巽、慎大6家停业。只剩下大同行12家,小同行18家,现兑庄9家,还在勉力营业。与1935年初大同行33家、小同行27家相比,几乎减少了50%。

对各县钱业的影响也是非常严重的。余姚、镇海、奉化、慈溪、定海的钱庄也接着大批停业。就是鄞县乡村钱庄也纷纷歇业。"宁波城区以外,受此影响,定海的宝源、泰源亦相继停业。余姚、慈溪等县,亦有因而停业者。"[②]

1936年钱庄在上年总结束期后开业时,钱业现状更惨不忍睹,面目残缺,劫后余生的钱庄仅有大同行13家:大源、天益、元益、恒孚、巨康、晋恒、慎康、瑞康、瑞丰、鼎恒、彝泰、彝生、福利(小同行改组);小同行7家:通源、源吉、源源、惠余、慎余、瑞源、廷荪(现兑庄改组),共20家。至于现兑庄,因法币政策实施,已失却生存空间。与宁波钱庄的全盛时比较,不啻有霄壤之别。

钱业风潮中,钱业股东为应付危机垫款,现金383,100元,股东存款转为垫款117,526元,垫押款即抵押商借567,900元,共计1,068,526元,也是杯水车薪,无济于事。

对于此次钱业风潮产生的原因,时人多有分析。略举主要的几个评论:

徐世治认为有七大原因:[③]

第一,过账制度容易使信用膨胀,许多钱庄无节制扩大信贷规模,其短缺的头寸不是通过努力增加存款来解决,而是利用清算制度的同业拆借来补平,资金平衡脆弱,一遇风潮,无法应付,发生流动性危机。

---

① 徐世治:《宁波钱业风潮报告》,《浙江商务》第1卷,第1期,1936年。

② 徐世治:《宁波钱业风潮报告》,《浙江商务》第1卷,第1期,1936年。

③ 徐世治:《宁波钱业风潮报告》,《浙江商务》第1卷,第1期,1936年。

第二,农村经济破产与一般工商业衰退。外国廉价商品输入,向农村地区渗透,破坏农村传统副业。外国农产品倾销,破坏农村经济,农村缺乏购买力,导致民族工商企业产品销售困难,无利可图,造成贷款不能按期收回。对宁波钱庄本次危机影响最大的直接因素是,宁波钱庄贷放在上海的贷款有 160 万元不能如期收回,加剧了流动性支付危机。

第三,美国的白银政策,抬高银价,大量银元出口,造成银根紧缺。

第四,受沪汉金融风潮的影响。

第五,钱庄内部亏空,钱庄股东经营其他产业亏损巨大,影响到钱庄运作,或者钱庄经理个人从钱庄借款金额过大,平日被议论,一遇风潮,即受挤兑。

第六,受同业拖累及存户挤提,而钱庄本身经营正常,但在过账时一时出现缺单,多单庄不肯拆单,无法轧平头寸。还有就是联号钱庄,相互为关联公司,甲庄既倒,乙庄便动摇,这种状况最多。

第七,有些钱庄主眼光短浅,趁机收缩业务,免受连累,尽量置身事外。

雪蓉氏也总结其原因有下面十一端:一是资本薄弱;二是股东不健全;三是市面不景气,放款不能收回;四是联号太多,相互影响;五是上海钱业风潮影响;六是无准备库组织;七是银行的竞争;八是同业倾轧;九是钱庄内部员工自私自利,竞提存款;十是人心浮动;十一是以活期存款为主,未收定期存款。[①]

以上的分析有一定的道理,但仅是就现象进行描述与讨论,而没有触及一个根本性的问题,就是金融监管问题。当然以此去苛责前人有失公允。现代金融监管是从历次金融危机经验教训中总结发展而来的。当时主持全国财政金融的是宋子文,他在哥伦比亚大学接受了经济学知识的培训,是旧中国最优秀的财经专家。他为中国建立了现代中央银行制度。他主持实施法币政策,主要应该说是更多地在于统一币制,铸币税归中央,加强中央政府的财力,同时防止政府可能把货币政策作为财政政策来使用,而无节制发行货币,导致通货膨胀。后来法币的破产,另有原因,不应该由他来承担责任。很多学者把 20 世纪 30 年代以来国民政府为加强全国金融管理而采取的各种措施和法令,解读为国民政府以控制全国经济为目的的说法是有悖于历史事实的。

金融业与其他产业相比的最大特点在于它的外部性。金融业一旦出现风险,不仅仅影响自身,同时对社会产生相当大的冲击力。加强监管的目的

---

① 雪蓉氏:《三年来宁波钱庄之检视与展望》,民国《鄞县通志》,食货志,第 299 页。

也就在于减少可能的危机发生,舒缓对社会经济的破坏力。根据现存资料,我们追溯根由,1935 年的金融风潮所存在的几大原因其实都是与监管缺失有关。

第一,资本与风险资产的比例过高。资本实力强,抗风险能力也强。我们以本轮风潮中停业的钱庄为例,23 家钱庄资本总额才 163 万元,而风险资产(贷款余额)却达 1,500 万元,资本与风险资产比例为 10.86%。在没有中央银行作为最后贷款人制度下,这一比例是过高的。像恒裕钱庄,资本才 2 万元,贷款余额 23 万元,资本杠杆达 11.5 倍。有些钱庄更加没有章法,拼命发放贷款而不计及资本大小及可靠稳定的资金来源,过度依赖于同业拆单。一遇挤提,难以偿还同业拆借。衍源钱庄贷款 112 万元,同业拆借就有 36 万元。那些自以为经营保守稳健的钱庄收不回拆放款也被拖累。像源康钱庄,资本 10 万元,贷款金额六七十万元,应该属于经营稳健的钱庄,一直以多单见长,日常有六七万元拆单,但因为那些缺单钱庄既受挤提,自然不能归还拆借款项,也跟着被停业。

第二,流动性比例过低。钱业要有一定比例的资产以现金、有价证券等变现能力强的流动资产来应对临时性集中提款。我们分析这 23 家钱庄,负债及资本总额 1,570 万元,而贷款总额为 1,500 万元,流动性资产才 70 万元,比例明显过低。因为贷款不能立即收回,变现能力差,容易陷入流动性陷阱。恒裕钱庄就存在流动性不足的问题。

再看存贷比。钱庄不能把所有存款都用于贷款。23 家钱庄的存款总额 1,072 万元,贷款金额 1,500 万元,存贷比达 139.9%,钱庄基本上已无备付金。现代商业银行一般要求银行保持存贷比例在 75%,也就是说每 100 元存款,只能发放 75 元贷款,目的就是保持银行的流动性。

第三,准备金制度缺失。在中央银行制度下,商业银行应将存款总额的一定比例缴存央行,称法定准备金。出现支付危机时,央行组织再贷款,及时平息支付危机。上海钱庄在 1932 年就考虑实施钱业联合准备库,总额 5,000 万元,其中现金 300 万元。其性质属于平准基金,还不是央行法定准备金制度。[①] 当时中央的法定准备金只是针对银行,把钱业纳入法定准备金体系是在战后的 1946 年,比例为 15%。宁波钱业连同业平准基金阶段都未达到,风潮甫来,便束手无策,坐看倒闭。

第四,关系人贷款。钱业的贷款结构是不透明的,其内部运作全凭经理个人意志。在缺乏有效监管情况下,经理人、股东较容易获得贷款,且其条

---

① 《上海钱庄史料》,上海人民出版社 1960 年版,第 534 页。

件又优于一般客户的贷款。关系人把贷款大量转投资其他事业,事业失败就会影响贷款归还。在以信用贷款为主时代,没有外部审计、监督,关系人就有先天性优势借得款项,由此产生道德风险。当一家钱庄的股东借款超过其资本投资时,维持钱庄正常运转已不是他的最优选择。现代金融制度里有特别的条款限制关系人贷款。当时关系人贷款是钱业普遍现象。"钱业股东如经营他业有亏耗,或经理积欠庄内过巨,而为人指摘。这种钱庄在平日亦立足不住,一遇风险,自难幸免。风潮常由此种钱庄开始"①,"如历年来清理或倒闭的钱庄,吾人试一查其簿据,其经理大多亏负巨数"②。

第五,信用过度膨胀。过账制度使得钱庄能创造大量的信用货币。我们分析 23 家钱庄的现金存底(M0)为 66,000 元,而其全部广义货币供应量(M2)在 1,500 万元之多,货币乘数在 25 倍之上。钱庄尽可能把不生息资产(现银)压低到最低限度,需要现银支付时多从市场买入。遇到现金挤提,因没有足够现银库存,引起市场更大动荡。

第六,资产结构性不匹配。钱业存款都是以活期为主,意味着随时要应付客户提取。但 23 家钱庄的长期贷款有 568 万元,占贷款金额的 40%。当钱业产生支付危机时,活期存款是客户随时可以提取的,而长期贷款限于契约,不能立即收回,造成一个缺口。

第七,贷款集中度过高。按风险分散原则,一家钱庄不能把过多贷款集中于一家客户,也不能对单一行业贷款过多。但宁波钱庄贷款显然过于依赖传统产业。如药材业,共 64 家倒闭 40 家,"综计坏账以本埠药行方面占多数,约一百万元以上"③,坏账 100 万元,以催收率 30%～50%回收,药行一业的贷款金额总在 300 多万元,要占本地全部贷款余额的 10%多。德和糖行一家就有贷款 70 余万元,贷款完全超过了它从事正常商业周转需要。资金来源容易,借款人就越有可能从事主要业务以外的投机活动。德和糖行倒闭也成为宁波钱庄史上的一件大事。

世界性经济危机造成的农村经济衰退,美国的白银政策导致白银外流,银行业的竞争等自也可罗列为其原因,但不是根本性因素。钱业自身存在的问题才是根本性的。而钱业自身存在的问题又被前几年的景气所遮蔽,没有遵循审慎经营原则。这与缺乏强有力的监管机构、明确的监管目标、具体的监管指标有关。现代金融业的一个基本原则就是建立有力监管体系,

① 徐世治:《宁波钱业风潮报告》,《浙江商务》第 1 卷,第 1 期,1936 年。
② 雪蓉氏:《三年来宁波钱庄之检视与展望》,民国《鄞县通志》,食货志,第 299 页。
③ 茅普亭:《宁波钱业史》,《宁波工商史话》第 1 期,第 16 页,1987 年。

那是历史上无数次金融危机的经验所得。

如果说金融监管是近代金融发展的客观要求,那么对于 1920—1930 年代的国民政府的金融政策和措施应该抱积极的和正面的看法。

第四节　属县钱业概况

宁波府属各县,经济发展水平不一,钱业产生有早有迟,规模有大有小,在 20 世纪二三十年代基本已覆盖全境。

一、余姚

余姚是全国县层级钱庄业最发达的地区。

鸦片战争前后,就有许多人在上海钱业中开始担任职业经理人,如汇丰银行买办王槐三,就曾任职于其舅舅开设的三余钱庄,后来成为汇丰银行买办。清末上海钱业诸领袖中,姚籍人士有陈笙郊、谢纶辉及其子谢韬甫,其他如王怀廉、楼怀珍、张梦周、沈景梁、胡涤生、胡熙生、傅裕斋、陶善梓、胡梦汀、王文治、戚子泉辈都活跃于上海钱业界。北大校长蒋梦麟曾在自己的回忆录中提到其父供职于他堂兄在上海开设的一家元盛钱庄。

余姚原为绍兴所辖,民国 2 年设会稽道于宁波,1928 年复归绍兴,1949 年又划归宁波。从经济领域看,余姚与宁波联系之密切超过与绍兴之联系。1924 年由虞洽卿倡议在上海设立包括余姚的三北同乡会,一直以来与宁波渊源较深。其地金融业之繁荣除金融人才外,还依托于它丰富的经济资源。庵东为浙盐主要产地,姚北是棉花产地,20 世纪 20 年代棉花一项输出就有二三百万元。又人口众多,1928 年统计全县有 64 万人,1941 年为 70 万人,1948 年降为 66 万,减少部分大约是移民到了上海,其县城人口更有 8 万人之数,为钱业发展提供了良好的基础。

据说其最早的钱庄是开设于 1870 年的升大钱庄。到清末已达 31 家之数,已然具备一定规模,并在光绪中叶仿宁波钱业办法设立钱业公所,实行过账制度。宁波钱业中的客帮主要指杭绍姚帮钱庄,1929 年钱业庄规中就有"一议姚帮收解,以一百之数起码",说明两地在钱业汇划上实际上已经连结为一个较紧密的网络。余姚钱业"向恃甬市接济"[①],"余姚地连宁波,各钱庄与甬庄进出"[②]。较大的余姚钱庄都在宁波钱庄中开设有账户,这样使得

---

① 《申报》1911 年 10 月 22 日。

② 《申报》1911 年 10 月 22 日。

甬姚二地经商的交易结算方便快捷。"余姚的同行钱庄,以向宁波相互记账为主,杭州、绍兴次之。"①

1911 年,余姚全城的商业规模已经达到"全市人欠欠人百余万"的水平。②辛亥革命发生,宁波钱业市场现水大升,"姚邑钱商,贪图微利,不顾本地市面,搜刮现银运往甬庄,每日数达十万"③,足见其金融规模。

民国初期,时局动荡,钱业受影响多所停业。随着民族工商业的发展,余姚钱业又获得较大发展。1935 年又发展到 24 家。该年宁波发生金融风潮,波及余姚,停业闭歇的达 20 家之多,打击甚巨,能持续经营的仅 4 家。当时曾任中国银行总经理的姚人宋汉章多方奔走,设法恢复,部分钱业又陆续复业,但无论如何已难挽颓势,不过维持局面。1941 年余姚沦陷前,只有钱庄 10 家,其中城区只有 5 家,另外 5 家散落于乡村集镇。汪伪时期,先后开设有 10 家钱庄。战后钱业复员,批准复业者近 10 家。解放后,全数停业。

不管是在国民政府在战后对银行(钱庄)业资本的规定中,还是解放后人民政府对钱庄的规定中,余姚钱庄与宁波钱庄是属于同一类别的,也可证余姚钱庄的相对发达,可以说余姚钱庄是全国县层级最发达的地区。

另外,余姚钱庄还存在一部分从事兑换业务为主的现兑庄,称为"挂壁钱庄",以兑换为主,并有少量放贷业务。这些钱庄分布城乡,数量比较多。临山、泗门、周巷、浒山等乡镇均有开设,说明余姚钱业已然有向乡村发展的趋势。

二、定海

定海,一直为宁波属县,现为舟山市,1954 年从宁波分离。定海为全国渔业中心,而渔业又是与钱业联系最紧密的行业,渔业生产资金长期以来主要依靠钱业支持。在沈家门一地,20 世纪 30 年代每年需渔业生产资金 180 万元,"此项资本,向由甬沈银钱业贷于渔栈,转贷渔民"④。

根据最新的《舟山市志》,清光绪末的 1905 年定海始设宝源钱庄,而根据《上海宁波日报》1934 年 4 月 12 日消息,"定海四十余年老店泰生(钱庄)倒闭",推算定海最早钱庄成立在 1893 年前。到 1912 年,定海有泰生、开和、庆大、恒益、怡泰、同德、福泰、宝源、元丰、义生、和生、永甡、恒泰 13 家钱庄,发

① 《余姚市志》,浙江人民出版社 1993 年版,第 424 页。
② 《申报》1911 年 10 月 22 日。
③ 《申报》1911 年 10 月 22 日。
④ 《申报》1936 年 2 月 28 日。

展很快。1910 年的润丰源事件中,定海大受影响。"传闻甬上各庄,于例放长期概行从缓,致本厅钱市大有恐慌之状,并闻有数家受其牵动云"①,这说明定海钱业已有一定气象。

1932 年,定海钱庄共有 32 家,资本 12.5 万元,平均每家才 3906 元。贷款规模为 134 万元,平均 4.2 万元,相对规模较小。

1935 年,定海建立银钱业同业公会。② 抗战时,各钱业被内撤,战后经批准有永胜、升和、义生、和生 4 家复业。

沈家门为著名海港,钱业活动也较早。1920 年开始有钱庄设立,到 1936 年有钱庄 16 家,其中慎祥钱庄一直延续到解放后。

岱山原为定海的一部分,民国之后也有钱业活动,1918 年,岱山东沙角已有永和成、永利、福升、东升、大生五家钱庄。

三、慈溪

慈溪的县域规划屡经变动,以至于其今天的主体部分已不是原来的慈溪。慈溪也是宁波钱业职业经理人比较多的县份,林韶斋一直是苏州洞庭山帮程家钱庄的经理,后由秦润卿接替,其他的如袁莲清、王伯元、孙衡甫皆为沪上一时钱业闻人,尤其是秦润卿,历任多届上海钱业会主席。"先是慈溪林韶斋先生领袖上海钱庄,与之相应者有同县洪念祖先生","同光以后,领导上海钱业者,可谓是慈溪人的天下。其后与秦氏相应者,有顺康李寿山,庚裕盛筱山,鸿胜经理郑秉权,鸿祥庄经理冯受之,鸿禧庄经理冯春康,鸿胜、鸿祥、鸿禧、鸿丰四庄均由葛辛木先生督理。他如益昌经理徐伯熊、寅泰庄经理冯斯仓、恒隆庄经理林友三、裕丰庄经理林联琛,以上各大进划庄经理都为慈溪人。同人大致以秦润卿先生马首是瞻"③。

按最近的《慈溪县志》载,浒山在清末即有钱庄,直到 1940 年停业。民国 5 年,在周巷有瑞成钱庄开业,到 1935 年,周巷有恒业、福裕、信裕、预成四家钱庄。其实这些钱庄皆属于余姚的"挂壁钱庄",其地原为余姚的一部分。

慈溪除职业经理人外,也有许多钱业资本家。清末京师四大恒中,大多为慈溪人。宁波开埠之初就有冯望卿家族从事钱业生意,宁波城差不多一半商号都是他的客户。在上海的宁波帮钱庄也有很多慈溪人,如三七市(今余姚)董家,洋墅徐承勋、徐懋堂、徐霭堂等。但慈溪本地钱业不发达,无法

① 《申报》1910 年 10 月 23 日。
② 《时事公报》1935 年 4 月 24 日。《舟山市志》认为在 1936 年成立,不准确。
③ 马积祚:《领导上海钱业五十年之秦润卿》,《秦润卿先生史料集》,第 90 页。

望余姚之项背,原因恐怕主要是城区人口不多,经济规模不大,金融资源有限,离宁波城区又近。其金融信贷主要仰给于宁波。《民国慈溪县新志稿》说:"钱庄业为本邑金融枢纽,凡巨额交易所需资金,多仰给钱庄为调节,故钱业昌盛。"[1]但我们从其揭示数据看,说不上兴盛。1915 年,慈溪有钱庄 15 家。1934 年,慈溪包括城乡共只有钱庄 10 家,其中陆埠包源泰钱庄开设于光绪十七年,1939 年停业,其余 9 家钱庄名称为泰丰、涵源、丰源、鸿元、济大、鼎元、慎裕、泉余、承源,资本总额 5.24 万元,平均每家不到 5000 元。

四、镇海

镇海是钱业资本家最多的县城,但其影响皆在外地,一如慈溪,本土钱业不甚发达。镇海也临近宁波,县份人口也不稠密,工商业有限。很多大商号多与宁波钱庄往来,反而压缩了本土钱业空间。

镇海钱庄可考的最早者是于 1895 年开设的同豫钱庄。1933 年有钱庄 11 家,大多设于城关,其名称如下:同豫、正源、慎祥、瑞琛、元隆、福康、慎孚、祥裕、宏孚、信孚,资本皆在 1 万元上下,贷款余额各家有异,大的如慎祥、承孚有 10 万之数,基本上资本与贷款规模之比保持在 10% 左右。11 家钱庄共有资本 10.75 万元。1934 年新设镇祥钱庄。1935 年钱业风潮中全庄皆墨。抗战时仅剩镇祥一家。到 1946 年,有 4 家钱庄复业,分别是勤丰、镇祥、镇康、福康,都于解放前夕先后停歇。

五、奉化

奉化钱庄最早可追溯到 1876 年在大桥开业的成泰钱庄,到 1911 年发展到 8 家。像溪口镇,在清末已有钱庄存在。夏金木就是溪口镇的钱庄主,当年蒋介石投身反清运动,就曾在雪窦山上绑架此君以筹措革命经费。这 8 家钱庄分别为:成康、咸康、永源、汇源、丰源、生康、惠诚、恒康。1924 年全县有钱庄 14 家。1932 年发展到 35 家,县城 16 家,西坞 6 家,萧王庙 5 家,亭下 3 家,岩头、大埠、南渡、江口、方桥各 1 家,资本共计 8.9 万元。奉化经济相对镇海、慈溪不发达,但钱业的覆盖面比较广,也较活跃,这些钱庄也大多在 1935 年钱业风潮中闭歇。这里可能也有一个统计口径的问题,35 家钱庄大约是把现兑庄包括在内的,而镇海、慈溪可能是不包括在内的。

抗战后钱庄复业,到 1948 年,奉化钱庄仍有 32 家,这是一个异数。宁波战后复业钱庄也仅有批准 31 家。这大概与奉化是蒋氏家乡有关联,网开一

---

[1] 干人俊:《民国慈溪县新志稿》,第 87 页,1987 年重刊本。

面。1949 年后,这些钱庄又告完结。

六、象山

象山钱业较不发达,主要是经济落后、交通不便。象山钱业是从民国以后陆续设立的。据《中国实业志》,1932 年,象山有钱庄 6 家,为乾康、源生、慎记、永丰、大通、乾泰,其中大通钱庄设于石浦,其余 5 家均在县城,资本 6.16 万元,贷款余额 17.5 万元,平均每家 3 万元。但是象山因为渔业较发达之故,宁波钱庄很早就有与象山往来的记录。另外根据《申报》1935 年 8 月 20 日报道,石浦有 7 家钱庄,在 1935 年的金融风潮中接连倒闭 4 家。

七、宁海

宁海原属台州,解放后划归宁波。没有找到宁海钱庄的相关资料,1932 年的《中国实业志》里没有台州地区的钱庄数据。但是据我所知,1919 年海门已有钱庄设立,20 世纪 30 年代台州不可能没有钱庄活动。应该是没有进行深入调查,或者统计口径不一致。最新的《宁海县志》里也没有钱庄活动的任何资料。一般而言,货币兑换业务是肯定存在的,也可能由商号来兼营。抗战时期,宁波久和钱庄曾在宁海设立办事处,从事钱业活动。1946 年,久和钱庄宁海分庄设在城关大街宜昌百货店内,负责人是舒定槐,曾被作为地下钱庄遭举报。[1]

---

① 《宁波商会档案》,宁波档案馆,旧 14－1－175。

第八章　战时与战后的钱庄业

七七事变后,中国进入战时体制。"一·二八"淞沪会战后,京沪杭陷敌,但上海的主要经济活动中心是在租界,正常的经济活动大受影响。宁波成了沟通上海与东南沿海和西南大后方的主要通道。武汉沦陷后,更凸显宁波作为转口贸易与东南金融中心的重要地位。到宁波沦陷前的一段时期,宁波钱庄业稍从1935年的大危机中恢复过来,发挥战时短暂的相对优势地位,出现一时的繁荣。沦陷后,虽然仍维持着钱庄的活动,但是已经没有影响力。抗战胜利后,钱庄复员,但已大不如从前。加之时局混乱,币制破产,经营环境恶化,日渐式微,徒具名目。

第一节　沦陷前的宁波钱庄

抗战军兴,到宁波沦陷有四年时间。宁波在此期间充当了上海与内地的贸易中转基地,尤其是广州被占领后,沿海只有宁波一口。为因应这一贸易需要,宁波钱业获得了片刻的繁荣,一度又增加到34家,但这无论如何已经是最后的反弹。领袖中国钱业近百年的宁波钱庄离开它的顶峰时期渐行渐远。

战端肇始,日军气势如虹,一度攻城略地,南京、武汉相继失守。但日军的战略是以点带面,沿长江一线展开,浙江也只有浙北被占领,浙东、浙南、浙西南仍为我守,经赣、湘仍可达大后方。宁波顿成抗敌前沿,幸有杭州湾屏障,日军暂不能南侵。当时上海的特殊地位和社会结构与宁波的文化、地理、经济关系构成对国民政府抗战的一大经济支持。上海华界被占,但上海经济的主体在各国租界,有英租界、法租界、公共租界,此际英、美、法尚未与日军宣战,日军不得不暂时遵守国际条约。日军虽占领上海,也曾进行经济封锁,却并不能阻断上海与大后方的经济联系。宁波就是中转站。大后方的各路客商,远至四川、湖南也纷纷云集宁波,包括抗战军需物资的采购和民生用品的输送。而宁波的物资则来自尚未间断的甬申航线,以及民间海上走私活动。抗战期间,国民政府的抗日运输线主要有五条:一是经越南海防的滇越铁路;二是滇缅公路;三是香港经两广,到大后方;四是苏联经新疆至兰州;五是上海宁波航线。前面几条是以国防为主,宁波上海航线是以经济供给和民生物资为主。到 20 世纪 40 年代,法国败于第三帝国,越南被日军控制。太平洋战争爆发后,缅甸、香港皆为日军攻占,宁波于此际亦沦于敌军之手。兰州西北线因《苏日和平友好条约》的签订而被斯大林出卖,不具有国防价值,始有美军空军的驼峰航线成为抗战后期唯一的抗战生命线。

当时上海情形,江苏高等法院等机关撤入租界,中、中、交、农等银行仍维持营业,但只限于租界一隅,无法与内地通汇,这使得宁波钱庄利用这一战时特殊环境下的金融空窗期,发挥沟通甬沪经济联系的特别作用。由于租界的存在,日军的经济封锁一时难以奏效,很多军需民生物资从英美各国进入到上海口岸,再由悬挂英美甚至轴心国意大利等国旗帜的商轮运往宁波,再转输大后方。后来镇海封港,轮船不能进入宁波,转以象山石浦与余姚庵东为中转地。"当时走私路线有两条:一是从上海至乍浦,过钱塘江到三北的庵东或澥浦,再经过内河运到宁波;二是从上海到石浦,再转运至白岩下,拆装雇人挑运至象山的西周或泗洲头,过象山港至翔鹤潭,挑担到横溪,再通过内河船运至宁波……(宁波)是当时国民党统治时最大的走私口岸,不仅浙东地区,远自江西、湖南、湖北、广西、四川等地客商,也纷纷来宁波采购商品,因此宁波的商业呈现一派畸形的空前繁荣状态。"[①]"当时外滩行驶于沪甬线上的大小船只有 20 多艘,每天从上海进来的棉布、百货、五金和日用消费品在一万吨以上,由本地运往上海的物资也在 5000 吨以上。"[②]在这种战时的背景下,宁波钱庄业得以存续发展。

甬沪间的走私贸易,自然需要相应的金融服务。国家银行自不能再续做甬沪间汇款,原有钱庄也迭遭打击,如惊弓之鸟,越行保守,不肯冒险犯难,相率观望,收缩业务,视为畏途。需求产生供给,在此情形下,为满足大规模走私贸易的需要,宁波钱庄业又开始蠢蠢欲动,利用特殊机遇,绝处逢生。当时,金融风潮刚过,宁波大批钱庄倒闭,有大量钱业从业人员转为待业,借此机会,东山再起。于是有人开始联络一些旧日相熟同行,相互挽亲徕友,凑合资金,开设小型钱庄,专司经营沪甬间的中转汇款业务,一时如雨后春笋,竞相效仿,钱业又复有旧时气象。钱庄数量也从 1936 年的 20 家增加到 34 家。不过此时钱庄,数量虽不少,但其业务规模和深度根本不能与以前相比。信贷融资已退居其次,主要业务集中于沪甬间汇款上,以收取手续费为生存渠道。在战争随时可能降临的情况下,又有谁肯冒险放贷呢?

在这些钱庄中,最著名的是以张述之为经理的志鸿钱庄,业务上首屈一

---

① 王珊:《宁波印染织厂始末》,《宁波工商史话》,第 1 辑,第 38 页,1987 年。
② 李政:《宁波旧日街道街区》,《宁波文史资料》,第 15 辑,第 183 页,1994 年。

指,汇率变动左右市场,成为同业领袖。其经营模式是通过非正常手段,渗透沪甬两地,既躲开敌伪管制,又利用国民政府空白,通过在上海设立分庄,同时在绍兴派员专驻,利用绍兴酒业、锡箔业货物运沪的货款收入,缴介宁波钱庄的申庄,用其在上海的货款收入,支付宁波商户从上海购货的货款,再将宁波客户支付宁波本庄的货款转给绍兴,有如三角套汇,三处皆收手续费,这种地下钱庄模式也不失为战时的一种特殊金融形态。与此同时,利用甬沪客轮尚在通航的便利(轮船泊镇海口),买通船员,夹带大量现金去沪,保证货款支付得以持续顺利进行。

从上海采办的是工业品,而宁波输沪的是价值较低的农副产品,这种贸易的巨大不平衡使得宁波金融市场上因法币制度而归于消灭的现水问题又显山露水。"近来各钱庄法币现水飞涨,致使过账国币遭各业拒绝。"[①]1938年6月初,每百元法币现水3.6元,月底涨到5.75元。在法币制度下,货币供应量取决于中央银行,本不应该再存在现水问题,实在是特殊时期特殊情况所致。因为大规模向上海方向采购物资,不能通汇,只能使用法币现金,市场上的法币现金被过度搜罗,输出上海,上海方面的法币现金又不能回流宁波市场,宁波市场上的现金就短缺。但是发行法币的四行又远在四川,关山重重,不能及时运入法币。内地客商来宁波进货,都使用银行汇划转账,从上海进货则要使用现金,流通中的现金就短缺,向钱庄取现就要支付贴水,来平衡市场。

那么上海方面收入大量的法币,为何没有出现通账呢?一是国家银行尚在租界营业,这些钱存入银行,没有再流通。二是日军为达到以战养战的目的,在伪中央储备银行未成立前,就发行军用票。它需要用大量法币向国统区采购物资,破坏国统区经济,法币也是允许流通的,因此吸收了大量的法币。

当时的走私贸易以棉布、棉纱为大宗,其次是卷烟,再次是百货、五金。白天常遭敌机轰炸,交易也在夜间进行,钱庄常将每日收到的现金存入国家银行。当时,宁波已有国家银行、商业银行营业机构近20个,在沪甬业务上基本没有介入,钱庄发挥了它的长处,在特殊时期的特殊领域呈现一线生机。不过就整个金融业来讲,经过35年的钱业风暴,银行业已经取而代之,占绝对优势,金融市场主导权归于银行。

---

① 《紧要启示》,《时事公报》1938年6月29日。

第二节　沦陷时期的宁波钱庄

太平洋战争爆发,中美空军利用在浙江的基地对日反击,对日本本土构成威胁,日军遂发动浙东战役,宁波于 1941 年 4 月 19 日沦陷。日军进攻宁波之前,国民政府方面已有预料,得以及时通知各机关、银行做好撤退准备,所以沦陷时银行是有秩序撤离,钱庄也是或安全避居后方,或闭门歇业,宁波一时已无金融。汪伪的中央储备银行迟至年底筹组,次年 5 月 4 日开张。只有日本横滨正金银行在江北岸设立出张所(办事处),不从事经营性金融业务,纯粹为战争服务。在这样出现金融空白情况下,汪伪政府为维护经济、稳定人心、巩固统治,利于经济控制与盘剥,不得不采取开放、鼓励的态度,重建宁波的钱庄业。5 月 25 日,汪伪发布《浙东地区钱庄业暂行管理条例》,规定大同行钱庄资本为 5 万元以上,小同行资本为 1 万元以上。宁波钱庄又得到有一定程度的恢复。

当时,宁波虽然沦陷,但汪伪政权的统治区也只是在主要城镇,广大乡村仍由我基层政权控制。汪伪把自己的控制区集合在一起,成立所谓"乡镇联合会"的组织,实施控制,加紧掠夺。在金融战线上就有伪储备券(俗称储备票)与法币的战争。汪伪的手段之一就是大肆搜罗法币,扩大储备票的使用,增加发行量,削弱国民政府的铸币税基。同时将搜罗的法币运入国统区,抢购物资,维持战争,破坏国统区的经济、金融,制造通货膨胀,摧残抗战基础。抗战中后期,法币的急剧通货膨胀与之也有一定关系。有一个不可否认的事实是,抗战结束时,尚有数量众多的伪军,他们的经济待遇远比国军好,就是通过金融掠夺来维持的。那些破产的贫民纯粹是为了生计而入伪,并非真心事敌。汪伪的金融战实在有釜底抽薪的功效。为了达成这一阴险的目的,故此不择手段,着力恢复和扶植钱庄业。宁波钱庄也是在这个背景之下有所发展的。切不能产生一种认知上的错觉,以为汪伪的金融政策在客观上有利于钱庄业的发展。

沦陷之初,银行内迁,金融全面瘫痪,钱庄业原来存放在银行的资金也被冻结,没有撤退的钱庄也停业观望。当时宁波人在上海经商者众,家属大多留居宁波,依靠上海方面的汇款维持生计。由于钱庄停业,银行空白,甬沪汇路中断,严重影响到一般人民的日常生活。在此情况下,钱庄为了生存,民众也需要一定的金融服务,于是宁波钱庄又绝处逢生,颇有复苏的迹象。最早是久和钱庄发现商机,首先复业,在上海设立申庄,专事沪甬间汇款业务,每天设定限额接收,一时门庭若市,民众日夜排队,争向久和申庄办理汇款,汇费高达 2%,亦是人潮难平。①其他钱庄见有利可图,也跟着复业。更有原钱业中人,待业在家,互相合股,临时拼凑,新开了一大批钱庄,争抢汇款业务。甚至登报招徕,承诺送款到家,或下乡解付,用尽手段开展竞争。

战争时期,百业不振,经济残破,钱庄业务也大大缩水,业务重点放在汇款方面,贷款业务因风险太大,只是一些老客户的正常性周转需要,已没有扩大营业的环境、条件和欲望。所以这时钱业表面上有兴旺气色,实际上对生产事业的帮助相当有限。

由于沪甬汇款市场有限,竞争激烈,有部分钱庄开始谋求另外的业务渠道,叙做国统区和沦陷区之间的通汇业务。这也是久和钱庄开发的。开始的时候主要是从原来的银行存款客户那里收购银行存折,然后派人到后方银行营业地去取款,这样给银行存款客户带来了方便。比如某人,原来在中国银行存款若干,只能到后方去取款,形同冻结,而法币又在大幅度贬值,希望及早取回款项,愿意以一定的折扣从钱庄支款,将存单交钱庄。汪伪对此事睁眼闭眼,因为有助于它的经济战。事实上,抗战时期,汪伪仍维持着单向的法币与储备票之间的兑换关系,早期是 2:1,后期大变动。后来钱庄又将业务延伸到宁波与内地后方的汇款上,近至宁海、温州,远到衡阳、桂林、重庆,通过设立分庄接受汇款。当时处于战争状态,但两边的邮政业务却从没有中断,所以与大后方之间的汇款单据传递并无影响。在商言商,钱庄追求经济利益,这样做也是迫不得已。按战时法令,无论国民政府还是汪伪方面都是属于资敌行为。

1942 年统计,宁波城区共有钱庄 50 家,其中大同行 22 家,小同行 28 家,较沦陷前多了 16 家。不过只有 15 家是原有留存营业的钱庄,其投资人也多不复旧人。大部分钱庄是那些失业同伙聚亲集友而成的小钱庄。其营业规模大幅收缩,市场版图不出城厢范围,钱业已失调剂金融、维护市场、发展经济、服务社会的固有宗旨,只是战时经济的一个小小轮子。后人追记,"嗣因卅年四一九,本市被敌沦陷,各钱(庄)均能于事前准备,随同国家银行纷纷内迁。其中范围较小,资力薄弱者一律闭歇。故在敌伪控制时期,或有经营钱庄业务者,不过多属临时性之小钱庄,假借牌名,号召营业,实非原有大小同行之设组者"②。

汪伪中央储备银行也承认,"甬地钱庄、银号号称五十家,论其数量似颇

---

① 茅普亭:《宁波钱业史》,《宁波工商史话》第 1 辑,第 18 页,1987 年。
② 《抗战胜利前宁波钱庄情形》,无名氏手稿,宁波档案馆,旧 4—1—53。

繁荣,按其实际多失规范,组织既非用以囤积,即套取沪汇,甚至兼营其他事业。"①

根据伪中央储备银行调查,1942 年宁波钱庄情况见下表:②

宁波沦陷后(1942 年)城区"大同行"钱庄情况

牌　号	经理人	地　址	备　注
同　德	蔡养吾	江厦街	1937 年—沦陷前设
恒　丰	施胜坤	江厦街	1937 年—沦陷前设
和　济	李秉甫	崔衙街	1926 年设
益　康	贺性忠	中马路	1864 年设
晋　祥	卢孟愉	江厦街	1937 年—沦陷前设
源　泰	蔡金乾	车轿街	1919 年设
铭　记	吴律声	药行街石板巷	1937 年—沦陷前设
志　鸿	陈述之	江厦街	1937 年—沦陷前设
久　康		江厦街	1941 年沦陷后设
久　和	茅普亭	江厦街	1941 年沦陷后设
永　余	陈经世	药行街	1941 年沦陷后设
怡　康	郑也梅	江厦街	1941 年沦陷后设
康　牲	裘天麟	江厦街	1941 年沦陷后设
顺　利	余顺安	江左街	1941 年沦陷后设
顺　康	方廷良	方井街	1941 年沦陷后设
复　康	方润之	方井街	1941 年沦陷后设
源　丰	王礼儒	中山东路	1941 年沦陷后设
诚　昶	陈春曙	药行街	1941 年沦陷后设
汇丰银号	董庆甫	江左街	1941 年沦陷后设
建华银号	张锡棠	方井街	1941 年沦陷后设
宁波企业银公司	毛稼生	江左街	1941 年沦陷后设
庆　余		江厦街	1941 年沦陷后设
小计 22 家			

① 《中央储备银行宁波分行调查》,浙江省档案馆,浙江省银行档案。
② 《中央储备银行宁波分行调查》,浙江省档案馆,浙江省银行档案。

宁波沦陷后(1942 年)城区"小同行"钱庄情况①

牌 号	经理人	地 址	备 注
元 利	翁友馨	开明街新丰里	最早设于 1904 年
元 昌	李嘉康	浩河街	1937 年—沦陷前设
甬 大	李梓生	后市街	1937 年—沦陷前设
厚 康	邱棒年	方井街	1937 年—沦陷前设
洽利源	严厚坤	江厦街	1937 年—沦陷前设
益 和	戎立琛	东大路	1937 年—沦陷前设
泰 康	蔡兴华	东渡路	1937 年—沦陷前设
万 祥	金志实	江厦街	1941 年沦陷后设
友 孚	陈有恒	中山东路和安坊	1941 年沦陷后设
天 生	王峰翔	崔衙街	1941 年沦陷后设
中 孚	张述之	江厦街	1941 年沦陷后设
正 记	李 珍	江厦街	1941 年沦陷后设
永 孚	闻桂祥	江厦街	1941 年沦陷后设
有 恒	范景澜	后市街	1941 年沦陷后设
志 裕	董开甫	江厦街	1941 年沦陷后设
志 诚	秦华亭	东后街	1941 年沦陷后设
盈 丰	应能左	方井街	1941 年沦陷后设
盈 泰	陈少卿	东渡路	1941 年沦陷后设
蚌 泰	方祖荫	东渡路	1941 年沦陷后设
协 泰	俞继庭	和义路	1941 年沦陷后设
统 源	黄新年	江厦街	1941 年沦陷后设
德 丰	陈子芳	东渡路	1941 年沦陷后设
福盛银号	袁广铨	崔衙街	1941 年沦陷后设
江丰银号	徐文星	江左街	1941 年沦陷后设
聚盛银号	王顺庆	江左街	1941 年沦陷后设

① 《宁波钱业小同行同业公会名册》,宁波档案馆,旧 4—1—17。

牌　号	经理人	地　址	备　注
万利银号	乐飞鹏	后市巷	1941 年沦陷后设
大华银号	秦奇生	苍水街	1941 年沦陷后设
元春银号宁波办事处	季汉友	十字巷	1941 年沦陷后设
小计 28 家			

以上 50 家钱庄,汪伪也重新组织银钱业同业公会。1941 年 8 月 4 日,筹划在宁波商会召开钱业经理人座谈会,到会 14 家 15 人,目的在于劝说钱庄复业,维持金融,稳定市面,服务战争。23 日正式组建宁波钱业同业公会,会员 24 家,推汇丰银号徐文星为理事长。宁波钱业同业公会内部又区分大同行同业公会和小同行同业公会。

由于汪伪把金融视作战争机器的一部分,故加强对钱业的控制。不仅使同业公会失去独立性,操纵于横滨正金银行,还在各地设立伪中央储备银行检查金融事务处,加紧对钱庄的监管与稽查。发布《管理金融机关暂行办法》和《实施细则》,把钱庄设立批准机关上收伪财政部,又命令所有钱庄一年内必须改组为股份有限公司,资本额至少 600 万元伪储备券,实收资本不少于 300 万元。

抗战后期,胜利迹象显现。汪伪滥发纸币,加紧搜刮,通胀严重,金融基础大坏,钱业靠正常业务已经无法维持。一方面由于币值低贱,账面利润大增,营业税所得税缴交增加;另一方面,货币实际价值大大下降,呈虚盈实亏状态,于是有所谓暗账兴起。因为从事正常的货币运营已经不可能,利息抵不上贬值速度,只能靠囤积物资相对保值来转移通胀风险。其办法是设立挂名人头公司,以借贷名义把资金转入,从事商品囤积,逃避检查。对外贷款的利息也分成两部分:一部分是名义利率,入公开的营业账本;另外收取一部分利息入暗账,以符合利率管制的要求,应付检查。钱庄的暗账行为,不独宁波,沦陷区所有地区都是,它是恶性通货膨胀的必然产物。一直到解放初期,暗账仍是钱庄业的公开秘密。

第三节　战后宁波钱庄

"抗战胜利,天日重光,各钱庄纷纷申请复业,陆续领取营业执照者,计有三十一家,其组织也改为股份有限公司,当时资本额大行一亿,小行一二千万,至三十七年八月,国民党政府变更币制之后,本市钱庄于是年十二月底一律增资为金圆券十万元,经营业务主要者为存放款、汇兑及票据贴现,每日上午九时集中市场买卖申汇,存放款及同业拆单利率由同业公会制订,报请主管银行批准。每日上下午两次,由各钱庄检送主管银行办理交换。"①这是对战后宁波钱业的概述。

1945年抗战胜利,国民政府加紧金融管制,重构全国金融市场秩序,清理整顿收复区金融市场,于9月28日由财政部发布《收复区商业银行复员办法》,作为规范收复区金融业的指导方针。其中第二条规定"凡经财政部核准注册银行,因抗战发生,停止营业而移撤后方者,得呈财政部核准,在原设地方复业"。根据1940年8月发布的《非常时期管理银行暂行办法》,钱庄"经营存放款、贴现、汇兑业务而不称银行者,视同银行",钱庄是等同于商业银行之一种的,该暂行办法里影响很大的一条便是钱庄的设立须经国民政府财政部批准。汪伪时期设立的钱庄一律停业清理。于是从战后开始的一年时间里,宁波钱业进入复员、清理期。

10月29日,宁波商会指定贺性忠、蔡养吾、王敦卿、董开甫等5人组成钱业公会整理委员会,遵照政府命令,着手宁波钱业的清理、登记、复员。12月初,原宁波钱业公会主席徐子经回到宁波,贺性忠即辞主任委员一职,经鄞县政府批准由徐接任,到1946年8月重建鄞县(宁波)钱商业同业公会,共有钱庄18家批准复业。按不同情况,有早有迟,像巨康钱庄,1945年9月即行复业,瑞康、通源钱庄也在11月间复业,这些钱庄在沦陷前已领有财政部注册登记执照,核准并不复杂。大多数钱庄,因为当时历史条件和历史环境,多由地方当局批准设立营业,并未经财政部核准,也有一些钱庄自清末以来一直延续营业,地方政府也没有以非法营业视之。而且根据《非常时期管理银行办法》,虽规定钱庄营业须有财政部核准的条文,却无具体作业细则和程序,也没有时间表。何况那时已经是战争时期,财政部已西迁重庆,关山迢远,导致一些钱庄延宕办理。1942年国民政府又颁布《银行注册登记办法》,但此时宁波已经沦陷,各不相率,无法补行注册手续。各种因素,导致宁波钱庄复业过程相当缓慢,且颇多曲折。

钱业复业程序是这样的:先由申请复业的钱庄准备文件,包括设立时间、资本、章程、股东名册、战前营业簿册、与国家银行往来的单据、营业税及所得税缴交回执、原批准营业之核准文件等能证明战前确实营业的资料,送报钱业整理委员会,由整理委员会审核,验证,讨论同意,再呈报鄞县政府建

---

① 《抗战胜利后宁波钱庄情形》,无名氏手稿,宁波档案馆,旧4—1—53。

设科,县长签字同意,转呈省政府建设厅审核查察,上送财政部,发文核准同意,发给营业执照。

1941 年 3 月公布《银行法》,规定银行应为公司组织。复业钱庄一律改为股份有限公司形式,设立董事会、监事会、股东大会,采用新式银行会计标准,内部组织也一律改变原有旧称,类同银行,也称董事长、常务董事、董事、监事、经理、副经理、会计、出纳、信贷等。这是政府规范整顿钱业使之向商业银行转型的举措,一定程度上是符合钱业发展的客观要求的,不过在战后短暂的三年时间里,形式上虽向商业银行靠拢,落后的合伙制向现代企业制度转化,而其营业习惯与作业思维仍抱残守缺,并不见得有大的变化。

战争甫结束,人心思定,期待和平繁荣的新时期,对金融业的发展更抱热切期望,尤其政府对金融业的管制政策更刺激人们的欲望。一般来讲,对社会经济影响巨大,且能获得超额利润的产业政府才有管制的必要。其实考诸国民政府主持财经诸公,皆有西学背景,对财金的认知与了解皆以银行为本位,把现代银行体系的建立作为财政经济的基础,对传统金融特别是钱庄有相当负面的看法,但又不能不顾及传统金融环境与习惯,以及银行机构稀少,至多只延伸到经济相对发达的县城及极个别有区域经济中心功能的商业集市的现实,取消钱业,根本是不现实的。其指导思想就是维持原状,调剂余缺,保障现有工商业的正常周转,全国范围内新设钱庄一律不批,从政策法令上是带有限制意味的,根本不存在鼓励成分。

作为曾经有发达金融事业的宁波,既有较多的游资,又有许多钱业专业人才因清理而待业,更因银行业尚远在内地不及复员而产生金融空窗机会,很多人又蠢蠢欲动,千方百计欲图再起。但在政府现有法令规制下,其营业许可要向部院申请,实有烦难。因此,宁波钱业为争抢上市,一度出现挖买旧有牌号之风,李代桃僵,借壳上市。部院又远居南京,不可能知道宁波某一钱庄的历史状况,其审核也只是形式审核,加上宁波人在国民政府多有人脉关系,多方说项运动,部分钱庄也就以非正常手段复业。有些钱庄如晋恒钱庄就被人举报贿赂公署,伪造证件,骗取执照,后经查证举报不实。[①]

至 1945 年 12 月,宁波地方政府向财政部驻京沪金融特派员办公室共呈报了 63 家钱庄业复业资格。其中甲种钱庄,即战前营业、战后停业的钱庄 22 家;乙种钱庄 41 家,即在战后至宁波沦陷期间设立的钱庄,主要是小同行钱庄。财政部先期批准了 18 家同意营业。其余钱庄的审批陆续批复,或被驳回。在等待批复期间,各钱庄亦不肯坐以待毙,一边上报,一边营业。

---

① 《宁波晋恒钱庄请求复业贿赂县分局伪造证件》,1948 年 12 月,浙江省档案馆 L067－2－57。

由于国民政府的钱业复员办法对钱业复业的条规限制严苛,在宁波遭到激烈的反对与争辩。因为宁波沦陷是在1941年,而《收复区商业银行复员办法》只顾及抗战(指七七事变)前设立而后被敌伪占领而停业的钱庄复业,但各地沦陷情况不一。沦陷前,宁波为东南唯一口岸,商业顿时繁荣,钱业一度复兴,其时宁波仍为国民政府管治,创设钱庄较多,按复员办法,这些钱庄亦在清理取缔之列,显然有失公平。于是,1946年3月,由德丰、志鸿等21家未核准钱庄联名电请财政部要求考虑宁波钱庄在战时的特殊情形,变通办理,将战后沦陷前所设钱庄也纳入复员之列,未获回复。

争辩还是有一定效果的。1946年4月,财政部鉴于各地钱业的反复陈情,对原复员办法作了一些修改,但仍抱严格限制的态度。其《收复区商业银行复员办法补充办法两项》,对两种情形的钱庄复业适当放宽。一是战前成立,但未曾报财政部核准注册,于战时仍继续营业的;二是战前设立,但未经财政部审批注册,而因抗战而停业的钱庄,呈送相关文件资料,包括前实业部或地方政府发放的营业许可证或登记证,战前加入当地钱业同业公会证明文件,战时继续营业但并无附逆切结书,当地钱业公会的保结书,战前1～3年及战后历年报表,战前纳税凭证,战前与国家银行往来的凭据,及当地县政府的证明文件,确因战事停业之证明文件,在三个月内向财政部提出申请,报呈核准。由于宁波钱庄情况复杂,复业申请一再延迟,从原定1946年7月15日届期,推迟到年底,后又延至1947年6月止,又陆续批准复业晋恒、元亨等13家钱庄,连同原批准18家,至此,共有31家钱庄营业。具体钱庄名称见下表。

战后宁波核准复业钱庄表①

牌号	设立年份	核准复业时间	资本(万元)	董事长	总经理	副经理	员工(人)	地址
瑞丰	1922	1946.1	100	孙性之		孙庆增 范景澜 陈聘朝	12	江厦街44号
福利	1929	1946.5	100	丁益生	朱旭昌	贺性忠 贺圭田	18	江厦街31号
巨康	1897	1945.9	25	王桂贞	王桂贞	邱绍志 袤天麟	18	江厦街101号
瑞康	1875	1945.11	20	方季扬	徐子经	吴纯卿	9	江厦街65号

① 根据《宁波钱商业同业公会会员名册》,宁波档案馆档案,旧4-1-254编制。

牌号	设立年份	核准复业时间	资本（万元）	董事长	总经理	副经理	员工（人）	地　址
通源	1911	1945.11	30	金宗城		郑传铺　王怀珍	10	江厦街 62 号
涌丰	1916	1946.9	25	刘四海	李子均	刘忠德　胡九皋	14	中马路 13 号
慎祥	1926	1947.1	50	张伯觐		马立祥	12	崔衙街 18 号
滋源	1936	1946.6	20	竺芝珊		孙祥康　蔡怡芳	15	东渡路 72 号
洽利源	1937 后	1946.7	25	周楚善		严厚坤　陈开生	14	江厦街 116 号
源泰	1919	1946.9	25	王稼瑞		胡振德　陈念慈	17	车轿街 11 号
和济	1926	1946.10	25	孙表卿		李秉甫	8	崔衙街 54 号
铭记	1937 后	1946.11	50	吴律声		吴律声　李国祥 柴常玉	19	江厦街 47 号
天益	1921		100	俞佐庭	俞佐宸	周慷夫　邵禹卿	15	江厦街 20 号
元益	1911	1946.2	100	俞佐宸	俞佐宸	胡松元　王贞观 洪鲁泉	16	江厦街 29 号
中康	1920	1946.10	25	徐泉笙		徐泉笙　李长华	6	车轿街 88 号
成源	1931 前	1946.7	50	周大烈		陈禹卿　龚儒卿	12	江厦街 110 号
彝生	1911 前	1946.8	30	胡景庭	胡景庭	吴永堂　邵敦靖	17	江厦街 113 号
立信	1933	1946.8	25	陈信孚		邵云源　范子襄	13	中山东路 107 号
协元	1931 前	1946.12	50	周楚善	邵永裕	邵新裕　胡士祥 董庆甫	23	江厦街 32 号
晋祥	1937—沦陷前	1946.9	50	王文翰		王敦卿　范振锠	18	江厦街 80 号
富康	1919	1946.9	25			张润之　陈愈鹤	12	方井街 9 号
慎余	1910		50	俞佐宸	王葆初	应彭年　王炳炜	8	江厦街 60 号
慎康	1911	1946.7	20	俞佐宸		周有范　楼觉轩	12	江厦街 120 号
元亨	1911	1947.2	60	俞佐宸		汪焕章　陈萼庭 沈枕石	14	后市巷 13 号

续表

牌号	设立年份	核准复业时间	资本（万元）	董事长	总经理	副经理		员工（人）	地址
鼎恒	1905	1946.9	50	秦鱼介	秦庭安	张静野	陆彭龄	15	苍水街 26 号
晋恒	1910	1946.12	50	王维官		陈元晖	丁树东	12	江厦街 62 号
源源	1911	1946.5	20	袁金丰		张静远	张静滨	9	苍水街 26 号
余成	1930	1947.2	60	周大烈	徐日廑	翁季章	冯梯云	14	扬善路 12 号
祥康	1937	1946.11	50	周大烈		徐文星	沈定册	19	江厦街 64 号
通泰		1946.12	60	盛彦东		张振鹤	虞美棣	7	江厦街 81 号
元康永	1929	1947.3	100	励锦棠		郭润瘁	俞安国	6	中山东路 13 号
合计 31 家			1,470					414	

　　那些没有获准复业的钱庄在申诉无效之后，干脆抛开法令，转入地下钱庄行列，并曾一度蔚然成风，这从当地新闻报道及政府文电中亦可证实。虽迭经取缔，又层出不穷，难绝根患，一直蔓延到解放时。早在钱庄复业报批之际，财政部就已发现地下钱庄活动，1946 年 7 月 23 日电浙江省政府明令停业。"据报：宁波、绍兴、余姚、慈溪、萧山及嘉兴等地，未经本部核准之钱庄为数甚多。应该照本部补充办法之规定，于七月十五日以前提出各项应备文件，呈经本部核准后方得复业或继续营业。至新设钱庄，依照本部管理银行办法之规定，除县银行外，一概不得设立。兹宁波等地钱庄多有未经核准，擅自营业，殊属不合，应请转行勒令停业呈报，如有故违，并予依法惩处。"[①]鄞县政府按省府文电，即刻下文要求钱业公会在 5 日内将非法营业钱庄具册上报，最后相互推诿，延而未报，非法营业如故。

　　宁波的地下钱庄问题较为突出，明显有地方保护主义与地方本位色彩，不肯严加取缔，甚至有传闻鄞县县长陈佑华也是裕大地下钱庄的股东，被人举报，财政部特派人查究非实。[②]真相如何，已不能廓清，也许不是空穴来风，实有张本。同时，地下钱庄还获得地方舆情支持，1946 年 11 月 8 日《宁波日报》还发表"扶植地下优良钱庄"社论，吁请顾及宁波实际情况，放宽政策，将部分地下钱庄合法化，"地方当局能在奉令休业的地下钱庄中，择其优

---

① 《鄞县县政府训令》，宁波商会政文第 750 号，宁波档案馆档案旧 14－1－175。

② 《大报》1947 年 12 月 11 日。

者加以扶植,使其取得合法地位,实为宁波整个工商业之幸"①。明吁请地方政府,实际矛头指向财政部严格控制钱庄的金融政策。

1947 年 3 月,财政部更发布《加强金融管理办法》,共五条,第二条明确规定,上海、天津、宁波等 17 县市停止商业银行复业和增设分支机构,原上报申请复业钱庄一律停批。接着又下文件,着地方政府指名取缔宁波的 57 家地下钱庄。这 57 家地下钱庄大致分为三类情况:一是抗战后设立,申请复业未准的 18 家;二是复业条件不够,证据不足,批驳未准的 14 家;三是未经申请擅自营业的 25 家。在上述 57 家外,鄞县政府又另行取缔了仁和、天元、正丰等 20 家地下钱庄,合计 77 家地下钱庄,并同时将上述钱庄开设在上海等外地的申庄、办事处等机构一并取缔。

虽然政府迭有动作,法令森严,地下钱庄仍然禁而不绝,屡仆屡起,地下钱庄改头换面,假托商号名下,收受存储,发放高利贷款。1947 年 8 月战船街 58 号的金元记本行附设地下钱庄,被鄞县政府与中央银行查获并被取缔②,接着又有仁康地下钱庄被查获。1948 年 3 月鄞县参议会向县政府提出质询"乡区地下钱庄林立,请依法取缔",迫于形势,又取缔了 38 家。1949 年江厦街的汇丰咸货行地下钱庄非法吸收存款一亿元,存户多为伙计、鱼贩、娘姨等中下阶层,因投机失败而倒闭。③ 翌日,继汇丰后,又有一家地下钱庄倒闭,其非法吸储更在 2 亿元之多,事主刘明永逃匿,再起风潮。④

战后钱庄业所表现出的另一个特点是政府对钱业控制更形严格,不仅不再允许设立新的钱庄,而且对钱业放款利息也作出规定,从 1946 年 12 月份起,将原由同业公会决议利率权利改为由同业公会议订,报中央银行核准,并限定最高利率标准,贷款利率为月息 5.5‰,同业拆借利息不超过月息 3‰。1948 年 8 月,又颁布《银行、钱庄放款利率限制办法》,规定从 9 月 1 日起,放款不超过月息 1%,9 月 16 日起不超过月息 5‰。⑤ 10 月初又下达利率计算办法,这样利率决定权完全控制在中央银行手中。

在此期间,钱庄与银行一样被要求向中央银行交缴存款准备金。钱庄的存款准备金制度是从 1940 年 8 月的《非常时期管理银行办法》开始的,该办法规定普通存款的 20%交中、中、交、农任一行,1941 年 4 月明确交存中央银行。不久宁波沦陷,所以存款准备金制度在战时没有很好执行,直到战后

① 《扶植优良地下钱庄》,《宁波日报》1946 年 11 月 8 日。
② 《时事公报》1947 年 8 月 14 日。
③ 《晨报》1949 年 3 月 27 日。
④ 《晨报》1949 年 3 月 28 日。
⑤ 《银行、钱庄存放转利率限制办法》,1948 年 8 月 26 日,《国民政府行政院令》。

被严格执行。战后存款准备金比例为 15％。宁波钱庄认为比例过高,要求减至 10％,未获准允。1948 年 6 月,因发行金圆券,存款准备金调整为活期存款 12％,定期存款 8％。

联合票据交换所的建立,意味着宁波钱庄一百多年的同行制度历史的结束。过账制度的核心就是票据结算与交换,是宁波钱庄对于金融的贡献。联合票据交换虽然以银行为主,其交换方法从国外银行移植而来,但其原理与本质和过账制度是一致的。1947 年 3 月 15 日,联合票据交换所营业,钱庄原来使用的过账簿也成为了历史。

由于通货膨胀是这一时期的主旋律,钱业从事货币经营的环境相当恶化,生产经营性放款业务已经比较少。在通胀严重又实施利率管制的情况下,钱庄业又不得不仿效汪伪时期做法,设立暗账,从事投机囤积,借此规避通货膨胀风险,所以对它的业务活动已不能做概述了。下面一表暂且代为参考。

1946 年鄞县金融业概况调查表①

名称	经理	资本 (法币)	员工 (人)	存款 (法币)	贷款 (法币)	营业收入 (法币)	利润 (法币)	复业时间
铭记	吴律声	5,000 万	19	8,718 万	19,730	4,426	931	
晋恒	陈元军	5,000 万	12					1946 年 12 月
祥康	徐文星	5,000 万	19	12,029 万	15,559	2,797	301	1946 年 11 月 6 日
协元	王有宏	5,000 万		8,273 万	13,556	2,822	386	1946 年
鼎恒	张静墅	5,000 万	15	1,529 万	5,440	1,646	267	1946 年 11 月 4 日
中康	徐泉笙	2,500 万	6	1,891 万	2,425	1,249	8	1946 年 10 月 10 日
和洛	李秉甫	2,500 万	8	2,905 万	1,414	2,652	4,268	
涌丰	胡振德	2,500	14	10,000	8,000	5,700	400	
源泰	王敦乡	2,500	17	6,494	6,937	2,726	367	
晋祥	张润之	5,000	18	8,214	15,067	19,589	490	
富康	包文性	2,500	12	2,385	1,230	3,695	219	
立信	周有范	2,500	13	4,946	6,858	5,020	418	
慎康	严厚坤	2,000	12	9,694	12,865	3,523	10	1946 年 7 月

---

① 《1946 年鄞县金融业概况调查表》,宁波档案馆档案,旧 3－1－125。

续表

名称	经理	资本 （法币）	员工 （人）	存款 （法币）	贷款 （法币）	营业收入 （法币）	利润 （法币）	复业时间
洽利源	张静远	2,500	14	9,651	20,190	4,763	200	
源源	张静远	2,000	9	3,446	2,847	4,475	155	
慈源	张祥康	2,000	15	11,900	16,995	1,032	38	
元盖	俞佑宸	10,000	16	16,031	25,352	12,472	628	
瑞丰	孙性之	2,000	12	6,337	12,046	5,149	270	
通源	郑传镛	3,000		6,525	9,664	6,896	387	
福利	贺性忠	1,000	18	2,090	18,419	22,635	210	
彝生	吴永堂	3,000	17	8,000	7,000	2,850	215	
巨康 安记	王桂贞		18	14,762	16,557	4,886	376	
瑞康	徐子经	2,000	9	8,423	8,427	3,228	398	
天盖	俞佑宸	10,000		39,525	51,193	6,409	570	

第九章　宁波钱庄在各地的活动

我们探讨宁波钱庄时不应局限在宁波本土的钱庄,还要有更宏观的视野。因为宁波钱庄是一个全国性的现象。如果光是局限于宁波一隅,绝对没有如许的影响力,也不可能在金融上领袖群伦。正像山西票号其大本营设于天津,凡山西人各地所设票号概称山西票号一样,宁波钱庄也是泛指宁波帮的钱庄。它在上海、汉口等地的影响反而要大过宁波本土。宁波帮作为一个群体,在 19 世纪末 20 世纪初中国经济舞台占主角地位,一个起码的事实就是与金融业的支持和发达分不开。

第一节　上海的宁波帮钱庄

应该说上海是宁波帮钱庄的最重要基地。宁波钱庄能够享有全国性信誉,得益于宁波钱庄在上海的成功。在上海的成功也应该归结为两个方面要素:一个是宁波帮商人的群体性成就造就了它丰厚的金融资源;一个是宁波钱庄在金融技术上以过账制度为核心的革新所保持的制度优势。

对上海的宁波钱庄活动的研究,最主要的有季素曼的《宁波帮在上海的金融势力》和《上海钱庄史料》。相反在宁波本土所保留的资料及进行的相关研究不是稀缺就是肤浅而不足称道。我们在这里也只能做大致的勾勒而不能完整地评价。

宁波人在上海的钱庄活动早在开埠前就已经存在。从史料上看,上海本地钱庄在 19 世纪初也已经有相当的发育,但此时宁波人的影子一定没有邻郡的绍兴多。是绍兴的煤炭商人,而不是宁波人开发了上海的钱庄业。宁波人在上海的商业贸易很早就存在了,主要是地理环境有助于宁波商人循长江开拓和华中的生意,宁波又是闽广海道的中转中心。1803 年,四明公所作为济危帮困、敦睦乡谊、互助团结的同乡组织被建立起来。《江宁条约》签订后,更给宁波人带来事业上的希望与想象空间,大批宁波商人转进上海新舞台,从事对外贸易为主体的新的商业产业活动,大有斩获,俗称"发洋财",成为近代开发上海的最重要力量。对于宁波帮上海的成功,很多学者在研究时忽略了一个很重要的原因,那就是移民社会所构成的宁波社区的存在。假定没有稳定温馨的地缘性移民社区环境,商人都是候鸟式匆匆过客,不会做长远的投资来营造安身立命的基地。

鞋匠出身的方性斋方七老板是宁波帮上海钱庄的鼻祖。大约在 1830 年,他就在南市小东门附近开设了一家履和钱庄,为区别于后设北市的履和钱庄,称南履和,从招牌上看倒有不忘本的意思。有同乡赵朴斋是履和钱庄的跑街,他大胆的钱业作风还帮助产生了另一个钱业家族李也亨家族。1861 年的时候,宁波帮钱庄已经打开了局面,赵成为上海钱商界的风云人物,曾与上虞金融家经芳洲(经叔平之曾祖)一起主持钱塘江堤的修复工程。

太平天国兴起,席卷江浙,生灵涂炭,富户绅商均得有租界托庇,更以上海为安全处所,有赓续经营基础,上海更见繁荣。宁波帮既然以上海作为事业主战场,客观上要求相应的金融服务,宁波的金融资本家就把市场延伸拓展到了上海,以宁波商人为主要服务对象的钱庄在上海扎下根来。那些在上海致富的商人深感金融信贷的重要性及行业前景,相率合股设立钱庄。从宁波帮最重量级成功人士的商业活动情况看,在成功后他们都有把金融事业作为重点产业投资的普遍情形。虞洽卿是比较例外的人。他在银行保险业有较多投资,于钱庄业只有通惠银号。据说他早年去上海谋生,原来是要去钱庄当学徒的,阴差阳错地入行颜料业,反而发了大财,自感命运与钱庄无缘,索性不开钱庄,不得不开时也不称钱庄改称银号。可见从钱庄开始金融业是宁波帮的共识。

钱业的发展需要几个方面的支持。首先是应该有足够大的市场需求,19 世纪末所兴起的中国产业转型和沿江沿海新兴商业中心的开发,使工商业迸发了前所未有的活力。

在上海的金融市场中,主要有外商银行、中资银行、票号、钱庄。外资银行只服务于洋行,与中国工商企业即使在 20 世纪早期也很少往来。如果不是余姚王槐山原来有钱庄经历与人脉,在成为汇丰银行买办后的沟通、说服和推动下,外资银行连钱庄的庄票都不接受,何况商业信用。中资银行也是 20 世纪前后才兴起,并在 20 年代前还属于很幼稚的产业,初始反而其业务需要钱庄的帮助,如银行券的发行。票号是以汇兑为主的金融体系,很少直接放贷于工商企业,而是借助于钱庄通道间接服务于工商业,"上海商埠日盛,票号聚集于此者二十四家,其放银于钱庄多至二三百万"①。上海的金融市场不得不由钱庄主导。

上海的钱庄在 20 世纪前后主要有绍兴帮、宁波帮、本帮、苏州洞庭帮、镇江帮、其他帮别,宁绍帮居垄断地位,宁绍帮里又以宁波帮为主角。王孝通

---

① 《上海钱庄史料》,上海人民出版社 1960 年版,第 15 页。

《中国商业史》曾说:"清代钱庄,绍兴一派最有势力。当时阻止票号势力不得过长江者,此派之力也。"[1]以 1921 年上海钱庄家数 69 家汇划庄看,绍兴帮有 38 家,占 55%,宁波帮 16 家,占 23%,到 1932 年,共有钱庄 72 家,绍兴帮 37 家,宁波帮 16 家。绍兴帮在上海的钱业好像远远超出宁波帮之上,与我们一般的认知落差很大。[2] 上海钱业中最有影响的人士是宁波帮,最有势力的钱业家族也是宁波帮,绍兴帮钱业资本家数陈春澜最有气势,总体上无法望宁波帮项背。是不是前人判断有误呢?对此问题,长期担任上海钱业公会主席的慈溪人秦润卿有过说明。他说:"以言各庄之股东,当时绍帮诸庄大都为别庄资本家的投资,宁波帮则本帮资本家投资比较略多。此盖当地人士之才力不同使然。宁波如慈溪董氏,自明末即以投资称雄,至有清光绪季叶始见式微。而镇海李氏、方氏继而兴之,秦徐诸氏,先后济美。至绍帮当时如上虞陈氏,其资力亦不相伯仲焉。"[3]而上海钱庄帮别的划分,是以经理人籍贯为标准。因为绍兴籍职业经理人多,就造成绍兴帮居于宁波帮之上的印象。比如秦润卿服务的福源钱庄,投资人系苏州洞庭山严家,因秦为宁波人之故,归入宁波帮范畴。如方家的延康钱庄经理陈笙郊,承裕钱庄经理谢纶辉,寿康钱庄经理屠云峰,皆为时属绍兴的余姚人,方家早期各联号钱庄的经理,大都为屠云峰推荐,都是其乡人,归入绍兴帮。另外所谓绍兴帮,主要是上虞和余姚两地人,平分秋色,按今天的地域归划,余姚在宁波项下,那么宁波帮就远胜于绍兴帮了。

以下是 1927 年南北市汇划钱庄属于宁波帮钱庄部分(包括余姚):

义昌联记、安裕、顺康、滋康、益昌、致祥、承裕牲记、怡大、鸿祥、福源、益康、福康、庚新、征祥、恒祥、同余甬记、宝丰、均泰、滋丰、永聚、鸿丰、福隆、安康、元牲、鸿胜、志成、同泰、敦余、恒兴、信裕、信孚、志新、聚康、恒隆、五丰、庆大、同春、春元、和丰、信康、宝大裕、恒大、寅泰、生昌,共 44 家。该年共有南北市汇划钱庄 85 家。

1929—1934 年上海新设钱庄 14 家,其中属于宁波帮的有 9 家,分别是:恒赉、大赉、元大、同新、恒巽、慎源、同庆、同润、惠昌。

上海的钱庄与宁波一样,区分为汇划庄与现兑庄,汇划庄相当于宁波大小同行。在汇划钱庄之外,还有数量多得多的钱庄,因为不是钱业主流,没

---

[1] 王孝通:《中国商业史》,第 22 页,商务印书馆,转引自《上海钱庄史料》,上海人民出版社 1960 年版,第 770 页。

[2] 《上海钱庄史料》,上海人民出版社 1960 年版,第 771 页。

[3] 秦润卿:《五十年来上海钱庄业之回顾》,《秦润卿先生史料集》(打印稿),第 45 页。

有列入考虑。

怡和洋行买办杨坊,也是比较早在上海开办钱庄的宁波人,他于 19 世纪 40 年代就开设了泰记钱庄。另一个与他关系密切的商人,后来成为德孚伯洋行买办的丁建彰,原来也是在荣丰钱庄就职,很可能荣丰钱庄也是宁波帮钱庄。① 宁波人许诗考原来也是在上海的钱庄供职,后转营洋布生意而在 1884 年成为上海义记洋行买办。②

1883 年,至少有冯泽夫为通乾庄经理,李墨君为咸吉钱庄经理。"有清季叶,钱业中之宁帮领袖,初有赵朴斋、张宝楚、庄尔芗、冯泽夫诸君,继有袁联清、李墨君诸君。绍帮初有经芳洲、胡小松诸君,继有陈笙郊、屠云峰、王萱生、谢纶辉诸君,皆一时人选,名孚众望。"③陈、屠、王、谢系余姚人。

19 世纪 70 年代,宁波钱庄的空盘业务已经延伸到了上海。"但本埠无乐于卖空者,则彼宁人何乐为哉! 其实彼此皆不过大赌一场耳","以前买卖皆宁波人为之,呼为摊先生"。摊先生即钱业摊手。说明那时两地钱庄已经建立起密切联系,空盘业务的参与者都是宁波人,没有被他帮所认识。

上海钱业同业公会原在南市,19 世纪 80 年代,北市钱业无论数量、规模均超过南市,1891 年又建北市于租界。1917 年南市钱业公会加入,共组以北市为主的上海钱业同业公会,宁波帮钱庄主要在北市。从公会章程中"本公会各种经费及关于总商会之各种义务、常年会费等,南市担任十之二,北市担任十分之八"④,推断北市钱庄是上海钱业的主导。历年钱业公会会长(理事长、总董)一职多为宁波人。第一、第二任会长朱五楼,镇海人,后迁湖州,第三、四、六、七、八、九任为秦润卿,慈溪人,第十任为何衷筱,宁波人,第十三、十四任为沈日新,镇海人,足见宁波人在钱业界的地位。1947 年全国钱业联合会成立,选举第一任会长秦润卿,副会长沈日新。"上海钱庄宁波帮多",诚非虚言。⑤

宁波帮钱庄在上海经营主要有以下几个特点:

第一,延续的时代达百年之久,瓜瓞绵绵,代有继起,不绝于途。从方家 19 世纪 30 年代二履和起,到解放后的公私合营,钱庄业全行业消失为止,具体考订每家钱庄设立详情已无可能也无必要。那些钱业家族不仅一直以钱业闻名,不断开设钱庄,更有钱庄营业达七八十年的,如南履和有 70 年历史,

①　张国辉:《晚清钱庄票号研究》,中华书局 1989 年版,第 53 页。
②　张国辉:《晚清钱庄票号研究》,中华书局 1989 年版,第 55 页。
③　秦润卿:《五十年来上海钱业之回顾》,《秦润卿先生史料集》(打印稿),第 45—46 页。
④　《1923 年钱业公会章程》,《上海钱庄史料》,上海人民出版社 1960 年版,第 663 页。
⑤　陈存仁:《白银时代生活史》,广西师范大学出版社 2007 年版,第 18 章。

安康更达 80 年。在这百年里,金融家新老交替,新资本家层出不穷。

第二,钱业家族成为普遍现象。这些横跨实业与金融的商业帝国在上海滩上把宁波帮推向 20 世纪中国经济舞台主角。近代金融业只有山西票号可与宁波钱庄相颉颃。江西帮在上海、汉口也有很大数量的钱庄,但都是小钱庄,在金融市场里没有主导话语权,也许在汉口情况好一点。除了方家、李家、叶家、董家、秦家五大钱业集团雄视沪上,还有很多家族在钱庄方面并不比之逊色多少,只是被他们的光环掩盖了。如江东严家严康懋家族,在沪汉杭甬婺兰等地先后投资钱庄 20 多家并与秦君安家族、湖西赵占绶家族通过姻亲纽带结成更广阔的金融联盟;洋墅徐懋堂徐霭堂家族,投资有益昌、寅泰等十五六家钱庄;徐庆云被称为棉纱大王,投资的上海钱庄有恒祥、敦余等六家;徐承勋也在渭源、永聚等六七家钱庄投资;王伯元及在沪甬投资有七家钱庄。其他有五六家以上钱庄投资的人所在多多。

第三,上海的宁波帮钱庄无论声势还是规模都远远超过在宁波本土的钱庄。宁波地方狭小,规模局促,金融资源有限,限制了它的扩张。从数量上来看,宁波曾一度有大小同行 60 多家,但总体势力尚不能与在上海的宁波帮钱庄相提并论。以资本为例,20 世纪 20 年代,宁波大同行的资本在 3 万～6 万元,上海钱庄多在 20 万～30 万两。贷款余额,宁波钱庄在 50 万～60 万元,大的 100 多万元,上海方面 1932 年存款平均 262 万两,贷款平均 254 万两。大的钱庄,像秦润卿任经理的预源钱庄,1934 年存款 530 万两,并建有自己的气派的三层营业大楼,一度在 1919 年改组为商业银行。

第四,经营稳健,不太冒险,信誉良好,市场肯定。1887 年胡雪岩阜康钱庄倒闭事件中,"即沪上诸肆,其由于宁波人之经营者,舍一二无知识之徒附和受创之外,其大多数皆鲜不关涉"[①]。

1908 年上海有钱庄 115 家,经过橡皮股票投机引起的两次风潮及辛亥革命影响,1912 年上市钱庄只有 26 家,"但秦润卿之预源,李寿山顺康,朱五楼福康,盛筱山庚余,方氏安康、安裕、承裕,秦氏恒兴,李氏同余皆屹立如山,稳固如常"[②]。

第五,宁波钱庄对上海钱庄影响很深,两地钱庄"呼吸相通"。上海钱庄至少在何时采用过账汇划没有记载,应该在 1858 年前。因为那一年上海钱庄施行规元。我们知道规元是一种没有实体货币的虚本位,只用于记账,宁波的洋元倒反而有实体对应货币。上海钱庄的过账、汇划毫无疑问是吸收

---

① 《论甬商之团结力》,《四明日报》,引自《宁波金融志》第 1 卷,第 81 页。
② 马积祚:《领导上海钱业五十年之秦润卿》,《秦润卿先生史料集》(打印稿),第 90—91 页。

了宁波的过账制度的优点,由宁波金融家推介而去。宁波钱庄在上海大都设有申庄,如朱旭昌,上海福利钱庄经理,同时兼宁波福利钱庄经理。如1946年"本埠志裕钱庄受申庄影响,实亏无多,可九折偿还"①。两地钱庄相互联系相互影响很深。宁波钱庄因为是多单码头,有大量资金贷放外地,都是通过委托上海钱庄进行联络、推荐和日常管理的。宁波钱庄最多时在上海的贷款有四五千万元。陈春霎回忆其父陈子埙任上海恒隆钱庄经理时,每年委托经手宁波钱庄贷款最多时达二三百万两。②达丰染织厂由宁波帮乐振葆、王启宇等发起,宁波钱庄的贷款也在30万两。在宁波钱庄方面,与上海之间的规元买卖也占了业务的很大比重。

第六,宁波帮在上海的最成功的企业家几乎都与钱庄业有割不断的联系。唯一的例外是朱葆三,没有发现他在钱庄业的投资,但是他在银行、保险业方面的投资很多,身兼过很多金融业要职,也是中国通商银行的发起人。从宁波帮的成功身上也可以很容易地总结出金融因素的关键。无锡荣家的成功影子也可以衬托出金融对于实业的关系。荣家也是上海甚至中国最有名的实业家,不要忘记同时他也是著名的钱庄资本家,投资同兴、生昶等钱庄,他的纺织业帝国转背靠的是钱庄的支持。宁波帮风云人物在金融上无作为的人几如毛角。

主持宁波旅沪同乡会活动的要角大都是与钱庄业有联系的人士,要么是钱业资本家,要么是职业经理人。在1926年的同乡会会员中,有13家钱庄作为团体会员,同时为子弟学校的校董。

第二节　金融转型

宁波帮依靠钱庄业完成他们的资本原始积累,但是钱庄业毕竟属于传统金融范畴。在新式商业银行兴起以后金融业的主导地位必然地落到银行手里。宁波帮金融家是最早认识到并付诸实践而完成转型的经济集团代表。

钱庄是传统社会经济架构下的金融产业,虽然经过技术创新使之完成了向商业银行的过渡,但仍然有一个不可克服的缺点,即规模小,不能满足近代大工业大企业的资金需求。钱庄植根于熟人社会,它的信用半径是较短的,决定它的业务规模和业务能力也有限。近代化的大企业,往往需要巨

---

① 《时事公报》1946年12月4日。
② 《上海钱庄史料》,上海人民出版社1960年版,第839页。

额资金,像张謇的大生纱厂的贷款在 60 万两以上,达丰染织厂的贷款也有 60 万两,鸿章针织厂的贷款更在 200 万两以上。根据贷款分散原则,一家钱庄对一家企业的授信额度不能超过资本或存款总额的一定比例。传统金融的钱庄模式已经不适应大工业时代了,必须寻求金融体制上的突破。商业银行制度是钱庄业的发展深化和替代。产业突破必然伴随着金融突破。有人认为川资的濬巨川已经属于近代商业银行范畴,也有人提出 1891 年在汉口出现也许是中国第一个属于本地人所有的"现代银行"①,我的看法它们不属于现代银行,而是处于传统本土商业银行与现代商业银行的过渡地带,双方的特征都有。这一点正说明中国社会经济需要金融体制的突破了。

1897 年设立的中国通商银行应该被看做中国现代商业银行的起源。它由广东买办出身的盛宣怀向清廷奏请设立,于 5 月 27 日在上海成立。因为中国人以前没有搞过银行,所以它是完全仿效外国银行的成例,连章程也是参考汇丰银行而成,业务更是分设中资、外资,分别入账,经理人也分洋大班(经理)、华大班。虽然盛是广东人,也约集一些广东同乡张振勋、杨人骏等为发起人,但真正在在里面起作用的无非宁波人。总董严信厚,第一任华经理是陈笙郊,继任者是谢纶辉。该行具有发钞权。1919 年,经理是傅筱庵,抗战时附敌,被清除。是年设南市、虹口分行,经理分别是宁波人方椒伯、王心贯。1927 年总经理为谢纶辉子谢光甫。说它是宁波人的银行一点也不为过。1921 年宁波分行设立,是上海以外第一家分行。据 1933 年《通商银行同人录》,通商银行员工 401 人,其中宁波人 314 人,非浙江人 54 人。分行经理一级以上管理人员除秘书科长为湖北黄陂人外,其余全数为宁波人。该行一直存续到解放后公私合营。

四明银行是另一家在清季由宁波人设立的重要银行。1908 年 9 月成立,资本 150 万两,实收资本 75 万两。发起人为周金箴、朱葆三、李翌燕、吴传基、李云书、李厚垣、方舜年、严义彬、叶璋、陈薰、虞洽卿、袁鎏 12 人,都是宁波帮在上海的著名人士。冠名四明,即是宁波。该行也是比较早设立的中国商业银行,总部在上海。第二年在宁波开设分行,外埠迟至 1919 年才开设汉口分行。周金箴为总董,陈薰为经理,虞洽卿为协理。四明银行是虞洽卿大力鼓吹的结果。1906 年他率上海工商界去日本考察后,认为银行业比较有前途,积极创议筹办。

四明银行成立后,即有发钞权。因为宁波人在上海为数众多,基于乡情

---

① [美]罗威廉:《汉口:一个中国城市的商业和社会(1796—1889)》,江溶、鲁西奇译,彭雨新、鲁西奇校,中国人民大学出版社 2005 年版,第 89 页。

乡谊，四明券大受欢迎。最初发行额 20 万元，后逐年增加，在沿海地区广为流通。起初四明银行曾遭人暗算，他们把四明券积聚起来，集中向四明银行兑现洋，一时形成风潮，幸得宁波同乡鼎力相助，渡过危机。1910 年橡皮股票风潮中因拆借款项给钱庄，钱庄倒闭，蒙受损失。孙衡甫乘机盘进，出任董事长兼总经理。孙原是钱业干将，早年在宁波双街钱庄当学徒，颇懂金融，多方钻营，大有起色。尤其他发现市场上没有二元钞券，就发行填补空白，钞票发行蒸蒸日上，总额达 1,900 万元。同时又进军房地产，大兴土木，获利甚多。1921 年新盖营业大楼，轰动一时。1927 年续收资本 75 万两。1933 年又增设四明储蓄会。被称为小四行之一。解放后公私合营。

中国垦业银行，由俞佐庭与童今吾等人筹办于 1925 年。次年在天津开业。余为总经理，童副之，拥有发钞权。资本 500 万元，实收 125 万元。1928 年北伐胜利，奉系退出北京，该行钞票被挤兑。童将股份让出退出垦业。俞通过关系呈请蒋中正投资 100 万元。蒋指派俞飞鹏、孙衡甫打理，俞不日亦脱离垦业。1929 年改组，上海金融界宁波帮人秦润卿、王伯元、李馥生等接办，总行迁上海。秦润卿任董事长兼总经理。其余董事均为宁波人，也是宁波人的银行。1931 年设立宁波分行。解放后公私合营。

宁波实业银行，由项松茂、王财运、邬志豪等联合在上海宁波帮人士共同组建，资本 50 万元，1931 年成立，总行在上海。邬任董事长兼总经理。其股东以鄞奉人为主。同年在宁波、沈家门设分行，上海南市和霞飞路设两办事处。后来拓展到苏州、昆山、清浦设分行。1935 年金融危机期间，上海总行停业，其存款 65.2 万元无法清偿，经蒋介石以同乡之谊援手，所有欠款以 20％现金、30％两年期存单、50％该行股票进行清偿，于 1937 年 1 月复业，总行改设沈家门，抗战时期停业，是一家比较小的商业银行。

浙东商业银行是一家设在宁波的商业银行，1934 年成立，由沪杭甬三地有名商人开办。发起人有杜月笙、金润泉、俞佐宸、王文翰、徐懋堂、黄延芳、何绍庭、吴启鼎、徐永炎等，资本 50 万元。金廷荪为董事长，孙性忠为总经理。1937 年王文翰接任董事长。开业之初，业务尚见兴旺，且是总行在宁波的唯一银行，存款渐次增加，不久遭遇抗战，日渐不行。1941 年沦陷后即告停业，1946 年复业，解放后又停业，行址也被炸毁，1953 年清理结束。

惇叙商业银行是潘火蔡郎桥蔡家在上海开设的一家较小规模的银行。成立于 1921 年。发起人蔡仁初、蔡芳卿、蔡同滋。资本 10 万元，实收 5 万元，后来逐渐增加到 50 万元。董事长蔡荣传，经理蔡同滋。1936 年宁波设办事处，后升格为分行，以蔡氏家族的恒茂钱庄为基础改组而成。该银行因为规模小，经营保守，基本上承袭钱庄习惯，反而得以保全，到解放后，并入公私合营银行。

明华商业储蓄银行是 1920 年由童今吾等集合在京津沪宁波帮人士于北京设立的一家商业银行。资本 275 万元。后总行迁上海,由孙衡甫任总经理,1936 年停业。在青岛、天津等地设立分行,宁波设有分行,开业不久即关闭。

以上几家银行完全或基本上是宁波人银行,且存在的时间较长。在 20世纪二三十年代,中国曾出现过民资商业银行六七百家,也有人说数量在千家以上。这些银行很多是昙花一现,半途而废,旋设旋关,真的难以统计。有一点毋庸置疑,在近代商业银行中宁波帮是主角,提供的资本与人才两项占了很大比重。1935 年《全国银行年鉴》共有民营商业银行 102 家,资本11,751万元,其中与宁波人有关的银行 48 家,资本 5,310 万元,几近半数。[①]可见宁波人对于银行业的兴趣与他们对于钱庄业一样。据 1934 年浙江兴业银行调查报告中说:"全国商业资本以上海居首位,上海商业资本以银行居首位,银行资本以宁波人居首位。"[②]

经初步整理,宁波人在各地参与的银行尚有:

北京:中法银行、中华汇业银行、北洋保商银行、中华劝业银行、殖边银行、中法储蓄会等。

天津:东陆银行、大陆银行、天津市民银行、天津大中银行等。

杭州:浙江兴业银行、浙江实业银行、浙江地方银行、浙江商业储蓄银行、浙江典业银行、杭州迪惠银行等。

汉口:国孚商业银行等。

南昌:江西裕民银行等。

厦门:厦门信用银行等。

苏州:苏州信孚商业储蓄银行等。

温州:瓯海实业银行、温州商业银行等。

青岛:东莱银行、济东实业银行等。

沈阳:奉天兴业银行等。

上海:上海更是宁波帮大本营,参与的银行不胜枚举。主要有中华、中华商业、江南、中华懋业、上海商业、上海国民商业、煤业、恒利、宁波民信商业、亚东、江海、中华劝工、四川、中国国货、至中、上海市、上海女子商业储蓄、国信商业、惠中、正明、中和、中汇、辛泰、中一、国华、中国企业、大丰、绸

---

① 《宁波金融志》,第 1 卷,中华书局 1995 年版,第 7 页。
② 转引自乐承耀:《宁波帮经营理念研究》,宁波出版社 2004 年版,第 48 页。

业、大沪、大来、国泰、建华、浙江建业、两浙商业、统原、永亨、华孚商业、联华、友华、通和、同泰商业、中国劳工、五洲、新汇、渔业、中贸、信义、棉业、奉化农工、日夜、菲律宾银行、上海四行储蓄会、上海建设银公司,等等。

保险业宁波人也颇多涉足,主要投资的保险公司有宁绍保险、天一保险、天安保险、四明保险、国际保险、宝丰保险、太平洋保险、华兴水火保险、华安水火保险、华成保险、华安合众人寿保险等保险公司,在保险业上也领先全国。

信托业是另一种金融形式,宁波帮也有投资。1921年就有早期曾任中国银行行长的余姚人宋汉章联合余姚、上虞等原绍兴帮在沪的钱业人士为主设立的中央信托公司,资本1,200万元,实收四分之一。同年,中易信托公司成立,由朱葆三等人发起成立,资本800万元,实收200万元。10月华盛信托公司由虞洽卿等发起成立,资本500万元,实收125万元。另外筹备而没有上市的有王正廷发起的上海信托公司,姚慕莲发起的中华信托公司。徐桴于1922年参与上海信托社发起,为董事、总经理。还有徐寄庼投资的通易信托公司、秦润卿等的福源信托公司、李思浩等的中新信托公司、王伯元等的环球信托公司,等等。

证券投资业,也是宁波人最早开展。空盘交易开了近代中国金融投资的先声,而且已经发展出不规则的粗糙的期货交易,不过这些交易是灰色的地下活动,影响也只限宁波本地。上海有以黄金为对象的交易业务,称标金业务。1905年,30多家金店银楼业者组成金业公会,为黄金投资交易主要场所。宁波帮银楼上海第一,金业公会会员很多是宁波帮人士。宁波帮商人也有很多从事标金投资交易,如徐庆云被称为标金大王。1920年5月方椒伯与湖州人王一亭筹设上海华商证券交易所。7月设立的上海证券物品交易所,即以宁波帮虞洽卿、盛丕华、包达三、周金箴等为主发起成立,蒋介石还在其中拥有交易经纪席位,掩护其革命活动。1923年在宁波和义路设立宁波证券花纱物品所股份有限公司,不久分为宁波证券物品交易所和宁波棉业交易所两家。

这些新型金融事业的参与者,我们可以发现遍及当时几乎所有重要的宁波帮企业家,他们同时也是钱业资本家,里面的主持负责人都由原来的钱庄经理转化而来,如孙衡甫、王伯元、徐伯熊、林联荪、俞佐庭等。

第三节　汉口的宁波帮钱庄

汉口是继上海后的另一个重要活动舞台,也是宁波钱庄业务重点和活动中心之一。从地理上讲,汉口当九省通衢、华中重镇,居长江黄金水道中心,与上海的联系密度除了宁波以外没有任何一个其他城市可以相比。汉口在 19 世纪末的崛起也与洋务有关,它是作为上海向内地联系和扩张的中继基地,或者说是上海模式在华中的一个复制品。随着汉口的开放,在上海经商的宁波商人进军汉口市场,企图重构另一个上海开埠的历史场景。

有限的文献论述,至少在 18 世纪已经有一定数量的宁波商人落根汉口,那时的商人数量已经达到组建一个地缘性互助团体的界限,可能收取的会费足以维持会馆的日常运转,为此于 1780 年的时候,觉得有必要建立同乡组织浙宁公所。乡情茶叙、公共议事、信息交换、贸易与资金周转也在那里进行。到了 1804 年,因为事业开拓,商人麇集,原有公所已不敷所需,便重觅新址,与另一个汉口最有影响的商人集团徽商的紫阳书院为邻,占地面积深三丈,宽四丈。后与绍兴会馆合并为宁绍会馆,1909 年改名宁波会馆。到了 20 世纪初,宁波帮,"人们已经公认他们是城市中最重要的商业势力"①。

1861 年汉口获准设立英租界,是汉口近代史上的大转折,也是宁波帮在汉口大发展的要素。许多在上海已经经营多年的洋行及时将业务向华中腹地拓展,在汉口设立分公司。大批宁波商人也循着长江乘着洋务东风涌入汉口,寻找新的商业机会。汉口也被注入新的近代经济元素。与上海一样,来汉的第一批买办是广东人,但不久宁波人的实力、才干、诚恳、潜能得以发挥,显山露水,渐占上风。1866 年琼记洋行的报告就提道"最符合要求的是宁波买办,他们在货物运输和进口销售方面有绝对优势。从宁波或宁波周边地区到这里来从事贸易的外国人都倾向于宁波人而不是广东人。而且只要有两个宁波买办就能较易取得巨大成功,有了一个宁波买办,做蜡、烟、茶等生意就容易多了"②。在汉口的买办队伍有 500 人,而宁波人占三分之一。这些宁波买办甫一进入汉口就取得成功,除了自身的业务素质与商业谋略外,还有两个要素的支持:一是早先进入汉口的宁波商人团体的协助,他们的商业脉络和社会资源被整合到洋务活动中,更见活力,减少了进入当地社会的交易成本;二是买办们背后有宁波及上海宁波帮钱庄为主的强力金融支持,使他们比广东人能更顺利地完成农副产品的采购和进口品的分销。

根据一些经济史专家研究,在汉口开埠初期就活跃着一批相当成功的

---

① 罗威廉:《汉口:一个中国城市的商业和社会(1796—1889)》,江溶、鲁西奇译,彭雨新、鲁西奇校,中国人民大学出版社 2005 年版,第 284 页。

② 罗威廉:《汉口:一个中国城市的商业和社会(1796—1889)》,江溶、鲁西奇译,彭雨新、鲁西奇校,中国人民大学出版社 2005 年版,第 285 页。

有一定影响的宁波商人。史润富与他的叔叔、兄弟及杭州人陈申吉合伙从事两地贸易,将木材运往下游,回程时则转载桐油。慈溪人钱叶,原来在上海经营茶叶,开埠后将经营重心转到汉口,成为汉口茶叶市场的大经纪商和仓储业主。慈溪董章顺1871年开设同春海味号。徐继堂也是经营棉布、花、鸦片的买办,后来还在汉口开了一家钱庄。镇海方家,也在汉口从事商业活动,很早开设方振记从事洋布销售,也同时在汉口开设同康钱庄。叶澄衷,长江沿岸都有他的生意,除五金生意外,自置近百艘长江夹板船从事沪汉运输业务。值得一提的是宋炜臣,他原是作为叶澄衷的助手来汉口,不同于其他贸易起家的商人,他是一个完全近代化的以实业投资为主的新型企业家。他在汉口创设了火柴、机械、自来水、电力等企业,在晚清汉口商界获得相当的威望和尊重,被称为汉口头号商人。

与在上海一样,以在汉口的宁波旅汉同乡会为核心构建了在汉口的宁波人社区。据统计,1931年汉口常住人口76万,宁波人就有3万。[1] 这3万人大部分活跃于汉口工商界的各业中间。在1907年的时候还开设了宁波公学,接受宁波在汉子弟的教育任务,可见宁波人定居汉口已成风气。随着大规模的商业活动与人口移植,金融业也必然地相率跟进,开辟新市场。宁波帮钱庄最早登陆汉口时间不详。开埠前宁波商人虽有一定规模,但金融业操在山西票号手上,钱庄也以本帮、西帮、徽帮为主。开埠前,汉口有钱庄100多家,1891年更多达500多家。1875年记载,在不到两个月时间里,光一条街就有12家钱庄开业。这500家数量是包括了现兑钱庄在内的。1908年,汉口有钱庄121家,票号32家,是仅次于上海的金融中心。

20世纪30年代以前,汉口维持工商业繁荣的金融主体是钱庄,时人就称钱业公所"为本邑汉镇财政总机关"[2]。按照中国传统商业模式、地缘背景与信用关系,1915年"屈计汉市获利者首推钱业,尤浙帮各庄为最,江西帮次之,本帮及徽州、镇江等帮又次之"[3]。汉口"各帮商人收解款项皆委托本帮钱庄,各帮钱庄的放款也相应对本帮商人投放"[4]。在存在较大商人群体情况下,宁波钱庄在汉口应运而生。到1919年的时候,"浙商所经营的绸缎、银楼、五金、颜料等业皆占汉埠第一位,因而该帮金融业遂大,且浙帮各庄经营得法,又能通力合作,呼应百灵,一面与各银行接近,一面与它帮竭力竞争,

---

① 《汉口宁波帮》,中国文史出版社2009年版,第1页。
② 1920年《夏口县志》,卷5,第25页。
③ 《银行周报》,3卷2号,1919年2月。
④ 《汉口金融概况上》,《银行周报》,第7卷48号,1933年2月。

复以资本雄厚,冠于各帮,长袖善舞,多财善贾,造成今日之局势,良非偶然"①。宁波商人是主体。我们可以反推为之服务的宁波帮钱庄也是达到相当规模的。

汉口的钱业公所与宁波帮钱庄有关系。1866 年,宁绍帮钱庄已经有一定势力,它们试图与徽帮钱庄进行联合协作,目的在于使钱庄更有效率地为商业服务,使得二帮的钱庄之间建立业务上的往来,也方便各帮商人之间的商业支付和缴解。1871 年,江西帮钱庄加入,三方组建了汉口钱业公会。宁波帮钱庄把过账制度引入了汉口钱庄业。1890 年,宝丰庄经理刘明永倡议发起汉口钱业汇划公所,建立汉口钱庄的同城票据交换和清算系统。1925 年,经统计当时汉口宁绍帮钱庄 17 家,资本总额 117,8 万两,超过本帮以外各帮之和,宁绍帮钱庄已然是汉口钱庄中坚。②

方家的同康钱庄是已知最早的宁波帮钱庄,是为了配合方家的产业发展需要而设立的。其时间应在 19 世纪 60 年代初期。慈溪董家的同大钱庄也在稍晚开设。另一个慈溪人徐继堂家族通过纳捐获得九品官衔,也在汉口开设了钱庄,后因信用膨胀过度,所签发的庄票金额过大,到期不能兑付而被洋行告发,遭官府查抄而破产。

我们能够查实确认的宁波帮钱庄在汉口有承丰钱庄、萃丰钱庄、大昌钱庄、衡源钱庄、义源钱庄、太丰钱庄、恒康钱庄、源裕钱庄、元丰钱庄、义丰钱庄、裕源银号几家,实际宁波帮钱庄远大于此数。

汉口的宁波帮钱庄与上海宁波钱庄之间关系密切,基本上有联枝关系,其投资人在三地钱庄中都有投资,经理人也多从甬沪钱庄中委派。宁波钱庄直接对汉口的放款在 20 世纪 30 年代有 1,000 万元以上,这些放款是宁波钱庄的直接放款,不是两地钱庄之间往来款项。我们没有发现宁波钱庄设立汉庄的记载,那么这 1,000 多万的贷款只能是通过汉口的宁波帮钱庄来委放和管理的。

汉口市场的稳定对宁波钱庄业的影响也是比较大的、直接的。1911 年的辛亥革命对宁波钱庄的影响是方家"六元二和"的被挤兑,1935 年宁波钱业风潮的导火线也是汉口裕源银号的倒闭。

沙市是宁波人在湖北的另一个重要据点,因为沙市也有租界。至少从1857 年就有记录宁波商人的活动,后来因为汉口的原因,许多人聚集在那里,形成新的商业中心。沙市是云贵川湘鄂诸省土特产品集散地,同时也是

---

① 《汉口宁波帮》,中国文史出版社 2009 年版,第 158 页。
② 《汉口宁波帮》,中国文史出版社 2009 年版,第 158 页。

汉口进口商品的分销地,宁波商人也在那里有比较活跃的活动。20 世纪 20 年代,沙市就建有宁波会馆,还有一个宁波旅沙同乡会的组织。沙市原来有浙省统一会馆,规模宏大,因为宁波商人数量多,产业大,出资最多,在命名时要求以宁波命名,但遭到其他府人士反对,只好取杭甬各一山名,称孤庞会馆。后来宁波商人再觅新址建宁波会馆。宁波商人势力在沙市居第一位,汉口的宁波帮钱庄必然也把它们的金融服务延伸到了沙市。要么设立单独的钱庄,要么设立汉口钱庄沙庄,来满足当地宁波帮商人的金融需求。

第四节　他处宁波帮钱庄活动

在沪汉之外,宁波帮钱庄也有一定的活动,不过不如在沪汉这样成规模化。主要原因应该是在那些地区没有形成宁波人的移民社区,商业规模总是有限,没有在当地社会里占得一定比重,对当地影响力相对弱,也形不成规模。像南京,1928 年的同乡会名录中没有发现在南京钱庄任职的人士(在上海钱庄任职的人士倒有)。可见宁波钱庄也是在特定的地区有存在。

天津。天津是宁波帮的第三个主要活动基地。但从资料来看,宁波帮在金融方面的势力不是很大。银楼业可以独占外,银行业有一点份额,钱庄业却比较少,与汉口比都差别很大。原因可能是它开放晚,在 1884 年,比汉口要晚 20 多年,加上那里气候比较寒冷,不适宜南方人居住,所以没能形成宁波人移民社区。宁波帮的群体优势不能够使他们像在上海与汉口一样发挥。天津本是山西票号的大本营,宁波钱庄没有像在南方一样取得成功。王铭槐可算是宁波帮钱庄的天津开山鼻祖。1880 年他作为叶澄衷的顺记五金号代表来到天津,后任华俄道胜银行买办,开始金融生涯。后来他又任德商礼和洋行买办、沈阳捷成洋行买办。资本积累后,独自开办商号,同时开设豫胜银号,算是天津宁波帮钱庄的带头人。

严信厚本身钱庄学徒出身,曾任天津盐务帮办。1886 年在天津设立同德盐号,1890 年又开物华楼金店,也是在天津的宁波帮重要人物。不过严后来把业务投资重点转移到了上海。在天津的时候,他设立了源丰润票号,在全国各地津京沪杭甬等地连开 12 家分号,一时名动南北。其名为票号,内部组织形式、管理模式、业务重点均类钱庄,也算宁波帮钱庄在天津的鸿爪。

叶澄衷也开办过大庆元票号,其大本营设置在上海,天津也有分号。辛亥革命后基本停止活动了。

杭州。杭州是省垣,两地的经济联系自然是很紧密的。宁波人在杭州经商很多,钱庄投资也比较多。清末的时候,方家在杭州就投资设立了庚和、豫和、慎裕、成和四家钱庄。叶澄衷也设有和庆、元大两家钱庄。慈溪董家也在杭州开设过阜生、阜康两家钱庄。

严康懋与姻亲赵占绶等合作，也把钱庄开到了杭城。他们共同在杭州开设了寅源、崇源、益源、嵾源四家钱庄，在沪杭甬之间横行。他们还成功地游说小港李家李咏裳一起投资益源，陈子埙投资寅源、嵾源钱庄。

张忍甫，著名宁波银行家叶琢堂外甥，主要活动在杭州，先后投资于杭州同昌、益昌、诚昌钱庄，并自任诚昌钱庄经理。这三家钱庄也是宁波帮钱庄。因他的金融资历后来出任杭州中国银行经理。

恧延芳是杭州钱业公会首届主席。他原任杭州惟康钱庄经理，又投资于宁波帮的瑞康、同康钱庄。

1946 年，恢复杭州宁波同乡会的时候，至少有一家大和钱庄属于团体会员，我们知道该钱庄肯定属于宁波帮钱庄。

金华、兰溪。金华、兰溪因为是宁波进军浙西南、赣东北与皖南的中转基地，宁波钱庄在那里也有一定活动。宁波人在那里设立钱庄，也从事异地贷款。1918 年的材料里已经有宁波钱庄"尚有余款外放上海、绍兴、兰溪等处"[1]的记载。1934 年外地贷款"金华、兰溪、衢州占五十万"[2]，这些贷款也是需要当地宁波帮钱庄委托贷款，且代为日常管理的。严康懋与赵占绶合作，在金华方面投资有裕亨慎，兰溪方面有瑞亨、宝泰、源亨等钱庄。

在衢州，宁波帮钱庄可以确认的是聚成钱庄。[3]

在安徽芜湖，早年有叶澄衷所开的怡大钱庄，辛亥革命后收歇。

另一个最有可能的城市是九江，那里有以英国人为主的各国租界，很多宁波商人从上海去寻找商业机会，也形成有一定气候的较小的宁波人社区，但是我们没有资料来确认。

宁波帮钱庄在其他地区的活动因资料缺乏，无法叙述。

---

① 《宁波旅沪同乡会敬告宁波各业书》，民国《鄞县通志》，食货志，第 262 页。
② 徐世治：《宁波钱业风潮报告》，《浙江商务》，第 1 卷，第 1 期，1936 年。
③ 《上海宁波日报》1935 年 3 月 12 日。

第十章　宁波钱庄的终结

1949 年 5 月,宁波解放。国营银行被接管,私营银行与钱庄仍然继续营业。不过经过金圆券失败的打击,市场经济金融秩序已经被彻底摧毁,钱业了无生机,只能勉力维持。繁荣两百多年的宁波钱庄终于也历史性地快走到尽头了。

国民政府的时候已经体认到金融的重要性,一步步加紧对金融市场的控制和监管,在体制上将钱庄纳入商业银行范围,希望以法律调节之,并颁行了许多有关金融业控制和监管的法令和措施。解放以后,发展经济,稳定金融,对新政府来讲也是一个现实性的课题,因此对钱庄采取了限制、利用的方针,但其思路基本上有一脉相承的感觉,只是手段、方法、步骤上有所不同。政府管制的重点在银行业,钱庄业只是担当一个金融配角的任务。

1949 年 8 月 21 日,华东军区司令部发布《华东区管理私营银钱业暂行办法》(当时解放区皆实行军管),作为解放后金融管理的方针。暂行办法对钱庄的业务内容做了明确的划分,包括存款、贷款、票据贴现、解放区间汇兑、承兑、工交公用文化事业投资、代理收解、保管箱、其他业务。但是有明确的限制,不许钱庄签发本票,不得接受军政机关及公用事业存款。并划定宁波属于二类地区,钱庄业资本定为 2,500 万~5,000 万元旧人民币之间,要求在一个月内补足,呈华东财经委员会核准登记营业。同时对具体业务也设定比例限制,信用贷款不得超过存款总额的 50%,同业拆借不得超过存款总额的 20%。并须向人民银行缴存存款准备金,活期存款为 7%~15%,定期存款为 3%~8%。备付金,活期存款 10%,定期存款 5%。存贷款利率由同业公会拟订,人民银行批准执行。要求定期报送营业报表交人民银行。确定宁波人民银行为管理机关,负责对钱庄业的行政监管。更明确规定钱庄不准设立暗账,不准从事投机业务。客观地说,这些措施是合理的,对钱业影响不大。

《暂行办法》颁布后,宁波钱庄按要求进行重新登记注册,共有 18 家钱庄获准营业,比解放时的 15 家增加了 3 家。说明钱庄资本家经过一段时间观望后对新生政权产生了信任。无论如何,解放之际的宁波钱庄已无法与 20 世纪 30 年代相提并论。宁波甫一解放,宁波军管会提出向宁波商会暂借军粮 2,700 石,按行业比例,宁波钱庄分配到 148.5 石,所占份额才 5% 多一点,可见已相当衰败。① 9 月 4 日,宁波人民银行在钱业会馆召开银钱业联席会议,按上级要求部署增资及账外账处理归并工作,决定于一个半月内完成增资任务,三天内完成账外账入账处理。钱庄在金圆券时期已经增资过一次,随着金圆券恶性贬值,原有资本基本归零。作为金融业没有一定资本当然是不可想象的。像铭记钱庄,登记的时候,原有资本折合人民币 0.39 元,洽利源钱庄资本 39 元人民币。②

9 月 20 日是宁波钱庄最为灾难性的一天。当时舟山还在国军手里,国军从岱山机场发动了对宁波的空袭,从上午 8 时至下午 4 时,不停地轮番轰炸,宁波钱庄集中的百年财富之地江厦街完全成为废墟,毁房一千多间,瓦砾遍地。解放后营业的 18 家钱庄有 15 家设在江厦街,可见损失之重。那些钱庄只能另觅新址营业。江厦街也成了现在江厦公园的一部分。

本来 10 月 20 日应该完成增资的,受此影响当然无法完成了。10 月 13 日人民银行召开座谈会要求如期增资,但只有涌源、涌丰、福利 3 家钱庄完成增资任务,其余钱庄都以遭到轰炸为理由,要求延迟出资。暗账部分,各庄各显神通,明里应付,暗里转移财产,只将小部分账外资产并入资产负债表中资本项下。以滋源钱庄为例,其申报的账外资产计有烟叶 50 件,麻类 197 件,煤油 5 桶,黄金 50 小两,折合旧人民币 700 万元。③ 其他钱庄基本类似,以应付为要。账外资产大部转入亲友名下。考虑到此时是社会动荡、新旧交替的非常时期,币制混乱,金融崩溃,工商凋敝,物价腾涌,钱业为保全资产计,以账外运作方式来规避通货膨胀风险做法也在情理之中。同民国十七八年比较,当时宁波钱庄资本高的在 20 万元,大同行起码在 3 万元,20 年后,钱庄居然连两三千元的资本也难以筹集。金融如此,百业也可想见。当时宁波金融情况是,国营银行撤退舟山,私营银行中很大部分资金也转划总行或汇至香港、台湾等认为相对安全的地方。风雨飘荡中钱庄在银行的存款也等于无形中消失。虽经拖延,钱庄最后还是完成了增资任务。

1949 年经华东区财经委员会核准注册的钱庄如下:

---

① 宁波商会档案,宁波档案馆。
② 《宁波铭记钱庄申请复业登记表》,《宁波洽利源钱庄申请复业登记表》,宁波档案馆,地 66－1－11。
③ 《宁波金融志》,第 1 卷,中华书局 1995 年版,第 14 页。

1949 年 11 月经核准营业钱庄　　　　　　单位:旧制人民币万元

牌号	增资后资本	员工(人)	经理人	时　间	原地址	被炸后临时迁址
天益	2,500	12	周慷夫	1950.5.26	江厦街 152 号	中山东路 18 号
元益	2,500	18	胡松元	1950.5.26	江厦街 143 号	中山东路 18 号
立信	2,500	16	陈信孚	1952.10.14	中山东路 92 号	大来街 66 号
成源	2,500	7	宋信海	1950.1	江厦街 56 号	药行街源茂米厂内
协源	2,500	25	王有容	1950.4.4	江厦街 148 号	开明街 439 号
洽利源	2,500	14	严厚坤	1950.6.25	江厦街 58 号	中山东路和安坊 203 号
通源	2,500	19	郑传镛	1952.10.14	江厦街 87 号	中山东路 42 号
晋恒	2,500	19	陈元晖	1952.10.14	江厦街 118 号	崔衙街 67 号
晋祥	2,500	16	茅普亭	1952.10.14	江厦街 10 号	初中山东路寿全斋药店内,后和义路 2 号
祥康成	2,500	24	徐文星	1950.5.17	江厦街 114 号	初中山东路 226 号,后厂堂街 14 号
源源	2,500	27	王炳炜	1950.4.7	江厦街 122 号	中山东路
源泰	2,500	17	胡振德	1950.5.19	车轿街 203 号	车轿街 203 号原址
涌丰	2,500	12	李子均	1950.6.20	外马路 29 号	外马路 29 号原址
铭记	2,500	30	吴律声	1950.6.19	江厦街 123 号	中山东路 118 号
福利	1,000	14	贺性忠	1950.4.12	江厦街 141 号	初江北岸锦华行内,后迁日升街
慎康	2,500	20	洪宸笙	1952.10.14	江厦街 120 号	东渡路冷藏公司内
慎祥	30,000	18	马立祥	1950.5.19	江厦街 68 号	崔衙街 77 号
瑞丰	2,500	11	张茹耕	1950.6.16	江厦街 136 号	中山东路 79 号复兴五金号内
合计	44,000	319				

　　根据办法规定,虽然对钱业业务有所限制,毕竟还有业务空间。解放伊始,经济亟须恢复,市场处于整顿之中,中小企业仍依靠钱庄周转,宁波钱庄在观望中维持。其营业做派仍不脱旧日作风,以一味维持为主,鲜有新业务开拓。日常以同业拆放和买卖沪汇为主。公开、透明的业务活动在解放初期人民币严重通胀时期(最高名义利率达年息 536.4%),收入不足以维持钱庄的日常运作,钱庄一般都采取暗息办法回避人行监管,减少通胀风险,就

是在官定利率之外收取额外利息。11 月初,人民银行为强化对金融市场的监管,组织力量开展突击检查,发现问题 30 多起,其中福利钱庄和垦业银行因违反《暂行办法》第十五、十六、十八条规定在 12 月 31 日被人民银行严肃批评,并被要求向人民登报道歉。[1] 说明解放初期对钱庄的处理还是比较宽松的。

大轰炸已经使钱庄业物质资产造成极大损失,金融的严格监管又使钱庄的活动空间窄化,最大的压力来自内部职工运动,劳资争议尖锐,1950 年经人行调解仲裁的就有十多次。[2] 原来钱庄可以利用钱业的封闭性突破政策限制私下运作某些业务,钻政策空子,现在职工被发动起来后,经理人不敢冒此风险了,正常的工商业放贷业务又因经济秩序未完全恢复而难以进行,钱庄业的金融资源已大大缩小,日常开支竟然要靠股东垫款。天益、元益、祥康、铭记等十多家钱庄从 1950 年上半年起经批准相率歇业。更有江北岸的涌丰钱庄经理李子均因与职工矛盾激化,以赴上海结账为名,卷款 10,600 万元潜逃。[3] 6 月以后,仅剩 5 家钱庄继续营业,分别是晋祥、立信、通源、晋恒、慎康。

1950 年 10 月又有新政策出台,对钱庄承做的放款业务限制更多。单一贷款客户的授信额度限在 3,000 万元,透支额度限在 200 万元以下,全部透支总额不得超过存款总额的 20%,这等于把钱庄赖以生存的命脉给切断了。钱庄的传统惯例就是以透支来招徕客户,信用放款为基本业务模式。钱业再次萎缩,完全边缘化。5 家钱庄在 1951 年只有晋祥一家盈利 16,718 万元,其余 4 家都亏损,1952 年更是全数亏损。亏损的 4 家钱庄面临"三反"、"五反"运动,业务不能正常开展,日常费用全赖股东垫款维持,几近停业状态,先后向人民银行提出歇业申请。人民银行考虑到各种影响反而主动劝说四家钱庄继续营业。

宁波人民银行一份 1950 年的总结报告也许更能说明问题。里面说道:"行庄收益锐减,开支不能紧缩,同时放款呆滞,资金周转不灵,终于跟着靠暴利的商人一起倒下来的有 14 家,占原有行庄总数的三分之二。倒风蔓延达三个月。"[4]

钱业环境恶化至此,宁波钱庄不得不另谋新的出路。1951 年底各家钱

---

[1] 《甬江日报》1949 年 12 月 31 日。

[2] 茅普亭:《宁波钱业史》,《宁波工商史话》,第 20 页,1987 年。

[3] 人民银行档案,宁波档案馆。

[4] 1950 年宁波人民银行:《工作总结报告》,宁波档案馆,地 66—1—5。

庄经多次协商,设想把硕果仅存的 5 家钱庄合并成一家宁波钱庄,呈报华东区人行,核定资本 5 亿元,除原有资本 12,500 万元,公债 7,000 万元,实物资产 1,500 万元,其余资本各庄按比例增补。结果只有立信、通源、慎康增资 16,442 万元,晋祥、晋恒两家股东没有增资,此事遂搁浅。1952 年初,五庄又再行协商,愿仿效上海钱庄模式,组建一个公私合营银行,即把 5 家钱庄联合起来,改组为银行,加入国有股份,摆脱纯商人资本的负面政治形象,有利业务开展。曾派人去上海取经,呈报华东区人民银行,终未获结果。

1951 年下半年,成立"私营行庄联合放款处",5 家钱庄与四明、垦业银行一起实行统一放贷,实施政府对民营金融业的业务控制和监管。

1952 年 10 月,各钱庄股东召开联席会议,深感钱业经营环境恶化,市场萎缩,业务衰退,亏损持续,难以为继,于是痛苦地决定全数停业清理,设联合清理处于和义路晋祥钱庄内。1953 年 7 月,清理结束。其员工 15 人转业人民银行,其余 25 人及组建宁波钱庄时存在人民银行专户的股东增资款,一并转入宁波人丰布厂。

至此,宁波钱庄与它的全国所有同业一样,体制性地消失了。

客观地说,随着金融事业的发展,钱庄的消失是必然的,尽管在 21 世纪的时候,我们仍然有关于钱庄活动的信息出现。钱庄是区分不同性质、不同层次的,从高端的商业银行,到民间兑换、小额借贷的传统形态。我们本书探讨的宁波钱庄显然指具备商业银行性质的钱庄。它们已经进化为商业银行,只是名称上保留着。上海钱庄合组为商业银行的模式是一个较优的选择。即使那些钱庄能够保留下来,无非以小型商业银行的身份成为新金融体系的一部分。如果要做类比的话,那么更恰当的说法,钱庄好比是单一制银行,银行像分行制银行,在国外至今仍有很多单一制银行存在。社会经济结构是多层次的,相应的金融服务要求也是多方面的,小型商业银行也有它存在的经济空间。但是钱庄复活是不可能的,也是没有任何意义的。

参考文献

[1]《左传》。

[2]《国语》。

[3]《史记》。

[4]《汉书》。

[5]《越绝书》。

[6]《吴越春秋》。

[7]《三国志》。

[8]《水经注》。

[9]《续资治通鉴长编》。

[10]《元史》,食货志。

[11]《明史》,食货志。

[12]罗曰褧:《咸宾录》,中华书局 1983 年版。

[13]《筹办夷务始末(道光朝)》。

[14]《筹办夷务始末(咸丰朝)》。

[15]段光清:《镜湖自撰年谱》,人民出版社 1960 年版。

[16]光绪《鄞县志》。

[17]民国《鄞县通志》。

[18]《鄞县志》,中华书局 1996 年版。

[19]《宁波金融志》第 1 卷,中华书局 1995 年版。

[20]《舟山市志》,上海社会科学出版社 1996 年版。

[21]《定海县志》,浙江人民出版社 1994 年版。

[22]干人俊:《民国慈溪县新志稿》,1934 年,慈溪县档案馆,内部资料,1987
     年 2 月复制。

[23]《慈溪县志》,浙江人民出版社 1992 年版。

[24]《镇海县志》,中国大百科全书出版社 1994 年版。

[25]《象山县志》,浙江人民出版社 1988 年版。

[26]《奉化县志》,中华书局 1994 年版。

[27]《余姚市志》,浙江人民出版社 1993 年版。

[28]《浙江金融志》,浙江人民出版社 2001 年版。

[29]《宁波市志》,中华书局 1995 年版。

[30]《宁波市对外经济贸易志》,浙江科技出版社 1994 年版。

[31]《上海钱庄史料》,上海人民出版社 1960 年版。

[32]潘子豪:《中国钱庄概要》,1931 年。

[33]民国《申报》。

[34]民国宁波《时事公报》。

[35]民国宁波《四明日报》。

[36]民国宁波《大报》。

[37]民国宁波《晨报》。

[38]民国宁波《甬江日报》。

[39]民国宁波《商报》。

[40]宁波《民国日报》。

[41]民国《钱业月报》。

[42]民国《中行月刊》。

[43]民国《浙江商务》。

[44]民国《绸缪月刊》。

[45]民国《食货》半月刊。

[46]民国 22 年《通商银行同人录》。

[47]民国 18 年《宁波旅京同乡会纪念》。

[48]民国 15 年《宁波旅沪同乡会会刊》。

[49]民国 18 年鄞县钱业同业公会《鄞县钱业营业规则》,钧和公司印。

[50]民国 18 年鄞县钱业同业公会《鄞县钱业同业公会章程》,钧和公司印。

[51]《钱业夜校纪念册》,1936 年。

[52]叶世昌:《中国金融通史(第一卷)》,中国金融出版社 2002 年版。

[53]叶世昌:《中国经济史学论集》,商务印书馆 2008 年版。

[54]张国辉:《晚清钱庄和票号研究》,中华书局 1989 年版。

[55]孔祥毅:《金融票号史论》,中国金融出版社 2003 年版。

[56]孙善根:《钱业巨子秦润卿传》,中国社会科学出版社 2007 年版。

[57]孙善根:《〈申报〉宁波旅沪同乡社团史料》,宁波出版社 2009 年版。

[58]《汉口宁波帮》,中国文史出版社 2009 年版。

[59]王尔敏:《五口通商变局》,广西师范大学出版社 2006 年版。

[60]于宗先主编:《经济学百科全书第一编经济史》,联经出版事业公司,
　　1986 年版。

[61]傅筑夫:《中国古代经济史概论》,中国社会科学出版社 1981 年版。

[62]朱琴芬:《新制度经济学》,华东师范大学出版社 2006 年版。

[63]乐承耀:《宁波帮经营理念研究》,宁波出版社 2004 年版。

[64]中国人民银行总行金融研究所金融历史研究室编:《近代中国金融业管理》,人民出版社 1990 年版。

[65]宁波市政协编:《宁波文史资料》,第 15 辑,1994 年。

[66]《宁波工商史话》,第 1 辑,1987 年。

[67][美]罗威廉:《汉口:一个中国城市的商业和社会(1796—1889)》,江溶、鲁西奇译,彭雨新、鲁西奇校,中国人民大学出版社 2005 年版。

[68]费正清主编:《剑桥中华民国史》,章建刚等译,上海人民出版社 1992 年版。

[69][美]查尔斯·P.金德尔伯格:《西欧金融史》,徐子健等译,何建雄校,中国金融出版社 2007 年版。

[70][法]佩雷菲特:《停滞的帝国:两个世界的撞击》,王国卿等译,三联书店 1993 年版。

[71]Shiba Yoshinobu. Ningpo and Its Hinterland, In: G. William Skinner. (ed.) *The City in Late Imperial China*, pp. 391—440.

[72]Jones Susan Mann. Finance in Ningpo: The "Chien—Chuang", 1750—1880, In: W. E. Wllmott. (ed.) *Economic Organization in Chinese Society*, pp. 47—78.

[73]Jones Susan Mann. The Ningpopang and Financial Power at Shanghai, In: Mark Elvin and G. William Skinner. (eds.) *The Chinese City Between Two Worlds*, pp. 73—96.

[74]宁波档案馆档案资料。

[75]浙江省档案馆档案资料。

后　记

宁波钱庄是一个非常有价值的研究课题。我从开始关注到着手,差不多历经二十多年时间。现在终于完成了,犹然卸下一桩心事。遗憾的是,宁波不像上海,在 19 世纪的时候,就已经引入了欧美的社会管理体系,相当多的社会、经济、市政档案作为历史记录的一部分被保存下来。而宁波的历史档案却在抗战期间湮漫涣散,几乎全毁,给本书带来了相当的困顿,也使得人们对此课题的研究无法深入。庆幸的是,我仍然能在有限的历史资料遗存中多方搜证,披沙钩沉,力图构建和拼接它的基本历史图谱,还原曾经的辉煌。

在此我要感谢我的好朋友孙善根教授,他将多年搜集的相关资料倾囊相赠,助益良多。

更感谢宁波市文化工程,给本课题提供了资助。感谢浙江省社科联也为本课题提供了一定的资助,使本书得以顺利出版。

作　者

2010 年 9 月 26 日

图书在版编目（CIP）数据

中国本土商业银行的截面：宁波钱庄／陈铨亚著.
—杭州：浙江大学出版社，2010.12
ISBN 978-7-308-08176-4

Ⅰ. ①中… Ⅱ. ①陈… Ⅲ. ①钱庄－研究－宁波市
Ⅳ. ①F832.9

中国版本图书馆 CIP 数据核字（2010）第 233623 号

中国本土商业银行的截面：宁波钱庄

陈铨亚　著

责任编辑	吴伟伟 weiweiwu@zju.edu.cn
封面设计	东方博
出版发行	浙江大学出版社
	（杭州市天目山路 148 号　邮政编码 310007）
	（网址：http://www.zjupress.com）
排　　版	杭州中大图文设计有限公司
印　　刷	临安市曙光印务有限公司
开　　本	710mm×1000mm　1/16
印　　张	12.75
字　　数	228 千
版 印 次	2010 年 12 月第 1 版　2010 年 12 月第 1 次印刷
书　　号	ISBN 978-7-308-08176-4
定　　价	30.00 元